Andreas Timmermann-Levanas
Andrea Richter

# Die reden
# Wir sterben

Wie unsere Soldaten zu Opfern
der deutschen Politik werden

Campus Verlag
Frankfurt/New York

Bibliografische Information der Deutschen Nationalbibliothek:
Die Deutsche Nationalbibliothek verzeichnet diese Publikation in der
Deutschen Nationalbibliografie. Detaillierte bibliografische Daten
sind im Internet unter http://dnb.d-nb.de abrufbar.
ISBN 978-3-593-39342-1

Umschlaggestaltung: Kathrin Steigerwald, Hamburg
Karten: Peter Palm, Berlin
Satz: Fotosatz L. Huhn, Linsengericht
Umschlagmotiv: © Andreas Timmermann-Levanas
Druck und Bindung: Beltz Druckpartner, Hemsbach
Gedruckt auf Papier aus zertifizierten Rohstoffen (FSC/PEFC).
Printed in Germany

Besuchen Sie uns im Internet: www.campus.de

# Inhalt

Politik die Wahrheit nicht hören will 215 · Leid soll messbar sein – das Feilschen um Entschädigungssätze 218 · Ein Schutzschirm mit Löchern – das Einsatz-Weiterverwendungsgesetz 221 · »Die Bundeswehr sitzt uns aus« – Radarstrahlenopfer kämpfen um ihr Recht 224 · Kameradschaft und Fürsorge sind am Ende – Einzelfälle zählen nicht 229 · Unbequeme Wahrheiten 232

# Vorwort

Seit fast zwanzig Jahren befinden sich deutsche Soldaten im Auslandseinsatz. Sie bohren Brunnen, bauen Straßen und Schulen. Aber sie führen auch Krieg. Über Jahre haben sich die deutsche Politik und Öffentlichkeit gewunden, diese unbequeme Wahrheit anzuerkennen. Erst seit kurzem ist diese brutale Erkenntnis in unserer Gesellschaft angekommen. Bislang waren 280 000 Soldaten in einem Auslandseinsatz. Dutzende haben ihren Einsatz mit dem Leben bezahlt, Tausende sind verwundet oder traumatisiert. Die Gefahr, ein Trauma zu erleiden, liegt bei kriegsähnlichen Einsätzen bei mehr als 10 Prozent. Deshalb wird die Dunkelziffer der Fälle von posttraumatischer Belastungsstörung (PTBS) auf etwa 20 000 geschätzt.

\* \* \*

Ich bin nicht Soldat geworden, um jemals ein Buch zu schreiben. Und ich bin nicht als Stabsoffizier nach 24 Berufsjahren aus der Bundeswehr ausgeschieden, um eine Schmähschrift gegen meinen ehemaligen Arbeitgeber zu veröffentlichen. Aber meine eigenen Grenzerlebnisse haben mich davon überzeugt, dass es ein »weiter so« nicht geben darf – wir dürfen nicht beschönigen, sondern brauchen Klartext. Für Soldaten geht es im äußersten Fall um Leben oder Tod, da verbietet sich das Schweigen. Daher entschloss ich mich, offen und ehrlich zu reden, nicht wegen meiner Person und meiner eigenen Geschichte, sondern weil meine Erlebnisse stellvertretend für die gelten, die nicht reden können. So ist dieses Buch entstanden.

Meine häufigen Erlebnisse zwischen Leben und Tod schrieb ich zunächst für mich alleine auf, als private Notizen, ein Tagebuch des Grauens, nicht für die Öffentlichkeit bestimmt. Andere Erinnerungen wiederum wollte ich nie aufschreiben, aber sie haben sich mit all ihren schrecklichen Details fest in mir eingebrannt, jederzeit abrufbar. Zahlreiche Soldaten haben Ähnliches oder Schlimmeres erlebt, können oder wollen aber darüber nicht reden. Sie befürchten dienstliche Nachteile oder den Spott der Kameraden. Sie haben Angst davor, bei einem Seelenstriptease begafft zu werden, oder wollen sich nicht dem Vorwurf aussetzen, sie würden ihre Erlebnisse nur erzählen wollen, weil sie unter Geltungssucht und Profilneurose leiden. Andere müssen schweigen, weil sie das Reden zu sehr schmerzen würde.

Ich berichte von Erlebnissen aus meinen Einsätzen und analysiere auf Grundlage dieser Beispiele wichtige Fragen zum Auslandseinsatz der Bundeswehr. Sind Ausrüstung und Ausbildung angemessen? Wie gehen Politik und Bundeswehr mit offensichtlichen Mängeln um? Wie werden die verletzten, verwundeten und traumatisierten Veteranen in Deutschland betreut und versorgt? Warum scheitern viele von ihnen in den Mühlen der militärischen und zivilen Bürokratie und haben schließlich das Gefühl, nach ihrem Dienst für Deutschland verraten und vergessen zu sein? Warum enden einige von ihnen in der Gosse oder im Suizid und wer trägt dafür die Verantwortung?

Ich belege an Beispielen, wie in Politik und Bundeswehr verharmlost und gelogen wird. Mir geht es um Offenheit und Ehrlichkeit und um den Respekt und die Anerkennung für die Soldaten im Einsatz für Deutschland – unabhängig der politischen Grundhaltung und abgesehen von Erfolg oder Misserfolg eines Einsatzes. Viel zu oft werden auf dem Rücken der Soldaten Diskussionen über Themen geführt, für die sie nicht verantwortlich sind. Sie machen meist einen herausragenden Job, jammern nicht, dass sie diesen Beruf ausgewählt haben, selbst wenn sie Verwundungen erleiden. Einige bezahlen mit dem höchsten Preis, den ein Staat fordern kann, den Angehörige und Familien auszuhalten haben – dem eigenen Leben.

\* \* \*

So soll dieses Buch auch ein Appell sein, die toten Kameraden und deren Familien nicht zu vergessen, die neuen Veteranen in Deutschland nicht länger im Abseits stehen zu lassen, gemeinsam Verantwortung zu übernehmen und in Besonnenheit und offener Ehrlichkeit die bestehenden Probleme anzusprechen, zu analysieren und Lösungen zu erarbeiten. Wir sind es den toten Kameraden schuldig, und allen vergessenen Veteranen.

Erstmals seit Jahrzehnten erzählen heute Frauen und Männer in Uniform ihren Vätern und Müttern, wie sich Krieg anfühlt – wenn sie denn darüber sprechen können. Vorher war es umgekehrt oder es wurde geschwiegen. An der Dramatik der Ereignisse hat sich wenig geändert, aber vielleicht im Umgang damit. Wir bewerten das nicht. Wir wollen mit diesem Buch das Schweigen der neuen Generation von Kriegsveteranen brechen und den Betroffenen eine Stimme geben. Es ist an der Zeit, vor allem, weil die Einsätze weitergehen werden. Auch wenn die Mehrzahl der Soldaten unbeschädigt nach Hause zurückkehrt – und das wünschen wir jedem einzelnen – es werden immer wieder auch Verwundete, Traumatisierte und Tote zu ertragen sein. Dieses Buch möchte einen Beitrag dazu leisten, diese Menschen nicht zu vergessen und endlich angemessen mit ihnen umzugehen.

Noch ein Wort, an die verehrten Leserinnen: Wir haben bewusst auf die weibliche Form der Anrede von Soldaten verzichtet, um die Lesbarkeit zu erleichtern. Wo immer »Soldaten« benannt sind, sind Soldatinnen und Soldaten gemeint.

*Andreas Timmermann-Levanas, Andrea Richter*
August 2010

# Kapitel 1

# Als Soldat im Einsatz für Deutschland

## Ein eisiger Empfang – Sarajevo, Dezember 1998

Ich fliege in meinen ersten Einsatz. Im Flugzeug gibt es keine Stewardessen, keine Leselampen, keine Anschnallzeichen, nicht einmal richtige Sitze. Die knapp vierzig Passagiere des Transportflugzeuges Transall C-160 kauern in Hängematten aus olivgrünem Stoff in Sitzmulden quer zur Flugrichtung. Die zwei Propeller und die Turbomotoren dröhnen so ohrenbetäubend, dass Gespräche fast unmöglich sind. Die »Trall«, wie wir sie nennen, ist wohl älter, als jeder einzelne Soldat, der heute mit mir nach Sarajevo fliegt. Die Lautsprecherdurchsage des Lademeisters geht im Lärm unter. Er weist die noch stehenden Passagiere mit Handzeichen darauf hin, wieder ihre Plätze einzunehmen. Sie klettern zwischen den olivgrünen Seesäcken und den mit Ketten festgezurrten Transportkisten zurück in ihre Hängesäcke. Wir nähern uns dem Flughafen Sarajevo. Heute ist mein erster Tag als Soldat im Auslandseinsatz.

Der Pilot drückt die Trall in einen steilen Sinkflug, der bei einem zivilen Flug wohl zu Beschwerden der Passagiere geführt hätte. Der alte Flieger zeigt, was in ihm steckt, der Pilot auch. Plötzlich mehrere Explosionen, Erschütterungen. Die Gesichter der meisten Passagiere versteinern, angstvolle Blicke, ein knappes Lächeln, wenn jemand den Halt verliert und auf den Nachbarn rutscht. Wieder mehrere dumpfe Detonationen, draußen grelle Lichtblitze, nur durch wenige kleine Bullaugen über unseren Köpfen sichtbar. Mein Nachbar, ein junger Soldat, ist verunsichert – ob wir unter Beschuss ständen? Nein, erkläre ich ihm, das sind unsere eigenen Abwehrsysteme, *chaffs* und *flares* genannt. Die Flugabwehrraketen des Feindes könnten uns abschießen, sie verfolgen ihr Ziel automatisch über einen Suchkopf. Sie orientieren sich am heißen Abgasstrahl der Flugzeuge und sind meist sehr treffsicher. Die Täuschkörper sollen diese Raketen ablenken. Ob ihn das nun beruhigt? Vielleicht ist ja unser Abwehrsystem ausgelöst worden, weil ein anderes Signal aufgefangen wurde und gar kein Beschuss vorlag, oder war es nur eine Vorsichtsmaßnahme des Piloten?

Ein paar Minuten später setzt die Trall hart, aber sicher auf. Über die geöffnete Laderampe gelangen wir nach draußen. Überall bewaffnete Soldaten, Gabelstapler, Paletten voller Material, silberne und grüne Kisten, Uniformen verschiedener Nationen. Ein herzlicher Empfang bleibt aus, aber den hat auch keiner von uns erwartet. Die militärische Begrüßung beschränkt sich auf das sogenannte *Inprocessing*. Hier werden die Neuankömmlinge erfasst, das Gepäck verladen, der Transport in die jeweiligen Einheiten und Verbände im Einsatzland beginnt. Die Militärbürokratie arbeitet, erste Zettel werden ausgefüllt, Listen geschrieben. Ich betrete die Sicherheitszone des Flughafens. Ein deutscher Soldat sitzt hinter einem Tisch.

»Wo soll's denn hingehen, welche Einheit?«

» CIMIC-Kräfte in Sarajevo.«

»CIMIC?« Er hat das wohl noch nie gehört. Ich erkläre ihm, dass dies die Einheit für die zivil-militärische Zusammenarbeit ist, im NATO-Deutsch *Civil Military Cooperation* (CIMIC) genannt. In meinen Papieren steht GECIMIC-UNIT Sarajevo. Das muss also meine neue Einheit sein, in der ich die nächsten sechs Monate meinen Dienst verrichten werde.

Diese Einheit kennt er nicht. Mein Name steht nicht auf seiner Liste. Die deutsche Gründlichkeit der Militärbürokratie ist wohl nicht bis auf seinen kleinen Schreibtisch im Flughafen von Sarajevo vorgedrungen. Auch meine Kommandierungsverfügung hilft nicht weiter. Dieses Standardformular, das für den Einsatz eines Soldaten bei einer anderen Einheit im In- oder Ausland ausgefüllt wird, verwirrt nur noch mehr:

»DDO/DTA SFOR/LC Heidelberg, abweichender Dienstort SARAJEVO« ist dort zu lesen. Ich erkläre dem Soldaten, dass dies ja nur eine organisatorische Vereinbarung ist, dass die Soldaten für Sarajevo alle nach Heidelberg kommandiert werden (dort zum NATO Hauptquartier LANDCENT), aber dass das nichts über die Verwendung in Sarajevo aussagen würde. Er könne sicher sein, dass ich zu der deutschen CIMIC-Einheit gehören würde.

Ein dunkelhäutiger amerikanischer Soldat tritt zu uns. Er ist so groß, dass seine Uniform wohl eine Sonderanfertigung sein muss. Mächtig wie eine Schrankwand steht er vor mir. Ob ich eine SFOR-ID-Card hätte, möchte er wissen. Ich verneine. Woher soll ich auch diesen Ausweis haben, ich bin doch gerade erst angekommen? Den deutschen Truppenausweis, den ich ihm zeige, akzeptiert er nicht, auch ein weiteres Dokument, meinen NATO-Marschbefehl, kann er nicht interpretieren, er findet meine Einheit darauf nicht. CIMIC bei SFOR in Sarajevo steht dort. Mir kommen langsam immer mehr Zweifel. Ich bin nicht erst seit gestern Soldat, habe mich gewissenhaft auf meinen ersten Auslandseinsatz vorbereitet – und nun komme ich noch nicht einmal zu meiner Einheit, weil die keiner kennt, weil mich niemand erwartet hat? Ich hatte vorher engen Kontakt zum zuständigen Leitverband gehalten, mit dem verantwortlichen Heeresführungskommando in Koblenz telefoniert, mir alle Unterlagen schicken lassen. Ich habe gewusst, dass ich als einzelner Luftwaffensoldat in der Organisation des Einsatzes mehr berücksichtigen muss, als wenn ein großer Verband des Heeres gemeinsam in einen Einsatz verlegt wird. Ärgerlich, dass ich es nicht geschafft hatte, mit meinem Vorgänger in Sarajevo zu telefonieren, aber mir konnte keiner eine Telefonnummer von ihm geben.

Ein deutscher Major eilt mir zu Hilfe. Er solle einen neuen Kameraden abholen, sagt er, eine Ablösung für die CIMIC-Truppe. Die Gesichter hellen sich auf, der Amerikaner grinst breit, seine weißen Zähnen strahlen aus seinem schwarzen Gesicht unter dem Helm: »O.K., Sir!« Ich werde endlich von jemandem hier empfangen, der sich auskennt. Der deutsche Major hat zwar meinen Namen nicht auf seiner Liste, aber egal – er nimmt mich mit zu meiner neuen Einheit, dem Hauptquartier der internationalen Streitkräfte im ehemaligen Jugoslawien (*Stabilisation Force* – SFOR) in Sarajevo. Ich kann mein Gepäck verladen, eine Unterkunft beziehen, meine Waffen und meine Munition empfangen, endlich eine SFOR-ID-Card erhalten. Untergebracht bin ich in dem alten Parlamentsgebäude Sarajevos, teile mir dort ein sehr kleines Zimmer mit acht anderen Soldaten. Jeder von uns hat ein Bett und davor etwa 80 Zentimeter Platz als »privaten« Bereich, wo auch die gesamte Ausrüstung verstaut werden muss.

Mein Einsatz beginnt. Doch das Grundproblem bleibt: Keiner kann mir sagen, wo ich hier wirklich arbeiten soll, auch im Hauptquartier stehe ich auf keiner Liste. Wie kann es sein, dass ich hier nicht angemeldet bin? Wenn ich nicht hierher nach Sarajevo gehöre, wo ist dann meine Einheit? Als Soldat im Auslandseinsatz ohne Einheit – schier unvorstellbar! Solch ein Chaos in der Organisation hätte ich nicht erwartet. Zunächst lasse ich mich in die CIMIC-Arbeit des Hauptquartiers einweisen, mitten in dem geschäftigen Treiben der Soldaten aus verschiedenen Nationen. Tage später werde ich zum Chef des Stabes gerufen, einem deutschen Oberst. Er kann mir aber nur mitteilen, dass er immer noch meine richtige Einheit suche; er habe die letzten Tage alles versucht, mit den Dienststellen in Deutschland meine Aufgabe, meine Verwendung und meinen Dienstort zu klären, aber noch keine abschließenden Antworten erhalten. Er bedauere dies und würde sich persönlich weiter darum kümmern. Jetzt könne er aber nichts mehr erreichen, in Deutschland sei jetzt Wochenende. Ich vergaß – in Deutschland ist Vorweihnachtszeit, Advent, alle bereiten sich auf

Weihnachten vor. Und ich bin im Einsatz und suche meine Einheit. Hier gilt eine Sieben-Tage-Woche, da ist jeder Tag wie Mittwoch. Es gibt kein freies Wochenende, keinen Feiertag. Wir müssen dennoch warten, bis Montag ist.

Nachmittags fahre ich mit meinen amerikanischen Kameraden in einem US-Jeep vom Hauptquartier in Sarajevo-Ilidza zu dem Feldlager in Sarajevo-Rajlovac am Rande der Stadt. Ich möchte dort die deutschen Soldaten treffen, die ebenfalls mit CIMIC-Aufgaben betraut sind (DFGFA, Deutsch-Französische Gruppe – *Groupement Franco-Allemand*). Vielleicht ist das meine Einheit? Aber so einfach scheint es nicht zu sein. Die DFGFA hat zwar eine Abteilung, die sich mit CIMIC beschäftigt (S5-Abteilung), aber deren CIMIC-Kräfte gehören zur Division Süd-Ost (*Multi National Division South East* – MNDSE), deren Dienststelle wiederum in der Stadt Mostar sitzt und nicht in Sarajevo. Meine Verwirrung steigt immer mehr. Wer soll das noch alles verstehen?

Frustriert sitze ich in diesem riesigen amerikanischen Jeep, als wir die Rückfahrt antreten. Das bullige Fahrzeug vibriert und brummt wie ein Schiffsmotor. Dieser amerikanische HMMWV (*High Mobility Multipurpose Wheeled Vehicle*) wird bei uns nur »Humvee« genannt. Es sind meine ersten Fahrten in so einem Monstrum von Geländewagen. Die Fahrt führt vorbei an den Hinterlassenschaften eines irrsinnigen Kriegs: Die noch übrig gebliebenen Gebäude sind fast alle zerstört, verlassen und leer. Dort, wo jahrelang Nachbarn nebeneinander gewohnt haben, stehen verbrannte, zerschossene Ruinen, die nur erahnen lassen, was mit den Bewohnern passierte. Die Hauswände sind übersät mit Einschusslöchern. Bei einigen müssen Hunderte und Tausende Projektile auf die Wand gekracht sein, der Verputz ist völlig zerstört. Wo die Hauswände noch stehen, ragen die schwarzen und verkohlten Balken der Dachstühle wie mahnende Gerippe in den Himmel. Leben gibt es hier keines mehr, es ist ausgelöscht.

Es ist bitterkalt in diesem Dezember in Sarajevo. Der Schnee bedeckt die Minenfelder links und rechts der Straße. Rote Absperrbänder überall, an ihnen hängen Dreiecke mit der Aufschrift OPASNOST MINE (GEFAHR MINE). Zusätzlich warnen Totenkopf-Symbole nicht nur uns, sondern auch die Bevölkerung vor der tödlichen Gefahr.

Und dann ist er da, ein kleiner Junge von nicht einmal 15 Jahren. An seinem schmächtigen Körper hängen nur schmutzige Fetzen. Ich sehe ihn von rechts auf unsere Straße zugehen und denke mir noch, dass er wohl frieren müsse bei der Kälte. Er geht langsam, aber zielgerichtet auf die Straße zu. Plötzlich holt er aus, in seiner rechten Hand erkenne ich eine Handgranate. Er schmeißt dieses verfluchte Ding – und trifft unseren Jeep an der Tür des Beifahrers, dann prallt die Granate ab. Wildes Fluchen der amerikanischen Soldaten, Kommandos lauter als der Motor, Gas geben, weg von der Stelle und der Handgranate, Funksprüche, Hektik, alles passiert schnell, rasend schnell. Werden wir es schaffen?

Wir wissen, dass wir jetzt etwa 2 bis 3 Sekunden Zeit haben, dann wird die Handgranate explodieren. Je nach Modell sind es dann mehrere hundert Splitter, die durch die Detonation im Umkreis von vielleicht 20 oder 25 Metern alles zerfetzen, was nicht geschützt ist. Ob unser Fahrzeug das aushält? Wir sind nicht gepanzert! Ich sitze hinten in diesem riesigen amerikanischen Humvee und sehe den Jungen in das Schneefeld zurück rennen, aus dem er kam. Er rennt schnell mitten durch das Minenfeld. Woher weiß er, wo dort die Minen liegen, oder weiß er das gar nicht? Wird ihn gleich selbst eines dieser todbringenden Teile zerlegen? Sollen wir schießen, dürften wir schießen – auf einen Jungen, der wegläuft?

Wir schießen nicht, keiner von uns. Wir fahren noch immer, bewegen uns, so schnell es geht, von der Anschlagstelle weg. Die Handgranate, eine Eierhandgranate russischer Bauart, explodiert nicht, keine Detonation – wir leben, nichts passiert. Meine amerikanischen Kameraden kümmern sich per Funk um den Rest. Die Stelle, an der die Granate liegt, muss abgesperrt werden, ein Entschärfungsteam wird sich darum kümmern.

Zurück im Hauptquartier: Ich registriere gar nicht richtig, dass ich gerade meinen ersten Anschlag im Einsatz erlebt habe. Aber ich muss immer wieder daran denken, was wohl passiert wäre, wenn die Granate uns erwischt hätte. Der amerikanische Jeep wäre ein weiches Ziel gewesen, wir hatten Glück. Welche gravierenden Auswirkungen dieser erste Anschlag für mich noch zwölf Jahre später haben sollte, das wusste ich 1998 nicht. Ich habe ihm keine Beachtung mehr geschenkt und mich auf meinen SFOR-Einsatz konzentriert. Aber er sollte nicht der einzige bleiben und noch ein trauriges Nachspiel haben.

## »Operation Notbehelf« – Einsatz mit Hindernissen

Kurz vor Heiligabend 1998 erhalte ich dann endlich die entscheidende Nachricht: Meine Einheit, die ich seit Tagen suche, ist gefunden. Ich soll der CIMIC-*Task Force* des Hauptquartiers angehören, aber dem Teil, der ganz neu aufgestellt wird und zur Deutsch-Französischen Gruppe ausgelagert ist, von der ich gerade kam. Ich muss also umziehen nach Rajlovac, an den Stadtrand von Sarajevo. Jetzt wird mir auch klar, warum mich kein Vorgänger am Flugplatz abgeholt hatte: Es gab gar keinen! Ich war der erste dieser kleinen Einheit, der sogenannten *Task Force*, und sollte diese erst aufbauen. Warum mir das niemand vorher sagen konnte, bleibt mir schleierhaft – aber ich habe jetzt andere Probleme, als mich darum zu kümmern, ich habe eine neue Aufgabe. Ich muss zunächst von einem Feldlager in das andere umziehen, unter Einsatzbedingungen kein Spaziergang. Mein Handgepäck wiegt zu diesem Zeitpunkt circa 150 Kilogramm, ich habe keine Unterkunft, meine neue Einheit ist auf mich nicht vorbereitet. Die Quartiere dort sind alle belegt. Der Kompaniefeldwebel teilt mir eine Notunterkunft zu: immerhin kein Zelt, sondern ein festes Gebäude, ein Raum, zwei Betten, sonst nichts. Es gibt keinen Stuhl, keinen Schrank, kein Bettzeug. »Nur für den Übergang – bis wir etwas anderes für Sie finden, Herr Hauptmann.«

Ein altes, heruntergekommenes Gebäude des Feldlagers Rajlovac ist nun meine neue Heimat. Irgendwann war hier mal ein Flugplatz. Als es unter dem Herrscher Tito noch ein zwangsvereintes Jugoslawien gab, wurden hier Flugzeugteile gebaut und Triebwerke für die Luftwaffe der Jugoslawischen Volksarmee repariert. Das Gebäude steht zwar noch, aber auch hier hat der Krieg seine Spuren hinterlassen. Die dünnen Fensterscheiben sind ebenso wie die Wände zersplittert und durchschossen. Kanalisation, Wasser, Strom – alles funktioniert mehr schlecht als recht oder überhaupt nicht. Ganze Geländeabschnitte rund um das Feldlager sind noch vermint. Überall stehen alte Flugzeuge oder anderer Kriegsschrott herum. Die Soldaten, die für die Versorgung und Instandsetzung zuständig sind, tun ihr Bestes, arbeiten fast rund um die Uhr. Unter meinen Kameraden höre ich wenig Klagen oder Beschwerden, obwohl die Zustände erbärmlich sind. Es ist die typische Einstellung der meisten Soldaten zu Beginn eines Einsatzes: Sie nehmen Einschränkungen hin, Probleme werden als Herausforderungen angenommen, die mit viel Motivation und Ideen zu meistern sind. Wir jammern nicht, im Gegenteil: Jeder packt an, jeden Tag können wir durch Improvisation und harte Arbeit etwas verbessern, es wächst Teamgeist, der zufrieden macht. Erst nach Monaten und Jahren im Einsatz, wenn diese erste harte Zeit mit allen Hürden gemeinsam bewältigt ist und die Bürokratie Einzug hält, geht dieser Geist verloren.

Die ersten Nächte in meiner Notunterkunft sind für mich trotzdem nicht angenehm: Es gibt keine Heizung. Der Winter ist kalt in Sarajevo, nachts liegen die Temperaturen oft bei minus 15 Grad und darunter. Morgens sehe ich Eisblumen auf der Innenseite des Fensters. Die Außenhülle meines Schlafsacks ist gefroren. Innen habe ich – wie gelernt – meine Uniform hineingepackt, damit meine Körpertemperatur sie für morgen früh etwas vorwärmt. Es ist nicht meine erste Nacht in einem Schlafsack bei Kälte. Aber es ist einfach alles eingefroren. Ich fühle mich wie ein Eiswürfel, von Körperwärme keine Spur.

Jeden Tag kümmere ich mich um meine Arbeit, aber diese gestaltet sich ebenso schwierig wie das morgendliche Auftauen: Ich habe weder ein Büro in dieser zerschossenen Liegenschaft noch einen Computer oder einen Internetanschluss – alles aber unabdingbar notwendig, um hier meinen Job zu machen. Ich soll zivile Aufbauprojekte in Bosnien-Herzegowina organisieren, vor allem im Bereich der Bildung, soll Schulen aufbauen und Gelder der deutschen Entwicklungshilfe sinnvoll beantragen und einsetzen, aber ich habe nur einen Tisch und einen Stuhl, den ich mir mit anderen Soldaten teilen muss. Mehr nicht. Unser kleines Team wächst auf fünf Soldaten und zwei Dolmetscher, wir nennen sie Sprachmittler, an, jeden Tag versuchen wir, unsere Lage zu verbessern: Ein Heizgerät, ein Fahrzeug, ein Computer, ein Drucker, langsam entwickelt sich unsere Ausstattung, oft müssen diese Dinge aber anderen Soldaten weggenommen werden, die nun ihrerseits mit einem Mangel leben müssen. Wir melden Sofortbedarf, organisieren das Nötigste, beantragen Material und Ausrüstung.

Die Bedingungen unseres Lagerlebens bleiben spartanisch: Wenn ich mich duschen will, kann es passieren, dass aus den verstopften Abwasserrohren über mir eine braune Soße tropft. Auf den Toiletten sind Warntafeln montiert – Vor Benutzung zweimal spülen! –, denn es ist besser, »vorher« zu prüfen, ob der Abfluss noch funktioniert, als die Verstopfung der Rohre erst »danach« festzustellen. Erst allmählich werden Sanitärcontainer aufgebaut. Stromausfälle sind an der Tagesordnung, weil unsere kleineren Aggregate, die Tag und Nacht den Strom produzieren müssen, der Belastung nicht mehr standhalten. Das örtliche Stromnetz ist kein Ersatz, die großen Aggregate sind in Deutschland angefordert, wann sie hier eintreffen, ist ungewiss. Unsere Fahrzeuge halten den extremen Temperaturen nicht mehr stand und frieren nachts ein. Ob wir die Methode ukrainischer Kameraden übernehmen können, wissen wir nicht: Sie zünden kleine Feuerstellen unter dem Motorraum an, um am nächsten Tag den Motor ihres Jeeps vorgewärmt zu starten.

## Ein Wolf im Schafspelz

Wenn wir morgens unseren Mercedes-Geländewagen vom Typ Wolf in der Kälte zum Laufen gebracht haben, setzen wir uns in das beste Fahrzeug, das die Bundeswehr in dieser Klasse Ende der neunziger Jahre zu bieten hat. Zwischen 1989 und 1994 wurden mehr als 10.000 dieser Fahrzeuge in unterschiedlichen Varianten angeschafft.[1] Aber ich fühle mich trotzdem wie im Wilden Westen, wie in einer Pferdekutsche mit Plane, die von jedem Indianerpfeil durchbohrt werden kann: Die Scheiben sind nicht verstärkt, ebenso wenig der Unterboden oder die Seiten, und im hinteren Teil »schützt« uns nur eine Plane – gegen Regen, aber nicht gegen Angriffe von außen. Selbst mit einem Messer könnte ein Angreifer unser Fahrzeug aufschlitzen!

Erst allmählich beginnt die Bundeswehr, den Wolf mit einem Modularen Splitterschutz (MSS) auszustatten, der aber eher an eine selbstgebastelte Notlösung erinnert als ein durchdachtes Schutzkonzept: In Eigenarbeit werden in den ungeschützten Wolf Stahlplatten in den Unterboden und die Seitentüren eingebaut, fertig ist der »geschützte« Wolf. Dass dieser Schutz nur behelfsmäßig ist und an der Unterkante der Fensterscheiben aufhört, ist ebenso peinlich wie der hintere Teil der Kabine: Auch die Version Wolf MSS verfügt hier nur über ein Planenverdeck. Die Problematik ist der politischen und militärischen Führung durchaus bewusst, und so sollen in den folgenden Jahren andere Versionen des Wolfs gebaut werden: Der Wolf MSA (Modulare Schutzausstattung), eine etwas bessere Notlösung, und der Wolf SSA (Sonderschutzausstattung), der dann ab Werk bereits rundherum mit einer leichten Panzerung versehen ist.

Mein eigener Wolf, mit dem ich durch Bosnien fahre, bleibt ungeschützt. Da es im Einsatzland zunächst relativ ruhig bleibt, hoffe ich, dass wir nicht direkt angegriffen werden oder auf eine Mine fahren – dann wären wir erledigt. Mit jeder Fahrt durch das Land, bei der uns nichts passiert, vertrauen wir mehr darauf, dass

Der Wolf als Planwagen, nicht geschützt. Und in geschützter Version (Wolf SSA):
etwas mehr Sicherheit, aber noch lange kein Panzer.

wir auch den nächsten Tag überleben. Uns nervt lediglich, dass
während der Fahrt die gefrorene Plane des Wolfs über unseren
Köpfen langsam auftaut und das Wasser nasskalt auf uns herun-
tertropft.

Im März 1999 beginnt die NATO-Operation *Allied Force*, und die
serbische Bevölkerung reagiert verständlicherweise nicht mehr
so freundlich auf uns: Während NATO-Bomber mit deutscher Be-
teiligung serbische Stellungen in Rest-Jugoslawien und im Kosovo
bombardieren, um die Vertreibung und das Abschlachten von Ko-
sovo-Albanern zu verhindern, fahren wir immer noch in unseren
Planwagen in deren Gebieten umher. Die Serben werden gefährli-
cher, aber uns fehlt der Schutz für diese Eskalation.

Das deutsche Feldlager in Rajlovac igelt sich ein, überall werden
jetzt hektisch Sandsäcke gefüllt. Auf einmal ist der so friedliche
Einsatz bedrohlich. Es gibt Versuche, in unser Lager einzudringen,
möglich ist auch eine Bedrohung aus der Luft. Der erste Kampfjet
der Serben, eine russische MIG 29, wird durch NATO-Flugzeuge ab-
geschossen. Er herrscht Krieg auf dem Balkan.

Wie unsicher die Lage ist, merke ich auf einer Patrouille, die uns
in den Norden des Landes führt, in die serbische Stadt Banja Luka.
Auf der Hinfahrt haben wir bereits eindeutige Zeichen gesehen:
Überall auf den Straßen und den Häuserwänden stehen plakative
Parolen wie *Kill Nato*. Die Serben wollen uns töten, das ist die klare

Botschaft, die meist anschaulich mit Skizzen von männlichen Genitalien versehen wird: *Fuck You Nato*.

Auf der Rückfahrt geraten wir unvermittelt in eine Demonstration. Wir sitzen in zwei Wölfen, ungeschützt, aber deutlich zu erkennen mit deutscher Fahne und SFOR-Zeichen, biegen von einer Nebenstraße auf die Hauptstraße ab und sind plötzlich umringt von Serben, die gerade gegen die NATO und die Bombardierung ihrer Heimat demonstrieren. Es sind Tausende. Wütend und laut schreiend halten sie ihre Schilder hoch. Die Botschaft ist klar zu erkennen: Sie wollen die NATO vernichtet sehen, und wir sind ganz unverkennbar Teil der NATO.

Plötzlich befinden wir uns mitten in einem Hexenkessel, einem tödlichen Gemisch aus Hass und Massenwahn, mit zwei ungeschützten Planwagen der Bundeswehr. Doch wir erholen uns von dem Schock deutlich schneller als die Demonstranten, die für einen Moment erstarrt sind vor Schreck – was machen ausgerechnet zwei deutsche Geländewagen inmitten dieser aufgeheizten Demonstration? Wenige Sekunden helfen uns: Waffen entsichern, kurze Funksprüche zwischen den Fahrzeugen – wir verstehen uns blind, sind ein eingespieltes Team. Die Fahrer reagieren blitzschnell: Vollgas, durchstoßen und raus hier, bevor die Demonstranten uns überfallen und aus den Fahrzeugen zerren. Wir wissen, wie sie mit ihren »Feinden« umgehen, dass sie hinter den Fahrzeugen angekettet und über den Boden geschleift werden, bis qualvoll der sichere Tod eintritt. So wollen wir nicht enden – und die Demonstranten, die hasserfüllt mit ihren Schildern auf uns zurennen, um uns aufzuhalten, kommen nach ihrer Schrecksekunde zu spät. Wir können fliehen, ohne dass ein Schuss fällt.

### Den Mangel verwalten – der Mythos von der »Null-Fehler-Armee«

Was wäre geschehen, wenn ...? Wir stellen uns diese Frage erst, als wir der Situation entronnen sind. Wenn die Demonstranten schneller und heftiger reagiert hätten, wie lange hätten wir sie mit unseren Handwaffen aufhalten können? Wäre das überhaupt möglich gewesen, wenn die aufgeheizte Menge uns eingekesselt hätte, nur mit einer Plane zwischen ihnen und uns? Wir haben auf dem Wolf keine Waffenstation, keine Montagemöglichkeit für eine Schwerpunktwaffe, wir können von innen heraus nur auf engstem Raum versuchen, unsere Gewehre und Pistolen zu benutzen. Sie hätten uns gelyncht.

Die Mängel in der Organisation und der Ausrüstung, die ich am eigenen Leib erfahre, kann und möchte ich nicht verschweigen. Ich spreche mit Vorgesetzten, schreibe Anträge, mache Vorschläge, aber es passiert viel zu wenig. Unsere Arbeitsbedingungen können wir zwar Monat für Monat verbessern, und wir freuen uns hier über jeden kleinen Erfolg, sei es auch nur ein Heizlüfter. Aber an der Fahrzeugausstattung kann ich nichts ändern, wir fahren nach wie vor mit Planwagen durch das Land. Habe ich mich etwa verhört, als mir jahrelang gepredigt wurde, dass ich als Soldat zu einem Auftrag auch die notwendigen Mittel zur Verfügung gestellt bekomme? Gilt der Grundsatz nicht mehr, den ich als junger Ausbilder in der Bundeswehr gelernt habe: Mangel erkennen, Mangel ansprechen, Mangel abstellen? Ich dachte eigentlich, dass dies nicht nur gegenüber meinen Untergebenen gilt, sondern ebenso gegenüber meinen Vorgesetzten: Ich trage auch als einfacher Soldat Verantwortung, soll Courage beweisen und auf Mängel hinweisen, auch und gerade auf dem Dienstweg »nach oben«. Zumindest fühle ich mich als junger Offizier und Hauptmann im Auslandseinsatz dazu verpflichtet, verstehe mich als mündiger Staatsbürger in Uniform, auch wenn ich mir darüber im Klaren bin, dass ich nur ein kleines Licht in der Bundeswehr bin.

Aber das Problem beginnt in der Truppe selbst: Wenn ich einen Mangel anspreche und melden will, fühlen sich viele Vorgesetzte persönlich angegriffen oder befürchten, dass ihnen die jeweils vorgesetzte Dienststelle den aufgezeigten Mangel als persönlichen Fehler anlasten könnte. Falsch verstandenes Karrieredenken und vorauseilender Gehorsam führen dann neben mangelnder

Fachkenntnis zur Schönfärberei in den Meldungen nach oben. Die »Loyalität mit den Dienstherren« ist zwar unabdingbare Bedingung für den Dienst als Soldat, doch sie wird viel zu oft falsch ausgelegt und dazu missbraucht, kritische Meldungen zu verharmlosen oder erst gar nicht weiter zu geben.

So habe ich bereits in diesem meinem ersten Einsatz die Erfahrung machen müssen, dass es in den militärischen Führungsebenen nicht gewollt ist, von der Truppe mit Wünschen und Anträgen konfrontiert zu werden, auch wenn dies immer wieder in Sonntagsreden und Konzepten eingefordert wird. Selbst der höchste General des Heeres, der Inspekteur, hat in seiner Weisung »*Leadership* – Der Militärische Führer im Einsatz« bereits 1998 eine Mentalität der »Null-Fehler-Armee« angemahnt und das Streben der Vorgesetzten nach »Absicherung, Anpassung und Routine« kritisiert.[2] Er warnte davor, nicht verändern zu wollen, nicht die Initiative zu ergreifen, kein Profil zu zeigen, nur um keine Fehler zu machen. Die Wehrbeauftragte des Deutschen Bundestages forderte in ihrem Bericht 1998 von den Vorgesetzten »mehr Mut«[3], zwingend notwendige Maßnahmen auch umzusetzen und nicht Angst vor einen Karriereknick zu haben.

Aber diese Mahnungen werden in weiten Teilen der Bundeswehr nicht gehört. Als ich mich nach mehreren Monaten Einsatz bei meinem neuen Vorgesetzten in Bosnien vorstelle, der gerade das Kommando übernommen hat, begrüßt er mich mit den Worten: »Damit das gleich klar ist, Herr Hauptmann, ich habe noch nie einen Luftwaffenoffizier gesehen, der mich überzeugen konnte, das werden auch Sie nicht ändern können.« Ohne dass wir uns kennen und ohne dass ich ihm etwas von meinem bisherigen Einsatz oder meinem Auftrag in Bosnien hätte erläutern können, hat dieser General des Heeres damit sehr deutlich gemacht, was er von mir als Luftwaffenoffizier hielt: gar nichts!

Wie könnte ich jemals über seinen Schreibtisch eine Verbesserung durchsetzen? Grundsätzliche Anträge, die hier gestellt werden, müssen zuvor durch drei Abteilungsleiter geprüft werden, bevor sie dann über den Chef des Stabes und/oder genau über diesen General das eigene Haus überhaupt verlassen. Sollte diese Hürde jemals überwunden werden, würde das Anliegen auf dem Weg nach Deutschland erneut durch die zuständigen Abteilungen des Stabes des Deutschen Nationalen Befehlshabers geprüft werden, bevor es überhaupt zu der Kommandobehörde in Deutschland gelangen könnte.

Meine Anträge verlaufen daher unbeantwortet im Sand der militärischen Stäbe und Führungsebenen, die meisten bleiben schlicht ohne Antwort, selbst ein ablehnender Bescheid wird nicht erteilt.

## Mangel erkannt, doch nicht gebannt – im Kreuzfeuer der Politik

Ich wende mich an den Wehrbeauftragten des Deutschen Bundestages, schreibe zum ersten Mal eine Eingabe an diese höchste Beschwerdestelle für Soldaten. Nach Monaten der Prüfung kommt ein kurzer Bescheid: Das Bundesministerium der Verteidigung (BMVg) habe mein Anliegen geprüft, grundsätzlich meine Vorschläge und meine Kritik angenommen und bedanke sich für die Hinweise, die mithelfen würden, zukünftig solche Mängel und organisatorischen Schwierigkeiten in den Auslandseinsätzen zu verhindern. Das soll alles sein? Ich hatte deutlich angemahnt, »dass auch in Zeiten knapper Ressourcen« es möglich sein müsse, »dem Soldaten im Einsatz einen Mindeststandard an materieller Ausrüstung zur Verfügung zu stellen, um die Auftragsdurchführung zu gewährleisten«. Aber darauf geht die Antwort des Ministeriums nicht ein. Damit wird ein weiteres Problem der Blockadehaltung der Bundeswehr deutlich: Selbst wenn Soldaten sich intern mit ihren Erfahrungsberichten oder Verbesserungsvorschlägen melden sollten und diese nicht durch die Zwischenebenen geschluckt werden, verpuffen sie allzu oft. Sie werden kontinuierlich vom BMVg kleingeredet und als unangemessene Behauptungen zurückgewiesen. Eine Praxis, die System hat und fatalerweise auch in Bezug auf Menschen, die Schaden genommen haben, angewandt wird, wie ich später zeigen werde.

Trotzdem gibt es immer wieder einfache Soldaten oder Kommandeure vor Ort, die offen und ehrlich die Situation analysieren und die erkannten Mängel melden. So wurde die Materiallage nicht erst im Afghanistaneinsatz des Jahres 2010, sondern bereits zu Beginn der ersten Auslandseinsätze durch Soldaten scharf kritisiert. Die deutschen Piloten des Heeresfliegerregiments 35 in Mendig, die seit Ende 1991 im UNO-Einsatz UNSCOM im Irak eingesetzt waren, klagten bereits früh über technische Mängel ihrer alten Hubschrauber CH-53: Die Gasturbinen hätten keine Sandfilter gegen den Wüstensand, und bereits nach zwei Flugstunden müssten die Hubschrauber wieder landen und gewartet werden. Außerdem sei das Fernmeldegerät nicht geeignet für den Einsatz, das Navigationssystem unbrauchbar, die Bekleidung würde den Anforderungen an das Klima nicht genügen, und es wären keine sanitären Anlagen oder klimatisierte Container am Flughafen vorhanden. Statt die Situation der Soldaten zu verbessern, wurde ihnen durch das BMVg unter Minister Volker Rühe ein Maulkorb angelegt: Niemand solle sich hierzu weiter äußern. Gegen die Offiziere, die öffentlich die Mängel beklagt hatten, wurde wegen »Weitergabe dienstlicher Geheimnisse« ermittelt. In öffentlichen Stellungnahmen wurde entgegnet, die Kritik würde »weder in der Tonart noch im Text« stimmen.[4]

Der Wehrbeauftragte des Deutschen Bundestages nahm die Kritik der Heeresflieger grundsätzlich auf und berichtet von »Engpässen in der Ersatzteilversorgung«, die zu längeren »Abstellzeiten«[5] der Hubschrauber führen würden, und auch die Medien widmeten sich bereits in dieser Zeit der Materialausstattung der Bundeswehr. Der *Focus* betitelte im Mai 1994 einen Artikel zur Verteidigungsplanung: »Im Gleichschrott Marsch«.[6]

Bereits seit den neunziger Jahren lässt sich an der Kritik über

die Ausrüstung der Soldaten durchgehend folgender Grundsatz
feststellen: Soldaten sollen Kritik nicht öffentlich äußern, sondern schweigend den Mangel hinnehmen. Werden in Erfahrungsberichten oder Meldungen Verbesserungen gefordert, passiert
lange Zeit nichts. Spricht der Wehrbeauftragte des Deutschen
Bundestages Probleme öffentlich gegenüber den Medien oder
im Parlament an, versucht das BMVg, diese Kritik abzuwiegeln,
unabhängig davon, welche Partei gerade den Verteidigungsminister stellt. Dabei bemühen sich die jeweiligen Wehrbeauftragten
um eine möglichst umfassende Darstellung der Lage und bemängeln Kleinmaterial wie Schulterklappen, Kälteschutzunter-
wäsche oder Büromaterial ebenso wie die zunehmende Überal-
terung von Waffen und Gerät.[7] Mehr als fünf Jahre nach Beginn
der Einsätze in den unterschiedlichsten Klimazonen moniert die
Wehrbeauftragte, das Ministerium solle endlich dazu in der Lage
sein, die Soldaten »mit einer den klimatischen Verhältnissen im
Einsatzland entsprechenden Bekleidung auszurüsten«.[8] Zuvor
hatten sich deutsche Soldaten in Somalia, Marokko und auf dem
Balkan über die Mängel ihrer Ausrüstung und Bekleidung be-
schwert.

Aber auch die Parteien im Bundestag handeln stets nach dem
gleichen Grundsatz: Wenn der Minister von der CDU gestellt wird,
versuchen die Parteien der Opposition seine Erfolgsbilanz durch
Mängelberichte zu stören. Hat der Minister gewechselt und wird
von der SPD gestellt, wiederholt sich das Spiel unter umgekehrten
Vorzeichen. So wirft der CDU-Abgeordnete Werner Siemann der
SPD-Regierung zu Beginn des Jahres 2000 vor, der Kosovo-Kon-
flikt habe »doch sehr deutlich die erheblichen technologischen
Defizite der Bundeswehr gezeigt«.[9] Die CDU/CSU-Bundestagsfrak-
tion hält dem Bundesminister Rudolf Scharping (SPD) im Jahr
2001 sogar vor, dass die »Bündnis- und Einsatzfähigkeit« der Bundeswehr »aufgrund der schlechten Materiallage nicht mehr gegeben« sei.[10]

## »Tue Gutes und schweige darüber« – Kundus, Juni 2006

Mein Einsatz in Bosnien-Herzegowina liegt nun bereits sieben Jahre zurück. Erneut fliege ich mit einer Transall C-160 in einen Einsatz. Das Transportflugzeug ist immer noch der zuverlässige alte Lastesel der Bundeswehr, doch diesmal entlässt es mich nicht in die Kälte des Balkans, sondern in die Hitze Afghanistans. Ich lande auf dem staubigen Flugplatz in Kundus und soll hier für vier Monate das Presse- und Informationszentrum leiten.

In den Jahren zuvor ist über die Materiallage und die Ausbildung der Bundeswehr nicht nur diskutiert, sondern tatsächlich einiges verbessert worden. In Bosnien mussten Soldaten im strengen Winter ebenso wie ihm heißen Sommer die gleiche Bekleidung tragen, es gab beispielsweise keine Stiefel für unterschiedliche Temperaturen. Jetzt trage ich eine angemessene Tropenuniform mit hitzetauglichen Kampfstiefeln. Auch meine Vorbereitung auf den Einsatz hat sich erheblich verbessert, meine Vorausbildung dauerte drei Wochen, nicht nur fünf Tage wie vor meinem SFOR-Einsatz. Nach meiner Landung in Kundus muss ich nicht meine Einheit suchen, sondern werde erwartet, habe einen Vorgänger und eine konkrete Aufgabe.

Doch bereits in den ersten Stunden im Afghanistaneinsatz erkenne ich, dass die Entwicklungen in der Bundeswehr aus der Sicht eines Einsatzsoldaten nicht hinreichend sind. Es beginnt mit Kleinigkeiten wie einem Pistolenholster. Da ich ständig eine Pistole und die dazugehörigen Magazine tragen muss, ist das Holster eine dienstlich befohlene und im Einsatz überaus sinnvolle Standardausrüstung – die ich bei meiner Einrüstung mit Waffe und Munition in Kundus aber nicht bekomme, weil keine vorrätig ist. Ich solle so lange warten, bis ein anderer Soldat seinen Einsatz beendet hätte, dann würde ich dessen Pistolenholster erhalten, sagt mir der Nachschubsoldat. Doch wohin soll ich in der Zwischenzeit mit meiner scharfen Waffe, wie soll ich sie so sinnvoll einsetzen können? Schließlich reden wir hier nicht von einem Radiergummi in einer Schreibstube. Jetzt verstehe ich, warum mein Oberfeldwebel eine zweite Pistolentasche privat gekauft hat (die er mir leiht).

Noch gravierender ist für mich im Feldlager Kundus, dass ich überall Fahrzeuge sehe, an denen ich zuvor nicht ausgebildet wurde. Neben dem mir bekannten Wolf bestimmen hier die geschützten Transporter Dingo und Mungo das Bild, ebenso das Aufklärungsfahrzeug Fennek und der Transportpanzer Fuchs. Sicherlich – ich bin kein Kraftfahrer, sondern »nur« der Presseoffizier, aber auch ich muss mit diesen Fahrzeugen außerhalb des Feldlagers unterwegs sein, als Teil der Patrouillen, wenn ich über die Ereignisse in Afghanistan berichten soll oder Journalisten dorthin begleite. Ich brauche Handlungssicherheit, wenn ich mich mit meinen Kameraden da draußen bewege. Warum wurde mir zuvor nicht die Möglichkeit gegeben, zumindest eine Einweisung für diese Fahrzeuge zu erhalten?

Die Situation im Norden Afghanistans im Sommer 2006 wird in der politischen und militärischen Führung stets als »relativ ruhig« dargestellt, der ehemalige Generalinspekteur der Bundeswehr spricht sogar vom »ruhigen Norden«[11]. Doch bereits zu dieser Zeit sind deutsche Soldaten verletzt und getötet worden, auch wenn noch keiner von »gefallenen« Soldaten sprechen darf. Sie wurden mit selbstgebastelten Sprengfallen (*improvised explosive device* – IED) angegriffen oder von Selbstmordattentätern zerfetzt. Das Material der Bundeswehr im Einsatz passt sich dieser Situation langsam an, zu langsam und nur schrittweise, meine Ausbildung auf dieses Material ist nicht existent.

In meiner Vorausbildung fahre ich übungshalber in einem handelsüblichen Zwei-Tonnen-Lkw eine Patrouille – nicht in den Fahrzeugen, die ich jetzt in Afghanistan vor mir sehe. Ich kenne weder die Schutzausstattung der Fahrzeuge noch die Besonderheiten wie Bordfunk oder die Bedienung von Navigations- und Waffenanlagen. Gefechtsmäßiges Auf- und Absitzen von diesen Fahrzeugen habe ich ebenso wenig trainiert wie das Verhalten während eines Anschlags oder die Bedienung von sogenannten Nebeltöpfen und Funkanlagen.

Jahrelang habe ich im Training auf den Ernstfall versucht, mich und meine Soldaten so realitätsnah wie möglich auszubilden. Es war ein guter und jahrzehntelang gültiger Grundsatz, dass im Notfall bei Ausfall eines Soldaten im Kampf ein anderer Kamerad seine Aufgabe übernehmen sollte. Darauf bin ich aber nicht vorbereitet. Wie soll ich im Fall der Fälle unter Beschuss reagieren, wenn ich noch nicht einmal den Unterschied zwischen dem Schließen und dem Verriegeln einer Dingo-Tür kenne? Wie soll ich die Waffenstation des Dingos notfalls bedienen, falls der eigentliche Schütze ausfällt? Darf ich mir dann erlauben, die Sicherheit meiner Kameraden zu gefährden und mein eigenes Leben zu riskieren? Soll ich als Entschuldigung sagen: Tut mir leid, ich bin hier nur der Presseoffizier, der keine Ahnung von diesen Waffen hat?

Da all dies in meiner Vorausbildung gefehlt hat, lasse ich mich durch meine Kameraden einweisen. Die meisten von ihnen führen diese Einweisungen mit mir ohne Zögern durch, sie freuen sich über mein Interesse. Andere Offiziere besitzen die Arroganz des Dienstgrades oder die Unbekümmertheit eines Kindes: Als ein junger Oberleutnant des Heeres neben mir in einem Dingo Platz nehmen soll, weiß er weder, wie er von außen die Tür zu öffnen hat, noch wie er sie von innen verriegeln muss, damit die Schutzfunktion des Dingos seinen Zweck erfüllen kann.

Wie notwendig und überlebenswichtig die Beherrschung von Waffen und Gerät für einen Soldaten ist, sollte eigentlich seit Gründung der Bundeswehr bekannt sein, erst recht seit den ersten Auslandseinsätzen. Wie schnell ich selbst Handlungssicherheit als kämpfender Soldat im »ruhigen« Afghanistan beweisen können muss, ist mir in den ersten Stunden meines Einsatzes noch nicht bewusst. Das soll sich aber bereits in der ersten Woche ändern, als ich mitten in der Nacht dem Terror von Angesicht zu Angesicht gegenüber stehe.

## Feuerkampf im »ruhigen Norden«

Ende Juni 2006 begleite ich zwei amerikanische Journalisten bei einer deutschen Nachtpatrouille mit mehreren Fahrzeugen. Wir sind fünf Männer und eine Frau in einem Dingo 2, dem sogenannten Allschutz-Transportfahrzeug. Der »ruhige Norden« Afghanistans wird für uns alle in dieser Nacht zum Kriegsschauplatz. Wir sind bereits seit Stunden unterwegs, nördlich von Kundus, als wir kurz nach Mitternacht alarmiert werden. Über Funk erhalten wir die Anweisung, unsere Route Richtung Süden zu verlassen, um einem anderen deutschen Fahrzeug zur Hilfe zu kommen. Es sei angesprengt worden, Kameraden seien verletzt, wir sollten helfen und sie da raus holen. Wir müssen uns beeilen!

Als wir uns der Stelle nähern, sehen wir plötzlich selbst dem Tod ins Auge. Direkt an unserem Dingo eine ohrenbetäubende Explosion! Die Dunkelheit der Nacht wird durch einen Feuerball erhellt, der uns umhüllt und wieder frei gibt. Wir können noch fahren. Gedanken in Sekundenbruchteilen: Hat die Panzerung gehalten, gibt es verletzte oder tote Kameraden? Habe ich noch Beine am Körper? Strömt Blut aus mir, aus den anderen? Stehe ich unter Schock?

Der Tod hat von uns abgelassen. Wir funktionieren als Soldaten und drillmäßig tun wir das, was wir gelernt haben: Anschlagsstelle durchstoßen, militärische Lagebeurteilung – war es eine Explosion, vielleicht eine Sprengfalle oder eine Mine, oder doch ein Selbstmordattentäter? Keine eigenen Verluste, keine Toten. Funksprüche, Meldungen, Gelände und Kameraden beobachten, es herrscht bedachte Schnelligkeit, aber keine Hektik. Können wir aufklären? Wo sind die anderen Fahrzeuge unserer Patrouille, wo die Verletzten, die wir retten sollten? Wir bereiten Waffen und Munition für den Einsatz vor. Irgendjemand da draußen hat auf uns gewartet. Aber wir wollen nicht sterben, nicht hier und nicht jetzt, wir wollen unsere Kameraden holen, sie nicht alleine hier draußen lassen.

Und wieder klopft der Tod bei uns an, diesmal in unterschiedlichen Tonlagen. Ich identifiziere das hellere Geräusch der kleineren Kaliber, gleichzeitig dumpfe Einschläge an unserer Fahrzeugpanzerung, wohl von größeren Kalibern. Der Gegner setzt uns mit allem, was er hat, unter Feuer. Die *Kalaschnikow*, das Sturmgewehr russischer Bauart, ist in den Versionen AK 47 und AK 74 ebenso dabei wie das Scharfschützengewehr *Dragunow*. Wir sitzen mitten in einem Feuerkampf, nur von ein paar Zentimetern Panzerung geschützt. Wir haben keinen Überblick. Wo ist der Rest unserer Patrouille? Wo genau befindet sich das Fahrzeug mit den drei verletzten Kameraden? Wie können wir sie retten? Was ist mit den Männern im Fahrzeug hinter uns? Wer hilft uns jetzt, unter feindlichem Beschuss?

Wir müssen kämpfen. Beschuss von rechts. Ich sitze auf dem einzigen Platz des Fahrzeugs, von dem die Waffe von innen bedient werden kann. *»Sniper attack tree\* a clock!«*, gibt der amerikanische Journalist mir militärisch kurz und korrekt die erste Zielansprache. Ich denke im Moment nicht darüber nach, wie viel Glück wir haben, dass dieser Journalist kein ziviler Kollege ist, sondern ein Soldat, der für ein amerikanisches ISAF-Journal schreibt. Er ist Profi, war im Irakkrieg eingesetzt, Nebenberuf Redakteur, jetzt gibt er Zielansprachen für den Feuerkampf.

Ich schwenke auf drei Uhr – rechts in Fahrtrichtung –, wo er den Scharfschützenbeschuss durch sein Nachtsichtgerät ausgemacht hat, und schieße zurück auf die Stellung des Feindes. Das war nicht unser Plan, aber was zählt das jetzt schon? Beschuss von links – wir kämpfen, jeder auf seiner Position, jeder mit seiner Aufgabe. Raketenbeschuss auf das Fahrzeug hinter uns. Das Maschinengewehr hinter uns rattert seine Salven in die Schwärze der Nacht. Feuerkampf. Alles passiert gleichzeitig, alles rasend schnell, das Gehirn kann nicht alles aufnehmen, die Bilder zerfließen in Zeitlupe, ich höre mich etwas sagen und weiß doch nicht, was. Verdammt nochmal, das ist nicht nur eine scheußliche Mine, nicht nur eine

---

\* Hierbei handelt es sich nicht etwa um einen Schreibfehler. Um Aussprachefehler zu vermeiden, wird im Militärjargon auf das »th« generell verzichtet.

Sprengfalle. Der Feind hat uns aufgelauert in einem Hinterhalt – und jetzt bekämpft er uns von allen Seiten.

Er schießt gezielt mit einer Panzerfaustrakete. Durch das Nachtsichtgerät sehe ich den Tod in Zeitlupe direkt auf mich zurasen. Das grünlich schimmernde Bild des Restlichtverstärkers wird grell erleuchtet von der anfliegenden Rakete. Unwirklich, fast schön. Kann unsere Panzerung auch dieser Gewalt widerstehen? Unser Feind benutzt die russische Panzerfaust RPG 7, die gebaut wurde, um Panzer aufzuschlitzen wie Sardinenbüchsen. Wir haben dem kaum etwas entgegenzusetzen. In diesem allerletzten Moment zwischen Leben und Tod dreht das verdammte Ding um ein paar Zentimeter ab, verfehlt unser Fahrzeug. Der Beschuss geht weiter – wir kämpfen weiter. Ohne Zeitgefühl.

Wir kämpfen hier nicht für die Sicherheit Deutschlands am Hindukusch, nicht für einen Parlamentsbeschluss des Bundestages, nicht für das Petersberger Abkommen oder für eine UNO-Resolution – wir kämpfen um unser Überleben, für uns und unsere Kameraden. Verwirrende Funksprüche jagen hin und her, wir werden nicht schlau aus ihnen. Gibt es hier in der Gegend *Special Forces* der Amerikaner? Ist die afghanische Armee im Einsatz? Bekommen wir Luftunterstützung? Wie ist die Befehlslage? Wir sollen 100 Meter nach vorne fahren und nach rechts aufklären, aber hier stehen Bäume, und wir sehen gar nichts. Dann wieder zurück, nach links Feuerschutz geben, dann wieder vor. Ob es nun Galgenhumor ist oder Zeichen unserer vermeintlichen Sicherheit, in dieser Phase des Kampfes bleibt Zeit für Scherze: »Hey, kannste mal über Funk rüber geben, dass wir Hunger haben und dass die uns einen Hamburger vorbei bringen sollen? Und sag denen, dass unser Trinkwasser warm ist wie Pisse.«

Den Ernst der Lage und unserer Situation können wir dadurch nicht überspielen. Was ist mit unseren drei verletzten Kameraden? Wer holt sie endlich aus ihrem angesprengten Fahrzeug? Leben sie überhaupt noch? Sollen wir unter Feindfeuer absitzen und unser Fahrzeug verlassen, in die feindlichen Kugeln rennen? Die Temperatur in unserem hermetisch abgeschlossenen Innenraum des

Dingos steigt kontinuierlich, unsere Klimaanlage scheint nicht mehr zu funktionieren. Ein technischer Defekt oder die Folge von Feindbeschuss? Wir sind alle triefend nass, müssen aber noch Stunden dieser Nacht überstehen.

Um fünf Uhr morgens rollen wir wieder in unserem Bundeswehr-Feldlager in Kundus ein. Wir leben noch. Ob wir das zu diesem Zeitpunkt wirklich realisieren? Wir wissen nur, dass alle im Team funktioniert haben. Wir wissen, dass unsere drei Kameraden gerettet werden konnten – leicht verletzt, wie es offiziell heißen wird. Eine Panzerfaustrakete hatte sie getroffen und ist quer durch ihr Fahrzeug geschossen, unter den Knien des einen Kameraden (Splitter und Brandwunden) und dem Sitz eines zweiten Soldaten (Splitter und Brandwunden an ziemlich empfindlichen Stellen des Körpers) hindurch, um dann an der Seitentür des Dritten (Brandwunden durch explodierenden Nebeltopf) einzuschlagen.

Wir konnten dem Tod nur von der Schippe springen, weil alle da draußen richtig reagiert haben – aber auch, weil uns das Glück in dieser Nacht nicht verlassen hat. Später sagt man uns, dass dies das erste offizielle Feuergefecht seit Bestehen der Bundeswehr gewesen sein soll. Mag sein, aber welche Bedeutung hat das für uns?

Falls wir jemals dort lebend raus kämen, so hatten wir vereinbart, würden wir uns alle mächtig mit Dosenbier oder frischem, kühlem Weizen betrinken. Und jetzt? Es ist immer noch dunkel, als wir uns kurz zu einem Gruppenfoto der Überlebenden versammeln, mehr Kraft ist uns nicht geblieben.

Doch der Einsatz ist noch nicht vorbei.

Also kein Bier, keine Fete, nichts. Unser Fahrzeug ist noch immer fahrbereit, drei von uns müssen sogar nochmal raus – zur Absicherung der »Anschlagsstelle«, heißt es. Wollten wir uns nicht besaufen? Unseren zweiten Geburtstag feiern?

Meine Ausrüstung zwingt mich jetzt als Fußgänger fast in die Knie. Tropfende Nässe, innen, außen, als ob ich in kompletter Uniform unter der Dusche gestanden hätte. In den endlosen fünf Stunden des Feuerkampfes hatten meine Sinne die brutale Hitze im

Fahrzeug wohl ausgeblendet. Ich packe meine Sachen zusammen, die schwere Splitterschutzweste, den Helm, die Waffe, mein Gepäck, und gehe direkt in die Operationszentrale des Feldlagers. Dort sitzt die militärische Führung, hier werden Anweisungen der übergeordneten Dienststellen empfangen und Befehle nach außen gegeben. Hier sind auch unsere Funksprüche angekommen. Von hier aus hat die militärische Führung von Kundus unseren Feuerkampf geleitet. Ich gehöre diesem Führungskreis an, der sich hier regelmäßig trifft, zur »militärischen Lage«, wie wir das bezeichnen. Aber diese Nacht sitze ich nicht mit den anderen Stabsoffizieren in einer Besprechung, sondern habe das Gefühl, von der Front heimzukehren.

Im Eingangsbereich, noch hinter der Empfangstheke stehend, frage ich, wer denn die letzten Stunden hier am Funkgerät Dienst gehabt habe. Ein junger Offizier tritt mir entgegen und sagt lässig, er sei es gewesen. Meiner Stimme kann er entnehmen, dass ich nicht besonders gut aufgelegt bin. Die Bedrohung der letzten Stunden, der plötzliche Angriff, das Durcheinander, die Verwirrung über widersprüchliche Funkanweisungen, Handlungsunsicherheit, Verantwortung für die verletzten Kameraden, Todesangst – all das steckt mir noch immer im Körper, in jedem Muskel, jeder Zelle komprimiert. Dem Offizier gegenüber werde ich sehr deutlich: Ich sei mit Teilen der Befehlsgebung aus der Operationszentrale überhaupt nicht einverstanden gewesen, über die Befehle, die er uns gab, die nach meiner Einschätzung unsinnigen Aktionen, die wir da draußen hätten durchführen sollen. Die Art und Weise, wie dieser Offizier mit meinen Einwänden umgeht, bringt mich auf die Palme. Diese herablassende Lässigkeit kotzt mich an: »Jetzt regen Sie sich mal nicht so auf, Herr Oberstleutnant, das war eine schlimme Nacht für sie, aber es ist doch alles gut gegangen. Für Sie war es der erste Anschlag – für mich schon der achte.«

Acht Anschläge hat dieser junge Kerl bereits erlebt? Soll ich jetzt den Hut ziehen? Warum hat er uns dann so schlecht geführt, als wir unter Feuer standen? Dieser Junge gibt an, er habe acht Anschläge »erlebt« – aus der Operationszentrale am Funkgerät, im klimatisierten Raum eines Feldlagers, ohne Feindkontakt? Wow, was für ein Held! Ich registriere, wie ich laut werde. Diese Art des unkontrollierten verbalen Ausbruchs ist noch nie mein Stil gewesen. Ich ahne, dass ich nicht mehr in der Lage bin, die normalen Umgangsformen zu wahren. Am liebsten hätte ich jetzt keinen Dienstgrad mehr, keine Uniform, keine Regeln. Zu gerne würde ich jetzt diesem Menschen die Fresse polieren – so tief fühle ich mich, auch stellvertretend für meine Gefechtskameraden, durch seine Überheblichkeit verletzt. Ich will ihn noch fragen, ob er jemals in seinem Einsatz den Staub und den Dreck der Schlammzone da draußen zwischen seinen Zähnen geschmeckt hat, ob er jemals beschossen worden ist. Ich unterlasse es, höre mich aber noch davon sprechen, dass es eine Unverschämtheit sei, Teile unserer Patrouille direkt nach der Ankunft im Feldlager wieder hinauszuschicken – aber da war ich wohl schon an der Tür, habe den Raum verlassen.

Kraftlos gebe ich auf, ich bin müde. Ich weiß, dass ich ihm gegenüber ungerecht bin: Wir brauchen diese Jungs in der Operationszentrale, die übergeordnete Führung, den Kommandeur, wir haben doch selbst den Überblick verloren im Gefecht. Aber muss ich mir solche Fehler gefallen lassen, wenn es um Leben und Tod geht? Ich stehe noch so unter Strom, dass mich seine schnoddrige und überhebliche Art eines Schreibtischtäters einfach aufregen muss – schließlich geht es doch um Menschenleben! Ich will nur noch aus meinen Klamotten raus – bereits in einer Stunde soll wieder mein »normaler« Dienst beginnen, als Sprecher des Wiederaufbauteams (PRT) in Kundus. Die Presse hat schon angefragt, ob es denn einen Zwischenfall gegeben habe, ich muss noch meine Meldungen schreiben, die Pressestellen in Masar-i-Sharif und in Potsdam warten schon ...

## Reden ist Silber, Schweigen ist Gold?

Als Pressestabsoffizier habe ich im Auslandseinsatz verschiedene Aufgaben: Neben der Meldung von Ereignissen an übergeordnete Führungsstäbe sind dies vor allem die Beratung des Kommandeurs vor Ort, die Auswertung der Medien, Begleitung und Information anwesender Journalisten, aber auch die interne Kommunikation für die Soldaten im Feldlager. Sollte ein Minister das Feldlager besuchen, bin ich auch hier in die Pressearbeit eingebunden. Meist arbeite ich im Hintergrund, gelegentlich muss ich aber auch selbst vor die Kamera und als Pressesprecher auf die Fragen der Journalisten antworten.

Es ist eine spannende und fordernde Aufgabe, die ich gerne ausfülle. Aber es ist auch eine ständige Gratwanderung zwischen dem eigenen Verständnis als Offizier – gerade im Einsatz – und den Anforderungen, die durch militärische und politische Vorgaben entstehen. Als Pressesprecher möchte ich offen und ehrlich informieren, als Soldat und Teil der Bundeswehr darf ich aber über bestimmte Vorgänge nicht reden. Ich bin auch immer Geheimnisträger und wie jeder Soldat zur Verschwiegenheit verpflichtet. Als betroffener Soldat mit Erfahrungen von Anschlägen und Gefechten kann ich meine Erinnerungen und Erlebnisse nicht auslöschen, in öffentlichen Aussagen dürfen diese aber keine Rolle spielen, da ich nicht für mich spreche, sondern für die Bundeswehr. Als Pressesprecher soll ich zwar wahrheitsgemäß informieren, aber mein Beitrag ist hierbei eher bescheiden. Wenn etwas in der Öffentlichkeit aus Sicht der Bundeswehr gesagt werden soll, wird es über das Bundesministerium der Verteidigung oder das Einsatzführungskommando gesteuert, freigegeben oder durch deren Sprecher selbst verkündet.

Dafür gibt es keinen vorgefertigten Katalog von Sprachregelungen oder Verboten. Jeden Tag und zu jedem Thema muss der Ausgleich zwischen Geheimhaltung und Informationspflicht neu gefunden und festgelegt werden. Fast noch wichtiger ist der Umstand, dass der jeweilige Verteidigungsminister persönlich festlegt, welche Inhalte er in der Öffentlichkeit durch wen transportiert haben möchte, da diese Informationen immer auch politische Aussagen sein können. Da er persönlich die Gesamtverantwortung trägt, besteht bei ihm das verständliche Interesse, öffentliche Statements zu beeinflussen. Besonders sensibel reagieren Minister regelmäßig, wenn Aussagen »ihres Hauses« in den Medien durch die jeweilige Opposition aufgegriffen werden, um dem Minister vermeintliche Fehler zu unterstellen.

Unabhängig von den verschiedenen Parteien reagieren alle Politiker sehr empfindlich darauf, wenn sie das Gefühl haben, dass Soldaten ihnen durch öffentliche Kritik vorschreiben wollen, wie sie ihren Job zu erledigen haben. Wir sind eine Parlamentsarmee, das Primat der Politik sagt der Bundeswehr, welchen Auftrag sie mit welchen Mitteln zu erledigen hat, und nicht umgekehrt. Dieser Umstand wird nur allzu leichtfertig vergessen, wenn Soldaten dazu aufgefordert werden, verstärkt ihre (kritische) Meinung zu äußern, vor allem in der Öffentlichkeit. Mehrfach haben Generale der Bundeswehr bereits Entscheidungen eines Verteidigungsministers öffentlich kritisiert, und wurden daraufhin fristlos entlassen. Würde die Mehrheit der Generalität sich gegen eine politische Entscheidung stellen, dann wären die politisch Verantwortlichen zu Recht empört und würden das Militär rechtlich in die Schranken weisen. Pauschale Vorhaltungen sind nicht angemessen. Wann also darf ein Soldat reden, wann nicht?

In meiner Zeit vor dem Afghanistaneinsatz habe ich bereits mehrfach Erfahrungen sammeln können, wie es sich anfühlt, als Mitarbeiter in Presseabteilungen den Spagat zwischen Reden und Schweigen auszuhalten, die Diskrepanz zwischen Anspruch und Wirklichkeit vor sich selbst vertreten zu können. Mehrfach habe ich versucht, meiner Linie treu zu bleiben, bestimmte Mängel, die ich persönlich als solche empfand, auch anzusprechen.

So erscheint im schnellsten Medium der Bundeswehr, dem internen *intranet aktuell* am 30. Januar 2001 als Leitartikel ein Bericht über den Kölner Karneval und das närrische Treiben in den Gemeinden Porz, Much und Spich, bei dem die Soldaten der Flugbereitschaft der Bundeswehr einbezogen werden. Auf den Bildern ist der leitende Oberst in Uniform zu sehen, wie er freudestrahlend die Karnevals-»Jungfrau« mit Küsschen begrüßt, einem »Bützje«. Dieser Bericht ist für viele Soldaten als Leser bestimmt eine Freude, ich selbst bin wie viele andere Einsatzsoldaten entsetzt. Am gleichen Tag melden alle Medienticker, dass die Unruhen im Kosovo eskalieren. In der geteilten Stadt Kosovska Mitrovica geraten KFOR-Soldaten zwischen die streitenden ethnischen Gruppen, 13 Soldaten werden verletzt. Aber die Bundeswehr berichtet darüber nicht. Am Folgetag dauern die Unruhen an, 23 KFOR-Soldaten werden verletzt, darunter sieben deutsche Kameraden, aber die Bundeswehr berichtet lieber über den Kölner Karneval. Als diese »Nichtberichterstattung« tagelang andauert, wende ich mich schriftlich als untergeordneter Presseoffizier an die zuständige Redaktion im Bundesministerium der Verteidigung und protestiere dagegen – erhalte aber keine Antwort.

## Maulkorb vom Minister

Mehrfach habe ich als Presseoffizier die jeweiligen Verteidigungsminister bei Presseterminen begleitet. Das ist Teil meiner ganz normalen Arbeit, wenn auch ein besonders spannender. Als ich einmal den amtierenden Verteidigungsminister bei einem Truppenbesuch begleiten soll, erlaube ich mir zuvor die Frage, ob denn dieser Besuch – eine Woche vor der Bundestagswahl – gestattet sei und ob ich nun Pressearbeit für den Minister oder für das Parteimitglied durchführen solle, schließlich befände sich die Partei des Ministers gerade im Wahlkampf und er würde durch seine Parteikollegen als Festredner in derselben Stadt bei einer Parteiveranstaltung erwartet. Aber die Antwort aus dem Presse- und Informationsstab ist deutlich: Wenn der Minister zu reisen gedenkt, habe ich als Presseoffizier dies nicht zu hinterfragen.

Also führe ich pflichtgemäß meinen Auftrag durch, begleite ihn während des Truppenbesuches und lade die Medien dazu ein. Ich habe mich dem Primat der Politik unterzuordnen, auch wenn ich das Gefühl habe, dass es in diesem Fall eher das Primat der Parteipolitik ist. Fragen sind nicht erwünscht oder nicht erlaubt. Daher habe ich auch nicht danach zu fragen, wie der Minister seine Dienstreise mit dem Hubschrauber der Flugbereitschaft der Bundeswehr abgerechnet hat. Sicher hat dieser Truppenbesuch eine Woche vor einer Wahl überhaupt nichts mit dem Wahlkampf seiner Partei zu tun.

Seitdem Volker Rühe zu Beginn der neunziger Jahre sein Amt als Minister antrat, habe ich die Ehre gehabt, alle Verteidigungsminister irgendwann einmal persönlich zu begleiten, bei Truppenbesuchen oder Presseterminen. Jeder Minister ist ein anderer Mensch, und ab und an lerne ich einige ihrer Charakterzüge kennen, in den »Vier-Augen-Gesprächen« vor einem Interview, die nie unter nur vier Augen stattfinden, oder wenn die Kameras nach dem offiziellen Termin ausgeschaltet sind.

Mit dem einen Verteidigungsminister spiele ich, als der offizielle Medientermin vorbei ist, gemütlich und fast kumpelhaft Skat, der andere hingegen stellt nach dem offiziellen Teil seinen Erbseneintopf in Anwesenheit aller Soldaten angewidert am Lagerfeuer ab und fragt seinen Adjutanten, wo denn hier das Offiziersheim sei, er habe jetzt Lust auf etwas »Ordentliches« zu essen. Der eine geht warmherzig, fast umarmend, auf jeden einzelnen Soldaten zu, der andere spricht die anwesenden Soldatinnen in einer Besprechung ruppig und knapp nicht als Frauen, sondern als Männer an: »Meine Herren, hat hier jemand Probleme?« Es gibt Minister, die sich im Bad von Kameras und Fotoobjektiven wohl fühlen, andere wollen sich noch nicht einmal in das Cockpit eines militärischen Flugzeuges setzen, weil sie in diesem militärischen Gerät nicht fotografiert werden wollen, obwohl alle Fotografen darauf warten. Jeder Mensch ist verschieden, und sicher sind diese persönlichen Erlebnisse nur ein kleiner Ausschnitt des großen Ganzen. Ohne mir anmaßen zu wollen, ich würde die einzelnen Personen richtig kennen, habe ich doch die Erfahrung gemacht: So unterschiedlich der jeweilige Verteidigungsminister in seiner Art ist, so prägend ist seine Mentalität und Einstellung auch für die Arbeit innerhalb der Bundeswehr.

Als ich Pressesprecher in Afghanistan bin, höre ich oft am Telefon den Hinweis »der Minister wünscht«. Ob er das wirklich tut, oder ob seine Mitarbeiter im Ministerium dies nur als Argument benutzen, kann ich nicht beurteilen, aber ich habe mich diesem Wunsch nicht zu verschließen. Wenn der Minister »wünscht«, ist das für mich als Soldat ein »Befehl«. Ich handle als Presseoffizier nach bestem Wissen und Gewissen. Aber die Erlebnisse zwischen Leben und Tod, die Anschläge und Gefechte, die meine Kameraden und auch ich selbst erleben, lassen sich nicht in eine vorgefertigte Erklärung einbetten und entsprechen eben nicht immer der »gewünschten« Meinung des Ministers.

Als ich in einigen Interviews sage, die Soldaten hätten während der Anschläge oft Glück gehabt, dass nichts Schlimmeres passiert, ernte ich umgehend Kritik. Ich werde zurechtgewiesen, dass ich den hohen Ausbildungsstand der Soldaten und die professionelle Ausrüstung hervorheben solle, die sich gerade im Einsatz bewährt hätten, das habe schließlich nichts mit Glück zu tun, sondern mit Können. Der Minister »wünsche« eine entsprechende Darstellung in den Medien.

Ist es verboten, auch von glücklichen Umständen zu sprechen, wenn ich die Einzelheiten zu jedem Anschlag kenne, in dem zwischen Leben und Tod nur wenige Zentimeter lagen? Was hat es mit Können zu tun, wenn eines unserer gepanzerten Fahrzeuge genau dort von einer Sprengfalle getroffen wird, wo es am stärksten gepanzert ist und die Splitter nur an der Stelle in die Fahrgastzelle eindringen, wo zufällig kein Soldat sitzt? Habe ich selbst nicht verdammtes Glück gehabt, dass ich die zwei Panzerfaustraketen überlebte, die auf mein eigenes Fahrzeug in der Nacht des Feuerkampfes abgefeuert wurden? Klar bin ich froh, dass wir alle in den fünf Stunden dieser Nacht gemeinsam professionell agiert und alle lebend dieses Feuergefecht überstanden haben. Das verdanken wir unser aller Können. Aber was wäre, wenn das nicht gereicht hätte? Darf man das sagen?

Die meisten Kameraden aus dieser schrecklichen Nacht stammen von einem Panzeraufklärungsbataillon aus Eutin. Deren zuständiger Kommandeur, damals Oberstleutnant Stephan Leistenschneider, war mit ihnen in Afghanistan. Als er kurz nach seinem Einsatz von einer Zeitung interviewt wird, gesteht er öffentlich ein, dass er aus Erleichterung auf dem Heimflug nach Deutschland die eine oder andere Träne verdrückt habe, so froh sei er gewesen, keinen seiner Soldaten im Einsatz verloren zu haben. »Es hätte auch zehn oder 15 Tote geben können«,[12] gibt Leistenschneider zu. Darf man so etwas nicht sagen? Ist man ein schlechter Vorgesetzter, wenn dieser ehrliche und menschliche Zug sichtbar wird?

Wie überaus schwierig eine in meinen Augen »normale« Berichterstattung aus dem Einsatzland ist, wird deutlich, als uns ein Fernsehteam in Kundus besucht. Dem Sender ist der Drehtermin durch das Ministerium gestattet worden, die Inhalte sind genehmigt. Das Redaktionsteam von *Panorama* möchte über Soldaten berichten, die gefährlichen Situationen erlebt haben. Sie wollen die menschliche Dimension in einem Beitrag erfassen: wie es sich anfühlt, als Soldat in Afghanistan im Einsatz zu sein. Als das Drehteam bereits in Kundus vor Ort ist, muss ich aber erneut mit der »Meinung des Ministeriums« kämpfen. Es soll angeblich verboten sein, betroffene Soldaten vor der Kamera darüber sprechen zu lassen, wie sie sich nach einem Anschlag oder ein Feuergefecht fühlen. Warum soll das nicht gestattet werden, es geht doch nicht um militärische Geheimnisse? Und warum hat das Ministerium dann trotzdem zuvor die Drehgenehmigung erteilt? Ich sehe in den möglichen Aussagen der Soldaten kein Problem und finde die Idee spannend, endlich betroffene Soldaten zu Wort kommen zu lassen – ganz im Sinne einer guten und ehrlichen Öffentlichkeitsarbeit, zur Information der deutschen Bevölkerung. Warum sollen immer Kommandeur und Pressesprecher vor die Kamera, nicht aber der »normale« Soldat?

Ich werde bei meinen Nachfragen am Telefon durch die Mitarbeiter des Ministeriums hart angegangen: Ich solle den Dreh nur erlauben, wenn die Soldaten in der Ausstrahlung mit schwarzen Balken vor dem Gesicht unkenntlich gemacht würden. Außerdem solle ich höchstens einen Soldaten aussuchen, der sprechen dürfe, nicht mehrere. Müssen wir uns selbst darstellen wie Verbrecher, die etwas zu verbergen haben, nur weil wir darüber berichten wollen, was wir im Einsatz erlebt haben? Ich ernte kein Lob meiner vorgesetzten Dienststellen, als ich mich endlich durchsetze und wir den Beitrag für das deutsche Fernsehen am Ende doch mit mehreren Soldaten drehen, die ohne schwarzen Balken im Gesicht über ihre Erlebnisse berichten. Alle beteiligten Soldaten und das Drehteam werden Zeuge, wie schwer es der Bundeswehr im Jahr 2006 fällt, eine realitätsnahe Darstellung des Einsatzes zu gestatten. Offenheit und Ehrlichkeit in der Informationsarbeit sind manchmal nur schwer durchzusetzen.

In diesem Bereich gelten sehr eigentümliche Regeln. Als nach dem Feuerkampf im Juni 2006 die Meldungen darüber in Deutschland aufschlagen, sind alle Zeitungen voll davon. Die *Financial Times Deutschland* berichtet ebenso wie die *Frankfurter Allgemeine Zeitung*, die *Berliner Zeitung*, die *Bild*, *Der Tagesspiegel* oder *Die Welt*, um nur einige zu nennen. Als aber die *Süddeutsche Zeitung* in einem Artikel vom 29. Juni 2006 über diesen Feuerkampf einen anonymen Augenzeugen zitiert,[13] läuten im Ministerium erneut die Alarmglocken. In Kundus wird sofort dienstlich ermittelt, wer als »Maulwurf« verbotenerweise mit diesem Redakteur gesprochen haben könnte, obwohl in der Zeitung überhaupt keine Geheimnisse verraten werden. Das Verständnis für diese Ermittlungen in den eigenen Reihen ist bei allen Beteiligten, die den Feuerkampf dieser Nacht nicht nur am Funkgerät oder am Schreibtisch, sondern draußen in ihren Fahrzeugen erlebt und überlebt haben, gleich null. Bei mir ebenfalls. Wir alle werden behandelt, als hätten wir schwersten Geheimnisverrat begangen. Das Ergebnis der Untersuchungen? Ein »Täter« kann nicht ermittelt werden, aber bei uns Beteiligten verstärkt sich der Eindruck, die Führung der Bundeswehr misstraue uns pauschal, obwohl wir gerade unser Leben riskiert haben. Anstatt eines Tapferkeitsordens, den es 2006 noch nicht gibt, erhalten die Soldaten den Vorwurf des Geheimnisverrats – eine seltsame Art, Danke zu sagen.

Bei anderen Gelegenheiten verzichtet die Bundeswehr ganz auf eine saubere Ermittlung vermeintlicher »Täter«. Es ist bereits vorgekommen, dass ein Pressesprecher nach einem Zeitungsinterview innerhalb von 24 Stunden von seinem Dienstposten abgelöst und aus dem Einsatzland zurück nach Hause geschickt wurde, weil dem amtierenden Verteidigungsminister und dem Generalinspekteur angeblich nicht gefallen hat, was in dem Interview zu lesen war, ohne dass überhaupt der Sachverhalt abschließend ermittelt worden ist. Mir selbst ist es als Pressesprecher etwas besser ergangen: Als ein Zitat von mir dem Verteidigungsminister missfällt, werde ich umgehend formal als Soldat vernommen. Durch meine Aussage und die Zeugenaussagen meiner Kameraden wird die angedrohte Disziplinarmaßnahme gegen mich nicht verhängt, weil ich nachweisen kann, dass ich die mir unterstellte Aussage so gar nicht getroffen habe, sondern diese mir von einer Journalistin in den Mund gelegt wurde.

Solche internen Ermittlungen aber schaffen in der Truppe ein Klima der Angst, möglicherweise etwas Falsches sagen zu können. Dies führt nicht selten dazu, dass die Soldaten aus Furcht vor möglichen Konsequenzen und vermeintlichen Fehlern lieber schweigen und Zwischenvorgesetzte nicht den Mut haben, harmlose Medienanfragen angemessen zu beantworten. Als das Drehteam eines deutschen Senders 2010 in Kabul bereits einen Fernsehbeitrag dreht, treffen sie unverhofft auf deutsche Soldaten und wollen diese kurz nach deren Aufgaben in Afghanistan fragen. Der zuständige Oberst aber lehnt diese Anfrage ab: Die Soldaten dürften nichts sagen. Dabei handelt es sich nicht um geheime Kommandosoldaten oder einen verborgenen Auftrag. Sie hätten lediglich über ihre eigene Arbeit als Ausbilder afghanischer Sicherheitskräfte berichten sollen und dies sogar bereitwillig getan.

Durch solche Erlebnisse hat sich über Jahrzehnte ein latentes System des Schweigens etabliert. Aufforderungen, dies abzustellen, verhallen zu oft wirkungslos in den vielfältigen Befehlshierarchien der Bundeswehr, selbst wenn sie von höchster Stelle immer wieder geäußert werden. Der damalige Bundespräsident Dr. Horst Köhler hat bereits 2007 dazu aufgerufen, dass die militärischen Führer verstärkt »Klartext nach oben und außen« sprechen sollten, sowohl zu den »außen- und verteidigungspolitisch Verantwortlichen« als auch »zur Öffentlichkeit«.[14]

## Unehrlichkeit und ihre Folgen

Von einer durchgängigen Offenheit der Bundeswehr kann also noch nicht die Rede sein. Dennoch gibt es immer wieder mutige Soldaten, die sich auch zu kritischen Themen ehrlich äußern. Besonders, wenn sie persönlich betroffen sind, werden die Mängel angesprochen – sowohl in internen Berichten, Meldungen und Beschwerden als auch durch Eingaben an den Wehrbeauftragten des Deutschen Bundestages gegenüber dem Parlament und den Medien. Basiert die Betroffenheit der Soldaten auf Einsatzerlebnissen, scheint die Hemmschwelle noch niedriger zu sein. Waren es in den neunziger Jahren nur einzelne Stimmen, die sich zu mangelnder Ausrüstung oder technischen Mängeln am Gerät geäußert haben, so mehrte sich die Kritik in den letzten Jahren. Soldaten aus dem Afghanistaneinsatz berichteten im Jahr 2006, dass sie Ausrüstungsgegenstände wie Nachtsichtgeräte oder Tropenuniformen selbst kaufen mussten, weil die Bundeswehr ihnen das Material für den Einsatz nicht zur Verfügung stellen konnte, Soldaten aus dem Kongoeinsatz beschwerten sich über das Fehlen von klimatauglichen Stiefeln, Sonnenbrillen und angemessenen Uniformen für ihren Einsatz in Afrika.[15] Soldaten, die im UNIFIL-Einsatz vor der Küste Libanons 2006 eingesetzt wurden, kritisierten, dass Ihnen wegen mangelnder Lufttransportkapazität keine kugelsicheren Westen geliefert werden konnten,[16] und der Kommandeur des 10. Deutschen Einsatzkontingentes ISAF stellte für seine Soldaten in Afghanistan fest, dass »die Stückzahl der vor Ort verfügbaren gepanzerten Fahrzeuge noch immer hinter der notwendigen Anzahl zurückbleibe«.[17] Eine Studie der Universität Passau von 45 000 Mitgliedern des Deutschen Bundeswehrverbandes ergab 2007, dass 67 Prozent der befragten Soldaten die persönliche Ausrüstung für Auslandseinsätze als »mittelmäßig«, »schlecht« oder »sehr schlecht« bewerten.[18]

Die Reaktionen auf solche Äußerungen entsprechen auch in den letzten Jahren den üblichen Verhaltensmustern: Die politische und militärische Führung der Bundeswehr bemüht sich regelmäßig, Kritik abzuwiegeln und die Mängel zu bestreiten. Die Behauptung, es gäbe Ausrüstungsdefizite im Kongoeinsatz, weist der Verteidigungsminister umgehend öffentlich zurück und entgegnet, die Vorwürfe stimmten »mit der Realität mitnichten überein«[19]. Zu der Studie über die miese Stimmung in der Truppe sagt er, man dürfe »das Stimmungsbild nicht einseitig sehen«, und der Generalinspekteur bezweifelt die Ergebnisse der Befragung; mit der Stimmungslage, wie sie die Umfrage ergeben habe, »könnte die Bundeswehr nicht die Leistungen erbringen, die sie tatsächlich erbringe«.[20] Der höchste General der Bundeswehr mahnt außerdem an, dass »ein falscher Schlafsack für den Kongo-Einsatz« nicht »parlamentarische Betroffenheit« auslösen solle und dass Soldaten der falschen Einstellung unterliegen könnten, in der Bundeswehr ein »Rundum-Wohlfühlangebot mit integriertem Erfolgserlebnis« zu erwarten.[21]

Verteidigungsminister Franz Josef Jung betonte mehrfach öffentlich im Bundestag, so auch in der Haushaltsdebatte im Jahr 2007, dass die Bundeswehr bereits über eine »optimale Ausrüstung und Ausbildung im Einsatz«[22] verfüge. Die konstruktive Kritik betroffener Soldaten führt demnach nicht automatisch dazu, dass die Mängel erfolgreich erkannt und abgestellt werden. Dies

gilt leider auch bei unstrittigen Themen, wie das Beispiel des Last-
kraftwagens Multi zeigt. Der Bedarf an einer Fahrzeugschutzaus-
tattung (FSA) für dieses Bundeswehrfahrzeug wurde bereits 1997
einhellig erkannt, der Zulauf aber erst ab 2007 geplant.[23] Zehn
Jahre lange wurde diskutiert, geplant, erprobt und geprüft und
dann eine Beschaffung eingeleitet.

Wie lange sollen Soldaten in ihrer Ausrüstung schwitzen oder
frieren, bevor es erlaubt ist, eine angemessene Uniform oder einen
passenden Schlafsack einzufordern, ohne als jammernde Queru-
lanten zu gelten, die nichts aushalten und unverschämte Forderungen stellen? Hierüber ließe sich trefflich streiten, vor allem in
den klimatisierten Räumen der politischen Führungsetagen. Und
wie lange sollen Soldaten der Bundeswehr in gefährlichen Einsätzen ohne den bestmöglichen Schutz ihre Gesundheit und ihr
Leben riskieren?

## Soldaten zwischen Gehorsam und blinder Gefolgschaft

Hierüber herrscht bei allen Verantwortlichen in Politik und Bundeswehr ein breiter Konsens: Der Schutz unserer Soldaten hat
höchste Priorität, sie haben das beste Material im Einsatz verdient,
was ihnen der Staat mit auf den Weg geben kann. Die Soldaten
geben ihr Bestes, bezahlen notfalls mit dem höchsten Gut – ihrem
eigenen Leben –, also haben sie auch den besten Schutz verdient.

Soweit die einhellige Meinung in allen Reden. Als ich im Sommer 2006 zum ersten Mal vor meinem Dienstwagen stehe, mit
dem ich die nächsten Monate durch Afghanistan fahren soll, sehe
ich den mir bereits wohlbekannten Wolf-Geländewagen. Im Gegensatz zu meinem Modell aus dem Bosnieneinsatz acht Jahre
zuvor ist es ein Wolf MSS, also einer der mit Stahlplatten nachträglich geschützten Planwagen. Wir befinden uns im fünften Jahr des
Afghanistaneinsatzes, alleine 2005 ist die Anzahl der Anschläge
um fast das Fünffache gestiegen, und ich soll mit diesem Planwagen in den Einsatz fahren. Ist das wirklich die »optimale« Ausrü-

stung? Wenn ich in der Nacht des Feuergefechtes nicht in einem Dingo gefahren wäre, sondern mit den Journalisten in diesem Wolf, wie lange hätten wir wohl überlebt?

Der Wolf MSS gehört ebenso wie der Wolf MSA per definitionem zu den »geschützten« Fahrzeugen. Als sich die Sicherheitslage in Afghanistan im Sommer 2006 zunehmend verschärft, beweist Bundesminister Jung Handlungsstärke und befiehlt, dass die Fahrten der deutschen Soldaten außerhalb der Feldlager nur noch in »geschützten« Fahrzeugen stattfinden dürfen. Die deutsche Öffentlichkeit ist beruhigt, die Medien geben sich damit zufrieden – und wir fahren weiter mit Planwagen durch das Land. Selbst von diesen nur minimal »geschützten« Fahrzeugen hat das deutsche ISAF-Kontingent lediglich 67 Prozent im Gesamtbestand, was nicht heißen soll, dass diese Fahrzeuge gerade alle fahrtüchtig sind.[24] Die Fachleute im Bundesministerium der Verteidigung wissen das. Sie wissen auch, dass viele Fahrzeuge, die offiziell als »geschützt« bezeichnet werden, das geforderte Schutzniveau nicht erreichen, und geben das auch öffentlich zu. Die Beschwichtigungsaussage hierzu lautet aber, dass diese Fahrzeuge »im Übergang weiter genutzt«[25] werden, bis ausreichend andere zur Verfügung stehen. Fast 200 dieser Wölfe MSS fahren zu diesem Zeitpunkt weiter durch Afghanistan. Der Verteidigungsminister lässt verkünden, er lasse nun prüfen, ob die Zahl erhöht werden könne.[26]

Ein Jahr später diskutiert der Deutsche Bundestag noch immer über den Umfang von geschützten Fahrzeugen in Afghanistan und stellt erneut Fragen an das Bundesministerium der Verteidigung. Der höchste General des Heeres hatte zwischenzeitlich gefordert, dass Fahrzeuge des Typs Wolf »schnellstmöglich abgelöst«[27] werden müssen. Am 5. Oktober 2007 werden deutsche Soldaten durch einen Selbstmordattentäter an Afghanistan zum Teil schwer verletzt – in einem Wolf MSS.

Wie viele Situationen zwischen Leben und Tod soll ein Soldat wohl klaglos überstehen, wie viele Debatten zwischen Politikern schweigend zur Kenntnis nehmen, bevor er offen und ehrlich dar-

Eines der wichtigsten Fahrzeuge im Einsatz der Bundeswehr, das geschützte Transportfahrzeug: links Dingo 1, rechts Dingo 2.

über nachdenken darf, ob nicht das eine oder andere Mal Blut deutscher Soldaten vergossen wurde, weil die notwendige Schutzausrüstung nicht vorhanden war? Darf man als treuer Staatsdiener dem Parlament oder der Bundesregierung, seinem eigenen Minister die Frage stellen, wer dafür verantwortlich ist? Darf man seine Vorgesetzten fragen, wo die Grenze zwischen mitdenkendem Gehorsam und sinnloser Gefolgschaft liegt, zwischen dem freiwilligen Dienen für das Vaterland und dem »Verheiztwerden«?

**Aufwachen in der Wirklichkeit –
eine neue Ehrlichkeit in der Politik?**

Soldaten haben sich freiwillig diesen Beruf ausgesucht und sind sich der Gefahren bewusst. Gerade deshalb haben sie und ihre Familien ein Recht darauf, Klartext zu hören, wenn es um politische Entscheidungen geht. Die Unehrlichkeit im Umgang mit den Soldaten im Einsatz beginnt mit kunstvoll ausgedachten Umschreibungen. Auf die Frage, wie viele geschützte Fahrzeuge die Bundeswehr

denn benötige, formuliert das Verteidigungsministerium 2006:
»Der hohe Investitionsbedarf in Verbindung mit dem aus Kräfte-
kategorien und Priorisierungen abzuleitenden unterschiedlichen
Ausstattungsbedarf erfordert eine gestaffelte Beschaffung zur Er-
reichung einer Anfangs-, Grund- und Zielausstattung, deren Definition nach Qualität und Quantität derzeit im Bundesministerium
der Verteidigung erarbeitet wird.«[28] Vereinfacht hätte die Aussage
so klingen müssen: Wir haben kein Geld für geschützte Fahrzeuge,
können daher nur das Wichtigste bezahlen, fangen also irgendwo
damit an und müssen uns erst mal überlegen, wo das sein soll.

Den Einsatz mit dem Leben bezahlen – das ist der höchste
Preis, den ein Mitarbeiter für seinen Staat zahlen kann, es ist der
schwerste Verlust, der den Angehörigen zugemutet wird. Daher
verbieten sich pauschale und schnelle Schuldzuweisungen ebenso
wie halbherzige Lösungen oder inkompetente Kommentare. Aber
ebenso verbietet es sich, Tatsachen verdrängen zu wollen oder
eine ehrliche Analyse der Situation zu verhindern.

Ich habe selbst erlebt, wie schutzlos ich in dem angeblich »geschützten« Fahrzeug in den Einsatz geschickt wurde. Ich habe gelesen, wie aus der gemeldeten Sicherheitslage, die ein Kommandeur
in Afghanistan als »angespannt und nicht stabil« bezeichnete, im
Ministerium auf Befehl eine »überwiegend ruhige« Sicherheitslage
wurde. Ich habe unter Granatenbeschuss auf unser Feldlager gestanden, als in Deutschland bereits jahrelang darüber diskutiert wurde,
ob denn Abstandswaffen nach Afghanistan verlegt werden sollten,
aber wir hatten keine Mittel, um etwas gegen diese Angriffe zu tun.

Die Kommandeure vor Ort haben bereits länger angemahnt,
dass feindliche Kräfte in einigen Kilometern Entfernung zu den
Feldlagern zwar aufgeklärt werden können, aber nicht rechtzeitig
bekämpft, weil hierzu die Schwerpunktwaffen fehlen. 2007 mussten deutsche Soldaten durch ihre Beobachtungseinrichtungen 25
Minuten hilflos zusehen, wie eine Rakete nach der anderen auf ihr
Camp geschossen wurde, ohne etwas unternehmen zu können.

Unter großem öffentlichen Druck scheint im Jahr 2010 nun

etwas mehr Ehrlichkeit in die politische und militärische Führung der Bundeswehr einzukehren. Die neue Führung hat bis Juni 2010 einen verminderten Panzerartilleriezug, bestehend unter anderem aus drei Panzerhaubitzen 2000 sowie zehn Schützenpanzern Marder und sechs Panzerabwehrlenkwaffen TOW auf Luftlandepanzern Wiesel nach Afghanistan verlegt. Erstmalig hat schwere Artillerie in Afghanistan in ein Gefecht eingegriffen. Die jahrelangen Forderungen der Truppe vor Ort scheinen endlich Gehör zu finden. Mit solchen Tatsachen untermauert, klingen die Aussagen des neuen Generalinspekteurs nicht mehr wie ein Widerspruch zur erlebten Wirklichkeit der Soldaten. General Volker Wieker fordert im Juli 2010, »die Soldaten im Einsatz müssen das erhalten, was sie für die Auftragserfüllung benötigen und was ihrer persönlichen Sicherheit dient.«

Verteidigungsminister Dr. Karl-Theodor zu Guttenberg nimmt erstmals das Wort »Krieg« in den Mund und erkennt somit ebenfalls die Einsatzrealität der deutschen Soldaten an. Der neue Minister sorgt in vielen Bereichen für frischen Wind, scheint für eine neue Ehrlichkeit in seinem Ministerium zu stehen. Plötzlich geht die Bundeswehr auf einem eigenen youtube-Kanal online, stellt Fotos und Videos ein, und verlinkt die Seite des Ministeriums auf einen privaten und durchaus kritischen Blog (www.afghanistan-blog.de). Es werden mehr geschützte Fahrzeuge beschafft und der Schutz der Feldlager soll durch eine neue Abwehrwaffe so verbessert werden, dass anfliegende Granaten und Raketen abgefangen werden, bevor sie einschlagen (*Skyshield,* Bundeswehrname »Mantis«).

Doch ob die neue Ehrlichkeit tatsächlich halten kann, was sie verspricht, muss erst die Zukunft zeigen. Das neue Feldlagerschutzsystem ist bereits seit Jahren angekündigt und eine erfolgreiche Einführung steht noch aus. Und während in Berlin über die Mängel in der Bundeswehr noch immer heftig diskutiert wird, fahren deutsche Soldaten in Afghanistan mit zahlreichen Fahrzeugen, die den Namen »geschützt« nicht verdienen – alleine 181 Wolf des Typs MSS sind derzeit dort eingesetzt. Auch der neue Ver-

Feldlagerschutz der Zukunft: So könnte das System aussehen, das die deutschen Feldlager schützen soll. Mehrere Kanonen bauen einen Schutzschild auf, der auch anfliegende Mörsergranaten abfangen kann (*Skyshield*, Bundeswehrname »Mantis«).

teidigungsminister verwehrt sich gegen zu scharfe Kritik. Hellmut Königshaus, der Wehrbeauftragte des Deutschen Bundestages, hatte im Sommer 2010 die Ausrüstung deutscher Soldaten ein »Drama« genannt und wurde dafür von zu Guttenberg ermahnt, mit seiner Kritik »nicht über die Stränge zu schlagen«.

Zuvor war Königshaus bereits scharf kritisiert worden, weil er den Einsatz des Kampfpanzers Leopard 2 im Raum Kundus gefordert hatte. Sogar die Kanzlerin wies diesen Vorschlag als »inkompetent« zurück und wurde durch die Militärführung darin unterstützt. Vor Ort denkt man anders darüber: Oberst i.G. Kai Rohrschneider, der als Kommandeur in Kundus mehrfach den Schützenpanzer Marder eingesetzt hat, könnte sich durchaus einen Leopard 2 überall dort vorstellen, wo auch der Marder eingesetzt wird, »mit besseren Beobachtungsmöglichkeiten und präziserer Wirkung«[29]. Die Diskussion wird wohl weitergehen.

Ob gerade unter dem aktuell gültigen Sparzwang weiterhin alle notwendigen Maßnahmen für die Soldaten vor Ort umgesetzt werden und noch bestehende Lücken geschlossen werden kön-

nen, wird sich erweisen. Die 5,7 Milliarden Euro, die der Kampf-
hubschrauber Tiger bereits bis April 2010 gekostet hat, der immer
noch nicht im Einsatz fliegen kann, sind aber bereits ausgegeben.

Schließlich machen ein neuer Minister und ein frischer Generalinspekteur noch keine neue Bundeswehr. Die Stabsoffiziere
und Generale mit hohem Einfluss im Ministerium sind ebenso
wie die politisch Verantwortlichen im Parlament oder der Mini-
sterialbürokratie meist die gleichen, die in den Monaten zuvor beispielsweise den Einsatz einer Haubitze für undenkbar hielten. Ein
wenig mehr Geradlinigkeit, gerade in Fragen, die zwischen Leben
und Tod entscheiden können, wäre daher ebenso zu wünschen,
wie ein größerer Konsens in der Politik, unabhängig von partei-
taktischen Überlegungen.

Der Weg ist noch weit: Es muss noch viel geschehen, damit die
deutsche Politik allen Konsequenzen Rechnung trägt, die es nach
sich zieht, wenn das Parlament Soldaten in einen Kriegseinsatz
schickt. Für den Politiker ist es eine Frage der Materiallage, für den
Soldaten im Einsatz geht es dabei um die Frage von Tod oder Leben.
Dies ist eine schwere politische, aber auch moralische Hypothek.

Wie schwer es der Bundeswehr immer noch fällt, ehrlich mit
diesen ernsten Themen umzugehen, wird auch im Bereich der
Betreuung und Fürsorge »vor, während und nach einem Einsatz«
deutlich. Bislang scheinen die Verantwortlichen das Ausmaß dieser Betreuung nicht einmal ansatzweise zu überblicken. Die neue
Leitung im Ministerium, aber auch die militärische Führung
wird sich nicht nur daran messen lassen müssen, ob es gelingt,
die Einsatzbedingungen vor Ort wirksam und schnell zu verbessern.

Wenn sie ihren selbst formulierten Auftrag ernst nimmt, muss
die Bundeswehr, aber auch die Politik anerkennen, dass der Kampf
für viele Soldaten nicht mit dem Einsatz endet. Längst ist der Krieg
in der Mitte unserer Gesellschaft angekommen – zum Beispiel
in Gestalt verletzter, verwundeter und traumatisierter Soldaten,
einer neuen Generation junger Veteranen.

# Kapitel 2

# Der Krieg im Kopf

## Wenn die Seele verblutet

Die Straßenkreuzung gleicht einer Verkehrsinsel, auf der gerade ein Basar abgehalten wird. Die kleinen und alten Autos sind eher in der Minderzahl und versuchen sich einen Weg durch die Massen der übrigen Transportmittel zu bahnen. Menschen auf Eseln, Fahrradfahrer, Mofas und Mopeds, überfüllte Busse, Lastwagen mit buntem Zierrat behangen, Kamele als Lastentiere mit riesigen Heuballen oder vielköpfigen Familien auf dem Rücken – alles drängt sich auf der einzigen geteerten Straße in der Mitte von Kundus um diesen Verkehrsknotenpunkt. Wer über eine funktionierende Hupe verfügt, der betätigt sie oft und scheinbar automatisch. Überall dazwischen bewegen sich Fußgänger durch die staubige Sommerhitze. Die blauen Burkas afghanischer Frauen setzen sich deutlich von dem sandigen, lehmfarbenen Straßenbild ab. Zusammen mit der bunten Auslage der Obst- und Gemüseständen am Straßenrand wirken sie, als wollten sie bewusst Farbe in dieses triste Land bringen.

In der Mitte der Kreuzung befindet sich eine Polizeiwache. Etwas erhöht gebaut, mit matten dünnen Scheiben in allen Richtungen, versucht dieses Gebäude so etwas wie Staatsmacht oder Ordnung darzustellen. Alle Straßen, die auf diese Kreuzung zulaufen, sind von dieser Polizeiwache aus zu sehen. Der ursprüng-

liche Verputz der Betonwände hatte irgendwann einmal rot-weiße
Streifen zur besseren Erkennung getragen. Eifrig versuchen die
örtlichen Polizeikräfte, durch schwer zu deutende Handzeichen
oder mit lauten Trillerpfeifen so etwas Ähnliches wie Verkehrs-
regeln durchzusetzen.

Ich folge meinen Kameraden zu Fuß durch das Getümmel der
Menschen. Wir haben ein Treffen mit dem örtlichen Polizeichef,
wollen mit ihm über die Sicherheit in der Stadt Kundus sprechen,
auch über die Verkehrssicherheit. Unsere Militärpolizisten sind
ebenso dabei wie der deutsche Polizist, der sich um die Ausbildung
der afghanischen Kollegen kümmert.

Wir haben zuvor aus Kreisen des Geheimdienstes die Warnung
erhalten, dass sich zwei Selbstmordattentäter in der Stadt aufhalten sollen – mindestens einer von ihnen soll in einem mit Sprengstoff gefüllten weißen Toyota auf uns warten. So dankbar wir über
solche Warnmeldungen auch sind, bleiben wir verunsichert. In
dem Durcheinander des Straßenverkehrs in Kundus ist fast jedes
zweite Auto ein weißer Toyota.

Ich stehe beim ersten Treffen etwas abseits von unseren Soldaten und den afghanischen Polizisten. Herzliche Begrüßungen,
höfliche Wortwechsel, die Sprachmittler tun ihr Bestes.

Plötzlich erfasst mich eine gewaltige Woge der Angst. Zum
ersten Mal während meines Einsatzes habe ich Todesangst, die
ich nicht einordnen kann. Ich kenne diese Angst von verschiedenen Anschlägen, vom direkten Beschuss, ich lag schon einmal in
einem Feuergefecht und sah die Panzerfaustraketen auf mich zu-
fliegen. Aber da hatte ich eine konkrete Bedrohung vor mir, sah
einen Feind. Jetzt sehe ich ihn nicht und spüre dennoch die gleiche
Angst. Sie ist gewaltig, ich kann mich nicht dagegen wehren. Keine
militärische Ausbildung, keine Waffe, keine Schutzweste und kein
Stahlhelm, kein Drill und kein Training kann mich davor schützen – sie ist einfach da.

Ich versuche zu sortieren, bemühe mich, die Kontrolle über die
Situation zu behalten. Ich handle als Soldat, beginne mit der La-

gebeurteilung. Wo sind meine Kameraden, wo meine linken und rechten Nachbarn? Wo könnte die Bedrohung sein? Woran könnte ich sie erkennen? Wie ist der Ladezustand meiner Waffe? Welche Maßnahmen könnte ich ergreifen? Alles läuft in Sekunden ab. Ich erfasse mit schnellen Blicken mein Umfeld und sehe plötzlich einen Mann in typisch afghanischen Gewändern. Unter seinem Umhang zieht er ein Mobilfunktelefon hervor. Er beobachtet aufmerksam die Umgebung und schaut wiederholt in die Richtung einer Straßeneinmündung in die Kreuzung. Ich finde es merkwürdig, dass der Mann nicht auf sein Handy schaut. Er klappt es auf und beginnt die Tasten zu bedienen. Aber auch jetzt blickt er nur zur Straße, nicht auf sein Handy.

Der Wind kühlt nicht, mittags in der Hitze von Kundus, er wirbelt nur den Dreck und Staub der Straße auf. Aber er bewegt die sandigen Blätter der wenigen Bäume, er bewegt auch den Umhang des Mannes mit dem Handy, den ich weiter beobachte. Für einen kurzen Augenblick kann ich unter dem angewinkelten Arm des Mannes hinter seine Gewänder blicken. Ich analysiere genau, was ich da erkennen kann: Drähte und ein Sprengstoffgürtel. Augenblicklich – ich bewege mich schon auf den Mann zu – weiß ich, dass ich einem Selbstmordattentäter gegenüberstehe. Ich bin mir jetzt sicher, dass er zunächst über das Handy eine Bombe fernzünden will und dass er danach in aller Ruhe warten wird, bis die ersten Helfer am Ort des Anschlags eingetroffen sind, bis zivile wie militärische Rettungskräfte sich um die verstümmelten Verletzten und Toten kümmern. Und wenn der Menschenauflauf am größten ist, dann wird er sich mit seinem Sprengstoffgürtel selbst in die Luft sprengen. Er will den größtmöglichen Schaden. Das ist die Vernichtungsstrategie des Feindes. Ich blicke in die Fratze des Terrors, als ich auf ihn zustürze.

Es ist zu spät, um meine Kameraden zu alamieren. Er hat seine Finger immer noch auf dem Handy. Vielleicht ist es ein Zahlencode, vielleicht sind nur noch ein oder zwei Tasten zu drücken, bevor dieser scheußliche Plan umgesetzt ist. Vielleicht wartet er, bis der Polizeichef und alle Begleiter möglichst nahe an der Bombe sind, die er fernzünden will.

Einen Schritt bin ich noch von ihm entfernt, da wendet er seinen Blick von der Straße ab und grinst mich durch seinen Vollbart überlegen an. Er will mir wohl bedeuten, dass ich zwar die Situation richtig erkannt habe, dass ich aber nichts mehr daran ändern kann.

Meine Faust trifft sein Handy. Und wenn es das Letzte ist, was ich jetzt an Kraft und Leben in mir hätte, ich will alles versuchen, diesen Terrorakt zu verhindern. Es ist so viel Kraft in mir, ich hätte wohl auch einen Schwergewichtsmeister im Boxen mit diesem Schlag in die Knie gezwungen. Das Handy fliegt im weiten Bogen zwischen den Passanten in den Straßendreck und zerbricht in Einzelteile. Plastik zersplittert, der Akku hüpft noch etwas weiter. Es hat noch nicht geknallt, keine Explosion – ich war wohl rechtzeitig genug. Meine Hand tut weh von dem Schlag, meine Finger bluten, aber mein Einsatz hat sich gelohnt.

Plötzlich Verwirrung. Ich weiß nicht, wo ich bin – ich liege zu Hause in meinem Bett. Meine Augen sind geschlossen, aber ich fühle mein Bett. Warten – Konzentration – Nachdenken – Fühlen – Schmerzen! Was ist hier los? Ich öffne die Augen, liege immer noch im Bett. Ich bin nicht in Afghanistan, nicht auf dieser Straßenkreuzung. Aber meine Hand blutet!

Die Szene in Kundus, die Straßenkreuzung, der Attentäter, die Schmerzen in der Hand? Langsam kann ich alles sortieren.

Das Treffen auf der Kreuzung in Kundus fand im Sommer 2006 tatsächlich statt, ich war dabei und sollte als Presseoffizier darüber für die Medien berichten – aber damals gab es dort keinen Anschlag. Einige Wochen zuvor hatte sich ein Selbstmordattentäter wenige Kilometer entfernt an einer anderen Stelle in Kundus in die Luft gesprengt.

In meinem Traum aber gab es einen Anschlag, zumindest einen Anschlagsversuch. Im Traum habe ich mit letzter Kraft das Handy des Mannes weggeschlagen, und im Schlaf muss ich wohl diesen Schlag mit der Faust ausgeführt haben und traf dabei die Wand hinter meinem Bett.

Meine Nacht ist vorbei. Es ist fast vier Uhr morgens, und ich verbinde die blutigen Finger meiner rechten Hand. Todmüde schleppe ich mich ins Bad. Deutschland schläft, alles ruht. Nur ich kämpfe gegen einen Selbstmordattentäter und schlage nachts um mich. Gut, dass niemand neben mir gelegen hat, denke ich. Ich weiß, dass ich jetzt nicht mehr schlafen kann. Ich versuche den Tag positiv zu beginnen. Aber alles ist wie hinter einer dicken Scheibe, ich bin nicht wirklich in meiner Welt.

Es ist wohl einer dieser matschigen und verschwommenen Tage, die ich »kalte« Trauma-Tage nenne. Sicher ist das keine medizinische Definition einer PTBS, aber ich erlebe das so: Es gibt diese kalten Tage, an denen ich nicht in diese Welt komme, alles läuft wie im Film ab, ich stehe daneben, schaue wie durch eine Scheibe. Ich bin gefangen, wie ein Orang-Utan hinter einer Panzerglasscheibe. Die Zuschauer draußen meinen, ein »normales« Leben zu sehen, strecken vielleicht sogar die Hand nach mir aus, aber sie erreichen mich nicht, ich lebe nicht in deren Welt.

An einem »heißen« Trauma-Tag ist es genau das Gegenteil. Da bin ich mittendrin, erlebe alles heiß, voll im Einsatz, im Krieg eben.

Ich mache mir noch im Dunkeln einen Kaffee. Die Maschine läuft, und in der Zwischenzeit begrüße ich die Vögel, die in der Morgendämmerung ihr erstes Lied singen. Langsam wird es hell draußen. Ich versuche, positive und friedliche Gedanken zu fassen und blicke in den beginnenden Morgen. Die Tasse Kaffee möchte ich mit der ersten Zigarette genießen. Aber die Kaffeekanne präsentiert mir nur klares Wasser. Ich habe vergessen, Kaffeepulver in den Filter zu füllen. Im Radio dudelt ein heiterer Moderator die Frühaufsteher aus dem Bett. Er lacht, macht Witze, ist übertrieben aufgedreht. Mit guter Laune und toller Musik will er die Hörer in den Tag begleiten, sogar die Verkehrsnachrichten müssen locker und flott anmoderiert werden – mich kotzt das an. Diese aufgeblasene Lustigkeit, diese künstliche Heiterkeit kann ich heute nicht vertragen – ich schalte das Radio wieder aus.

In der Dusche komme ich langsam zu mir. Der zweite Versuch, Kaffee zu kochen, ist gelungen. Aber beim Einschenken ist es wieder da: das Zittern. Ich habe es in beiden Händen, rechts mehr als links, aber nur bei bestimmten Bewegungen, zumindest manchmal. Es kommt plötzlich und heftig, ich kann es nicht kontrollieren. Im Ersten Weltkrieg nannte man es *Kriegszittern*. Heute muss ich mich damit rumschlagen. Das Zittern ist zu stark, der Kaffee geht daneben. Meine Psychologen haben mir erklärt, dass die Hände zu zittern beginnen, wenn ich die Haltung und Bewegung der Arme und Hände wiederhole, die ich damals in Afghanistan machen musste, als ich im Gefecht war. Ich habe auf Menschen geschossen, auf meine Feinde, die mich töten wollten. Ich wollte das nicht, aber sie haben mich angegriffen und ich musste mich wehren. Es war Krieg.

Das Zittern in den Händen lässt sich nicht beeinflussen, nicht stoppen. Manchmal hört es nach ein paar Sekunden wieder auf, meist dauert es aber länger, oft über Minuten. Das Schlimmste für mich ist, wenn es in den Körper wandert. Es kommt dann an einer anderen Stelle wieder raus. Am Bauch mag es noch lustig sein, das ist wie ein Muskeltraining. Aber an den Beinen ist es schon sehr unangenehm, man kann weder stehen noch gehen, alle Muskeln machen, was sie wollen. Besonders schlimm ist es im Halsbereich. Oft hatte ich schon das Gefühl, ich müsste ersticken, so stark hat sich meine Halsmuskulatur durch das Zittern zusammengezogen. Vielleicht zittert auch irgendwann mein Herzmuskel so stark, dass alles vorbei ist. Wenn dies passiert, werden sie sagen: Nun ja, der hat ja geraucht, war doch klar, dass der mal einen Herzinfarkt bekommt. Ich werde das dann nicht mehr erklären können, kein Arzt wird einen Totenschein ausstellen mit der Ursache PTBS, aber dann wird es endlich vorbei sein.

Ich beruhige mich etwas, ich schaffe es jetzt, die Milch und den Kaffee in die Tasse zu schütten. Das Radio ist still, die Vögel zwitschern immer noch. Langsam machen die ersten Bäckereien auf, doch ich werde in meinem Zustand nicht nach draußen gehen. Ich bin wie gelähmt nach dieser Nacht, möchte keinen sehen, muss die anderen Menschen vor mir schützen. Es könnte sein, dass eine falsche Bewegung oder ein falsches Wort von ihnen in mir eine Explosion auslöst, wie damals im Gefecht. Heute bin ich wieder im Krieg, in einem Krieg mit mir selbst, der in meinem Inneren tobt. Da kann ich nicht vor die Tür. Außerdem habe ich Angst, dass ich ein unkontrolliertes Zittern bekommen könnte, vielleicht in den Beinen, mitten in einer Bäckerei! Ich bleibe lieber allein. Wie meistens. Der Tag ist verloren, vielleicht kommt morgen ein besserer. Es ist für mich ein kalter Trauma-Tag. Er läuft an mir vorbei, ich lasse ihn ziehen, wie Wolken am Himmel.

PTBS? Vor wenigen Monaten noch schien dieses Kürzel nur Psychologen, Psychiatern und Traumatologen bekannt. Ob PTBS oder die sperrige Bezeichnung *posttraumatische Belastungsstörung* – heute meint jeder, der davon im Zusammenhang mit Soldaten und Auslandseinsätzen in den Medien gehört oder gelesen hat, zu wissen, was diese Krankheit bedeutet und wie traumatisierte Soldaten damit leben. Ein Trugschluss.

Trotz intensiver wissenschaftlicher Erforschung der Ursachen und Symptome und der Entwicklung von Therapien durch zivile und militärische Ärzte, Psychologen und Traumatologen zeigt sich eine posttraumatische Belastungsstörung bei Soldaten in vielen Fällen resistent gegen eine dauerhafte Heilung. PTBS ist eine von außen nicht sichtbare Krankheit der Seele. Oder soll man medizinisch präziser sagen: des Gehirns? Sie krallt sich tief im Kopf fest und ergreift von dort Besitz vom ganzen Menschen: Sie wird zum Herrscher über Schlaf und Traum, erzwingt ungewollte Körperreaktionen, lässt Stimmungen in Abgründe stürzen, entlädt sich in zerstörerischen Aggressionen, betrügt die Sinneswahrnehmungen, zerstört die eigene Persönlichkeit und die Beziehungen zu anderen Menschen. Nach erfolgreichem Angriff hinterlässt PTBS ein seelisch und körperlich gezeichnetes Wrack.

Ein trügerischer Rückzug: Die Krankheit lauert in der Tiefe des Stammhirns auf den nächsten Angriff, irgendwo, irgendwann oder jederzeit, wie ein ausgehungerter Tiger.

Wie leben Soldaten mit dieser Krankheit? Mit den vielen Zeitzündern in der Seele, die in unvorhersehbaren Abständen zu Implosionen und Explosionen führen? Jeder Veteran, der unter einer PTBS leidet, erlebt diese Krankheit anders, lebt sein eigenes Leben damit. So unterschiedlich die Ursachen im Detail sind, so individuell sind die zerstörerischen Auswirkungen im Alltag jedes Einzelnen. Gemeinsam schmerzhaft ist uns Betroffenen, dass wir in der Öffentlichkeit und auch innerhalb der Bundeswehr als »Weicheier« oder »Simulanten« hingestellt werden – trotz aller verständnisvoller Reden von Politikern oder militärischen Vorgesetzten.

Nein, das sind wir nicht. Wir sind physisch und psychisch gut trainierte Soldaten. Wir haben tapfer und mutig unseren Mann oder unsere Frau gestanden. Wir haben mehr erlebt, vielleicht sogar mehr ausgehalten als andere. Wir haben uns bewährt, im Einsatz, im Krieg – schon lange bevor diese Einsätze »Krieg« genannt werden durften. Vor jedem Auslandseinsatz prüfte die Bundeswehr uns auf Herz und Nieren. Zuvor wurden wir in zahlreichen Lehrgängen trainiert und während unserer Laufbahn oft von Psychologen untersucht: beim Kreiswehrersatzamt, bei den Zentren für Nachwuchsgewinnung, in der Offizierbewerberprüfzentrale, bei verschiedenen Lehrgängen. Viele von uns sind hochdekoriert, haben in ihrem Bereich eine ordentliche Karriere hingelegt, sind als Vorbilder in ihrer jeweiligen Dienstgradgruppe ausgezeichnet worden. Die Liste unserer Orden und Ehrenzeichen ist oft lang.

Aber diese Krankheit interessiert sich weder für den Dienstgrad noch für die Orden. Sie kann jeden treffen – wie zum Beispiel den kanadischen Drei-Sterne-General. Als Chef der Friedenssoldaten in Ruanda hatte er von 1993 bis 1994 die UNO immer wieder vor den drohenden Massakern gewarnt. Er selbst steht mit nur 540 Soldaten machtlos den übermächtigen Hutu-Milizen gegenüber, die 800 000 Menschen der Tutsi-Minderheit in ihrem eigenen Land abschlachten. Die brutalen Bilder in seinem Kopf nimmt er auch nach seinem Einsatz mit nach Hause, nach Kanada. Der 53-jährige General macht ein paar Jahre weiter – bis er zusammenbricht und zurücktreten muss. Der Vater dreier Kinder hat zwei Selbstmordversuche hinter sich. Ende Juni 2000 finden Passanten einen betrunkenen, bewusstlosen Mann in Fötusstellung unter einer Parkbank in der Stadt Hull bei Ottawa. Es ist Roméo Dallaire, der einst hochdekorierte General.[1]

PTBS kann jeden treffen, wie ein Geschoss, das unsere Splitterschutzweste durchschlägt. Das traumatische Erlebnis zerschlägt unseren inneren Schutzpanzer und zerstört Stück für Stück und unwiederbringlich unsere Seelen. PTBS ist eine schwere Verwundung. Zeitlebens. Wenn diese gut verheilt, dann bleiben nur die Narben; wenn die Heilung schlecht verläuft, dann bleibt es eine offene Wunde.

Und wir sollen »Weicheier« sein, nur weil man unsere Wunden nicht sieht? Ist denn eine körperliche Verwundung, die Amputation eines zerschmetterten Armes oder zerfetzten Beines, besser? Viele Soldaten mit PTBS sagen: Ja. Veteranen mit einer sichtbaren Kriegsverletzung werden gesellschaftlich anerkannt. Die Menschen aus dem Umfeld sind betroffen, versuchen sich vorzustellen, wie ein Leben ohne rechten Arm funktioniert. Es gibt viele, die sich für die unterschiedlichen Beinprothesen interessieren, Wechselprothesen für das Laufen, Radfahren, Skifahren.

Die körperlich versehrten Veteranen müssen ihre Behinderung sehr viel seltener rechtfertigen. Sie werden wahrgenommen. Dabei sind wir alle krank und verwundet, ob am Körper oder an der Seele. Wir alle waren zuvor gesund, kommen aber als Krüppel nach Hause. Der amputierte Kamerad wünscht sich sein Bein zurück, der PTBS-Veteran seine Seele. Da gibt es kein besser oder schlechter, keine Wertigkeit im Leid. Im Grunde verbietet sich ein solches Ranking des Verwundungsgrades. Aus einem der letzten Gefechte in 2010 kam ein Kamerad aus Afghanistan zurück, der durch Geschosstreffer im Gesicht nun dauerhaft blind und taub ist. Wie ist seine Verletzung wohl zu bewerten, wenn er nie mehr seine Kinder hören und sehen wird? Wie hoch ist für Eltern der Verlust eines Sohnes oder einer Tochter zu bewerten, wenn diese in einem Sarg zurückkommen? Wie hoch ist das Leid für ein noch ungeborenes Kind, das seinen Vater nie kennen lernen wird, weil er im Kampf gefallen ist?

Leid ist unermesslich und lässt sich nicht in eine formale Tabelle zwängen und vergleichen. Gleichwohl besteht für diejenigen, die an einer PTBS leiden, immer ein Unterschied: Sie müssen sich später rechtfertigen.

Auch rein formal und bürokratisch können PTBS-Veteranen anscheinend nur schwer erfasst werden. Für den Verlust oder die Funktionseinschränkung eines Auges, Fingers, Beines oder eines anderen Körperteils sind in den »Allgemeinen Richtlinien für Gutachten im sozialen Entschädigungs- und im Schwerbehindertenrecht« Prozentangaben für eine Minderung der Erwerbsfähigkeit und den Grad der Behinderung festgelegt. Bei den privaten Unfallversicherungen regelt eine sogenannte »Gliedertaxe« den Invaliditätsgrad in Prozent bei Verlust oder Funktionsunfähigkeit eines Körperteils. Es klingt zwar brutal, ist aber banal: Je mehr Körperteile geschädigt oder ganz amputiert sind, desto mehr beschädigt oder behindert ist der Mensch laut Tabelle.

Zwar sind diese Prozentangaben als Anhaltswerte anzusehen, aber bei Verlust eines Körperteils gibt es kaum Raum für Interpretationen. Alles ist geregelt, der Verlust eines Fingers, der Verlust der Zeugungsfähigkeit, die Zerstörung der Augen. Anders ist es bei den psychischen Störungen, speziell den Folgen psychischer Traumen. Sie sind schwieriger zu objektivieren, kaum messbar und unterliegen nicht nur dem subjektiven Empfinden des Patienten, sondern auch der persönlichen Bewertung des Gutachters.

Die Tabelle, die für einen PTBS-Erkrankten herangezogen wird, ist kurz und wenig differenziert, mit viel zu viel Raum für Interpretationen des Gutachters. Auch eventuelle Kommunikationsstörungen oder mangelnde Ausdrucksfähigkeit des Patienten können leicht zu einer niedrigeren Einstufung führen, als es dem Leidensdruck und der tatsächlichen Funktionseinschränkung des Patienten im täglichen Leben entspricht. Die Tabelle enthält nicht einmal den Begriff PTBS und gibt nur höchst ungenaue Einstufungen vor (siehe Tabelle Seite 68): So steht der PTBS-Veteran irgendwann einem Arzt oder Gutachter gegenüber, der aus der inzwischen dicken Akte mit der Krankengeschichte des Patienten die ihm wichtig erscheinenden Befunde heraussucht und nach Prüfung und Klassifizierung einen Grad der Schädigung ermittelt. Der Beamte einer Behörde muss anschließend den festgestellten Schaden in Geldbeträge umrechnen. Er ist mit dem Nicht-sichtbaren, dem Nicht-eindeutig-messbaren konfrontiert.

Besonders beunruhigend sind für ihn die sich häufig unsinnig widersprechenden Gutachten. Zusätzlich erschwerend ist, dass er die Ereignisse, die die Krankheit ausgelöst haben, kaum nachvollziehen kann. Wer vermag schon eine Situation in Afghanistan, einem Land im Krieg, zu beurteilen, wenn er selbst nie dort war? Vorsichtshalber lehnt der Beamte den Antrag ab oder schiebt den Vorgang zu einer weiteren Prüfung an ein anderes Amt, an eine andere Behörde, in eine andere Stadt. Dort sitzt wieder ein Beamter, die Akte ist noch dicker geworden, und auch er wird aufgrund der Undurchsichtigkeit des Vorgangs in seiner ablehnenden Haltung gegenüber der Beurteilung der Erwerbsminderung bestärkt.

So gehen für den PTBS-Veteranen die Jahre ins Land. Derjenige, der einen Arm oder ein Bein verloren hat, wurde längst mehr oder weniger angemessen finanziell entschädigt. Sein Bein bekommt er dadurch nicht mehr zurück, aber zumindest eine Entschädigung hat er erhalten.

Und wir, die seelisch Verwundeten? Jahrelang müssen wir beweisen, dass wir eine Krankheit haben, immer wieder schildern,

**Neurosen, Persönlichkeitsstörungen,
Folgen psychischer Traumen**

|  | GdB*/MdE-Grad |
|---|---|
| Leichtere psychovegetative oder psychische Störungen | 0–20 % |
| Stärker behindernde Störungen mit wesentlicher Einschränkung der Erlebnis- und Gestaltungsfähigkeit (z. B. ausgeprägtere depressive, hypochondrische, asthenische oder phobische Störungen, Entwicklungen mit Krankheitswert, somatoforme Störungen) | 30–40 % |
| Schwere Störungen (z. B. schwere Zwangskrankheit) – mit mittelgradigen sozialen Anpassungsschwierigkeiten | 50–70 % |
| – mit schweren sozialen Anpassungsschwierigkeiten | 80–100 % |

* GdB = Grad der Beschädigung, MdE = Minderung der Erwerbsfähigkeit.

Quelle: Bundesministerium für Arbeit und Soziales, /Anhaltspunkte für die ärztliche Gutachtertätigkeit im sozialen Entschädigungsrecht und nach dem Schwerbehindertenrecht (Teil 2 SGB IX)/, Stand: 2008, S. 48.

wann sie begonnen hat, das »Warum« erklären. Diese Ungerechtigkeit ist es, die uns verbittert, verzweifelt, hoffnungslos oder
auch aggressiv macht. PTBS wird als »Krankheit« bezeichnet – ich
als Betroffener empfinde sie aber als eine Kriegsverletzung. Zu
welchem Zeitpunkt wird sie ausgelöst, gibt es überhaupt einen
Zeitpunkt? Ab wann beginnt der selbstzerstörerische Prozess im
Kopf zu wirken?

Ist es während der unendlich langen Sekunden oder Stunden
absoluter Todesangst? Oder ist es der Blick auf pervers abgerissene, verkohlte Körperteile von Menschen, die Augenblicke zuvor
noch sehr lebendig waren? Ist es wirklich messbar, ob ein toter
Kamerad mich mehr belastet als ein schreiender, zerfetzter? Was
ist wohl schlimmer für mich, was für einen anderen Soldaten? Ist
es der widerliche Geruch von in der Hitze stockendem Blut? Ist es
das schon lange tote Kind in den Armen eines Vaters, der es nicht
begraben will? Oder der Selbstmordattentäter, der nur noch aus
einem Fuß besteht – oder ist es »bloß« der Fuß eines Attentäters?
Was erklärt das eiskalte Entsetzen über sich selbst, über die Abwe-
senheit von Mitgefühl, die innere Vereisung? Was erschüttert uns
so sehr, dass es sich anfühlt, als ob jede Körperzelle, jedes Molekül,
jedes Atom aus seiner Verankerung gerissen wäre? Das Trauma
setzt sich wie ein Computervirus irgendwo in unseren Gehirnen
fest – klein, raffiniert und unsichtbar. Wir können es nicht spüren,
noch nicht. Deshalb machen wir weiter, selbst die, die gerade ein
Sprengstoffattentat überlebt haben. Wir sind stark, wir gestehen
uns selbst keine Schwächen ein. Da ist keine Stelle am Körper, die
mit Pflaster oder Verband abgedeckt werden müsste. Also brauchen wir anscheinend keine Hilfe.

In Kundus war ich in ein stundenlanges Feuergefecht gegen
die Taliban verwickelt. Zwei Tage danach versammelte man uns
in einem Besprechungsraum im Feldlager, alle die dabei waren,
etwa zwölf oder 14 Kameraden. Eine Militärpsychologin war aus
dem anderen Feldlager in Masar-i-Scharif eingeflogen worden,
wir kannten sie nicht. Sie leitete diese Gesprächsrunde, die ein

psychologisches *debriefing*[2] sein sollte. Sie sagte uns, dass jede unnormale Reaktion auf dieses Ereignis völlig normal wäre. Sie erklärte uns kurz, was eine PTBS sein könnte, und fragte uns dann, ob jemand Probleme hätte. Meinte sie wirklich, wir würden in dieser Runde, nur 48 Stunden nach dem Feuergefecht, über unsere Probleme reden können? Mit ihr, einer uns völlig unbekannten Person, und vor allen anderen Kameraden? Keiner von uns hatte in dieser Runde irgendetwas über seine Probleme zu sagen. Wie auch? Es war ein gemeinsam erlebter Schock gewesen, aber wir hatten überlebt. Da gab es nichts zu reden.

Kurz darauf flog die Psychologin wieder zurück nach Masar-i-Scharif. Das war unsere ganze psychologische Betreuung im Einsatz. Ich habe sie nie wieder gesehen. Wahrscheinlich hat sie danach einen Bericht über das *debriefing* geschrieben und konnte melden: Alles in Ordnung mit den Soldaten in Kundus. Wieder ein Punkt auf der Liste, der abgehakt werden kann. Die psychologische Betreuung der Bundeswehr ist abgeschlossen! Wenn es dann so weit ist, dass unser Körper und unser Geist nicht mehr funktionieren, und wenn wir dann in uns hinein hören können und müssen, dann fangen wir vielleicht an zu spüren, dass wir diese Treffer auf der Seele in uns tragen. Bei einigen dauert es Tage und Wochen, oft aber Monate, vielleicht Jahre – bis dahin machen wir weiter unseren Job, kämpfen weiter ... Aber innerlich verbluten wir schon lange.

Jahre später war ich dann selbst so weit. Was die Ärzte kurz »Schlafstörungen« und »*flashbacks*« nennen (zwei Beispiele für die Auswirkungen der PTBS), wurde bestimmender Teil meines Alltags. Diese teuflische PTBS hatte sich so weit in mir ausgebreitet, dass sie explosiv hervortrat, wie ein Vulkan. Aus der Tiefe der Seele kamen immer neue Ströme von Lava, heiß und zerstörerisch, mächtig, nicht mehr aufzuhalten, in immer neuen Wellen.

Wie sich das anfühlt, wenn Tag und Nacht, Traum und Wirklichkeit sich vertauschen, grenzenlos ineinander fließen?

## Geisterfahrt

Es war eine gute Nacht, diesmal ohne Albtraum. Die Verletzungen an meiner rechten Hand schmerzen nicht mehr, sind kaum noch sichtbar, es ist nicht so schlimm. Ich habe gut und lange geschlafen, mein Körper und meine Seele haben dies wohl gebraucht. Ich fühle mich gut und erledige meinen Alltag. Irgendwann nachmittags fahre ich durch meinen Wohnort zum Wertstoffhof. Mein Auto ist voller Recycling-Müll, und ich bin froh, dass ich mich endlich aufgerafft habe, diesen zu entsorgen.

Plötzlich sehe ich einen weißen Toyota älterer Bauart. Dieses Auto fährt auf seiner Straßenseite, mitten in Deutschland im normalen Straßenverkehr und kommt mir entgegen.

Urplötzlich bin ich wieder im Krieg. Ich sehe einen Selbstmordattentäter auf mich zufahren! Damals in Kundus haben mir die Kameraden vom Geheimdienst morgens in der regelmäßigen Besprechung oft gesagt, welche Attentäter heute auf uns warten würden. »Nach unseren Erkenntnissen sind zwei weiße Toyotas, präpariert mit soundsoviel Kilogramm Sprengstoff in der Stadt, angesetzt auf deutsche Patrouillen. Einen haben wir schon gefunden, der andere ist noch unterwegs, passt also auf, wenn ihr heute rausfahren solltet.«

Damals in Kundus hat mir diese Information oft das Leben gerettet, aber jetzt versetzt mich dieses Szenario mitten in Deutschland wieder in den Krieg zurück.

Das Auto fährt direkt auf mich zu. Es ist zwar noch auf seiner Straßenseite, aber der Fahrer wird gleich das Steuer herumreißen und direkt auf mich drauffahren, dann wird er die Bombe zünden. Ich habe nicht mehr viel Zeit. Soll ich schießen, ausweichen, taktisch fahren, ihn abdrängen? Wo sind meine Kameraden, die anderen Fahrzeuge, hält meine Panzerung? Ich will reagieren, als Soldat, schnell, konsequent, wie trainiert, will mein Leben retten. Alle Systeme in meinem Körper sind angesprungen, Adrenalin pur, bis in die letzte Faser meines Körpers – aber ich darf nicht und kann nicht. Mein Verstand sagt mir irgendwann, Sekunden später, dass ich hier nicht im Einsatz bin.

Ich brauche eine Pause. Nur weg von der Straße, Parkplatz, Zündung aus. Der Fahrer in dem weißen Toyota ist längst verschwunden, aber mein Körper und ich kämpfen immer noch. Kämpfen müssen, überleben wollen – aber nicht reagieren dürfen. Ich bin unbewaffnet, ich fahre in keiner Patrouille, mein Fahrzeug ist nicht gepanzert. Alles ist gut, sage ich mir, es ist Frieden hier, es war kein Attentäter. Ich weiß, dass heute durch dieses Erlebnis einer dieser »heißen« Trauma-Tage ist. Mein Puls rast, ich kann ihn spüren, im Kopf hören, alle meine Muskeln sind angespannt, jede Faser. Ich brauche lange, um mich wieder herunterzufahren. Atemübungen – jeden Muskel muss ich einzeln und nacheinander in die Entspannung entlassen. Immer wieder muss ich mir sagen, dass ich jetzt nicht in Afghanistan bin. Irgendwann kann ich wieder Auto fahren – ich kehre um. Den Wertstoffhof erreiche ich heute nicht mehr.

### Die Bombe im Wohnviertel

Die Bombe ist in einem Wohnviertel explodiert. Überall Sirenen. Menschen laufen hektisch hin und her, die Gebäude ringsherum sind zerstört. Mein Bein blutet stark an verschiedenen Stellen, aber die Splitter haben wohl keine Hauptschlagader getroffen. Das Blut rinnt nur an meiner verdreckten und zum Teil zerfetzten Uniformhose entlang, es schießt nirgendwo heraus, im Rhythmus des Herzschlags. Sonst hätte ich wohl nicht mehr lange zu leben.

Den Attentätern war es wieder einmal egal, wen sie treffen. Es ging nicht nur um uns Soldaten. Das ist irgendwie irrwitzig, denke ich mir noch, mitten im Getümmel von aufgeregten Stimmen, Menschen, die scheinbar ziellos, aber dennoch schnell irgendwohin laufen, weg aus dem Chaos oder hin zu anderen Menschen, um ihnen zu helfen.

Irrwitzig deshalb, weil die Attentäter oft aus der eigenen Bevölkerung stammen. Sie kämpfen angeblich für die Befreiung ihres Landes, für religiöse Ziele, für einen besseren Zustand in ihrem Staat. Meist kämpfen sie gegen uns, bezeichnen uns als Besatzer, als die Fremden im Land, die Böses bringen. Wir sind die Andersgläubigen, die hier nichts zu suchen haben und wieder verschwinden sollen. Dabei respektieren wir ihre Staatsform ebenso wie die Religion, die Kultur und die Geschichte des Landes. Wir akzeptieren ihre Lebensformen in der Gesellschaft, ihre Gesetze, ihre religiösen und weltlichen Würdenträger. Wir zwingen sie nicht, ihr System zu ändern. Wir maßen uns nicht an, die bessere Religion zu haben, die überlegene Wirtschaft, die bessere Vergangenheit. Wir messen unser Handeln aber an dem Prinzip der Menschenwürde und den Regeln, die fast alle auf diesem Planeten für das Zusammenleben von Menschen entwickelt haben.

Die Attentäter? Sie behaupten, uns nach den Regeln des Korans bekämpfen zu dürfen, ja zu müssen. Doch der Koran enthält keine Stelle, in der geschrieben steht, dass Menschen aus fernen Ländern bekämpft werden müssen, nur weil sie Fremde sind. Im Gegenteil, die Gastfreundschaft gegenüber anderen Menschen, gerade auch gegenüber Fremden, ist im Koran ebenso verankert wie in anderen Weltreligionen. Müssen wir bekämpft werden, weil wir einen anderen Glauben haben? Auch das ist im Koran nicht verankert, ebenso wie es Christen nicht erlaubt war, Andersgläubige umzubringen. Hat Jesus Christus einen »Heiden« jemals umgebracht, um ihn zum Christentum zu »bekehren«? Wohl kaum, auch wenn in seinem Namen zigtausende Kreuzritter in den Krieg zogen. In seinem Namen wurden andere Menschen verbrannt, gefoltert, getötet. Aber die Menschheit hat doch daraus gelernt, oder nicht?

Hier, wo ich jetzt bin, offensichtlich nicht. Es ist das gleiche Spiel wie vor Jahrhunderten. Es werden religiöse oder andere Ziele öffentlich proklamiert, aber politische, wirtschaftliche oder militärische Ziele werden verfolgt, um die eigene Macht auszubauen. So gesehen ist es nicht sehr verwunderlich, dass die Attentäter auch in diesem Fall »zivile Opfer« in Kauf genommen haben, wie das im technischen Nachrichtendeutsch so unzutreffend heißt. Morgen werden wieder die Zahlen veröffentlicht werden, soundsoviele Tote, darunter ... Kinder und ... Frauen.

Sie werden immer im Besonderen genannt. Nein, ich bin deswegen nicht böse, aber wir haben uns so daran gewöhnt, dass es schon einer Perversion gleichkommt. Keiner denkt darüber nach. Wir berichten über Ereignisse, die uns Menschen erschüttern, von einem Anschlag mit vielen Toten und Verwundeten. Und dann sortieren wir die Leichen nach Geschlecht, Uniform und Schuldigkeit. Die »unschuldigen Opfer« bedauern wir dann stark, das sind meist die »zivilen« Opfer. Ganz besonders sind wir betroffen, wenn darunter Frauen und Kinder sind, offensichtlich sind sie noch »unschuldiger« als alle anderen Toten. Und die Männer? Wenn sie zivile Kleidung trugen, dann tauchen sie in der Gesamtzahl der Zivilisten auf und dann sind sie unschuldige Opfer. Wenn sie Uniform anhaben, sind sie keine Opfer. Die Guten sind dann die gefallenen Soldaten, die Bösen sind getötete Terroristen oder Feinde. Die bedauern wir nicht, die sind schuldig. Wie viel Elend und Schmerz sich hinter jedem einzelnen Schicksal verbergen mag, geht in der Eilmeldung einer 25-Sekunden-Nachricht im Fernsehen unter. Ebenso wie die Genauigkeit in den Aussagen. Schnelligkeit zählt. Eine andere Agentur könnte schneller mit der Nachricht auf den Markt kommen, die ersten Bilder veröffentlichen. Selbst militärisch gesehen tobt ein Krieg der Information. Jede Seite in dieser tödlichen Auseinandersetzung möchte möglichst vor den anderen mit ihrer Version der Ereignisse auf den Medienmarkt.

Mein Bein blutet immer noch, aber die Blutungen werden nicht stärker. Es stellt sich kein Ohnmachtsgefühl ein, also denke ich mir, ich dürfte nicht zu viel Blut verloren haben.

Irgendwo weit oben in einem Gebäude ist noch eine Frau. Ich sehe nur ihren Arm inmitten des Trümmerfeldes. Als ich endlich bei ihr bin, weiß ich, dass ihr Zustand kritisch ist. Sie liegt zum Teil unter Schutt und Trümmerteilen, ihre dunkle Kleidung lässt die blutroten Flecken nur undeutlich erkennen. Irgendwie schaffe ich es, einen Kameraden von mir hierher zu holen. Wir können sie so nicht transportieren. Aus Resten einer Holzpalette fertigen wir eine Art Trage. Aber das zerstörte Treppenhaus wird für uns kein Fluchtweg aus dieser Lage sein. Wie gerne hätte ich jetzt eine Feuerwehr hier, die sind auf so etwas besser vorbereitet als wir, die haben eine Drehleiter und diese aufblasbaren Kissen zum Transport von Verletzten mit Wirbelsäulenschäden.

Mein Kamerad hat es dann aber irgendwie geschafft, einen Kranwagenfahrer davon zu überzeugen, mit der Arbeit an einer Außenzone des Trümmerfeldes aufzuhören und zu uns zu kommen. Sein Fahrzeug steht jetzt vor uns, unten auf der chaotischen Straße, direkt vor den Resten dieses Hauses. Nur langsam und mühsam fährt der hydraulische Arm zu uns hoch, der Haken kommt näher. Im Film sieht das immer so einfach aus, denke ich noch, als der Haken uns erreicht. Wie sollen wir die Frau, die wir auf diesem klapprigen Holzgestell fixiert haben, am Haken befestigen? Wir haben nur noch ein paar Tücher, vielleicht waren es auch einmal Bettlaken oder Vorhänge. Schmutzig und verstaubt wehen diese Fetzen im Wind, die schützenden Wände des Hauses stehen seit dem großen Knall nicht mehr.

Wir finden nur einen Weg: Wir müssen mit an den Haken, um ein Kippen der Behelfstrage zu verhindern.

Es ruckelt und wir drehen uns, als der Kranwagen seinen Stahlhaken langsam nach oben zieht, aber es scheint zu funktionieren. Wir stehen beide mit den Füßen auf jeweils einer Seite unserer Holzkonstruktion und halten uns oben an dem dicken und leicht verrosteten Stahlseil des Krans fest. Zwischen uns, liegend und mit Seilen und Tüchern gesichert, die Frau. Die Behelfstrage, die jetzt frei in der Luft hängt, ist fast zu klein für sie. Ihre schwarzen langen Haare hängen am Kopfende der Palette herab und bewegen sich leicht, fast spielerisch im Wind. Die Menschen unten halten kurz inne. Sie haben alle viel zu tun, überall muss Opfern geholfen werden, aber diese schwebende Frau und die zwei Männer über ihren Köpfen lässt sie eine kurze Pause machen.

Vor dem Aufsetzen auf der Straße ruckelt der Kran gewaltig, wir können nur mit letzter Kraft verhindern, dass wir das Gleichgewicht verlieren und damit die Frau, die in ihrem Zustand wohl keinen Sturz mehr überleben würde. Es geht gut. Wir sind unten. Ihre Haare liegen im Dreck als wir vorsichtig die Tücher, Seile und Schnüre mit unseren Messern durchschneiden. Ich hebe ihre Haare auf und ordne sie neben ihr Gesicht. Ihre Augen sind geschlossen, aber sie atmet noch.

Die ersten Helfer kommen. Endlich, die Kameraden vom Roten Kreuz sind da. Ich sehe italienische und belgische Soldaten, auch deutsche Kameraden. Unser Job ist erledigt. Drei oder vier weißgekleidete Männer knien neben der Frau, Rettungssanitäter und Notarzt sind da. Erstuntersuchung, Infusion, die Rettungskette ist angelaufen.

Mein Bein blutet nicht mehr.

Jetzt spüre ich die Schmerzen in meinem Bein. Wieso habe ich sie die ganze Zeit nicht gespürt? Sind die Treffer doch schlimmer, als ich dachte? Stehe ich noch unter Schock? Wie hoch wird wohl mein Blutverlust sein? Ich habe keine Lust, hier auf die Straße noch hinzuknallen, nur weil ich ohnmächtig werde. Ich möchte die Kontrolle behalten, denke ich noch und schleppe mich zur Sammelstelle der Sanitäter.

An einer Art Kleiderstange, einem Gerüst aus stabilen Aluminiumstangen, hängt deren Ausrüstung. Breite Rückentragegestelle mit schwerer Atemschutzausstattung. Sie sind in verschiedenen Farben sortiert, wahrscheinlich hat jeder Helfer sein eigenes Gerät mit »seiner« Farbe. Direkt daneben gibt es eine Waschgelegenheit. Sauberes Wasser, welch ein Geschenk in diesem Drecksloch, in dem wir gerade sind.

Am Waschbecken angekommen sehe ich noch einen jungen Arzt an mir vorbeieilen. Er kommt aus der Baracke der Sanitäter hinter diesem Geräteständer. Ich rufe noch: »Hey, ich brauche einen Arzt«, aber er rennt weiter. Er blickt kurz zurück und ruft mir im Laufen nach: »Wieso? Soll ich dich krankschreiben?«

»So ein Blödmann«, denke ich und will ihm antworten. Aber es lohnt nicht, er ist schon weg, und der Lärm um uns herum ist viel zu groß. Vielleicht hat er auch einen wichtigeren Auftrag, sicher hat er mein Bein nicht gesehen, weil ich hinter dem Waschbecken stehe. Aber seinen vermeintlichen Witz fand ich trotzdem mehr als unpassend.

Mit meinem Messer öffne ich das Hosenbein. Durch die Splitter sind überall Löcher in die Hose gerissen. Wie praktisch diese doch sein können, um dort mit der Messerspitze einen Ansatz zum Schneiden zu finden. Was ich darunter sehe, ist kein schöner Anblick. Zahlreiche Splitter verschiedener Größe haben mich getroffen. Einige sind nicht tief eingedrungen, aber zwei oder drei haben mein Bein durchschlagen. Es ist ein schrecklicher, teuflischer Effekt. Es reicht nicht, dass mich der Splitter trifft und mich beschädigt, nein, er muss sich beim Durchschlagen meines Beines auch noch verformen, Muskeln und Knochensplitter mitreißen und tritt daher auf der anderen Seite mit einem zerfetzten und viel größeren Loch wieder aus. Mir fehlen Teile meines Fleisches.

Ich wollte mich hier am Waschbecken eigentlich mit frischem Wasser säubern und selbst verbinden. Druckverband, wie gelernt. Ich befürchte, mir rennt jetzt die Zeit davon, sonst bin ich der Nächste, der hier im Dreck liegt. Zu spät für einen Druckverband. Ich schleppe mich zu der Baracke. Es sind jetzt nur noch wenige Meter, aber sie sind anstrengender als der ganze Tag bisher.

Eine Ärztin kommt auf mich zu. Ihre dunkelbraunen Haare fallen links und rechts auf ihren weißen Kittel. Erst jetzt spüre ich alles, erst jetzt bin ich angekommen. Ich glaube, ich wollte noch ein bisschen cool rüberkommen, als ich sie fragte, ob ich noch eine Zigarette rauchen könne. Sie antwortet nicht darauf. Sie lächelt mich nur an, freundlich und warm, so als wenn sie sagen wollte, »Hey, Kamerad, du weißt doch, was jetzt kommt und was meine Antwort sein wird, oder?«

Die Tränen, die mir jetzt übers Gesicht laufen, vermischen sich mit dem Staub aus dem Trümmerfeld, der auf meiner Haut klebt.

Sie fließen ruhig und reinigend. Ich kann mich nicht sehen, aber ich stelle mir vor, wie das wohl aussehen muss. Meine Tränen und der Dreck! Fast wie eine Landschaft. Durch all den Dreck fließen klare und saubere Flüsse. Ich bin am Ziel. Angekommen. Sie wird mir helfen und ich werde leben.

Und wieder liege ich in meinem Bett. Alles in diesem Wohnviertel, alle meine Gedanken habe ich zwar gefühlt, erlebt, gedacht, aber während ich schlief. Wieder zwitschern die Vögel, die Nacht hat bereits ihren dunklen Schleier gehoben und Platz für die erste Morgendämmerung geschaffen. Ich fühle mich so, als wenn Betonplatten auf meinem Brustkorb liegen würden. Habe ich aus meinem Traum, als Folge der Bombenexplosion jetzt Reste der eingestürzten Hauswände auf mir liegen? Ich spüre den Druck, fühle mich wie unter Trümmern. Ich kann kaum atmen.

Geschlafen habe ich zwei oder drei Stunden, mehr nicht. Meine Wirbelsäule schmerzt, mein Rücken bräuchte mehr Entspannung. Sollte ich vielleicht doch wieder die Tabletten nehmen, die der Arzt mir verschrieb? Akutmedikation nannte er das, um mal wieder richtig schlafen zu können. Aber die würden stark abhängig machen, auch Halluzinationen könnten vorkommen. Was soll ich tun? Weiter so – ohne Schlaf – oder mit Drogen vollpumpen, und irgendwann ohne diese Dinger nicht mehr leben können? Vielleicht ist es besser, abends die Dosis an Rotwein oder Bier zu erhöhen, als diese Tabletten zu nehmen. Diese Träume martern mich, sie machen mich fertig. Wie viele hab ich wohl jede Nacht, an die ich mich nicht erinnern kann? Wie viel Energie verliere ich physisch in so einer Nacht, in der meine Psyche so heftig arbeitet?

## Tauchgang

Ich sitze in einem U-Boot. Ich weiß nicht, was ich dort mache, ich habe keine Funktion. Ich kann meine Uniform nicht erkennen, aber ich bin Soldat. Das U-Boot kann ich von außen sehen. Der dunkle Stahl schiebt sich fast lautlos durch das Wasser, an der Spitze des Bootes steigen Luftblasen auf, die vom Mondschein schwach erleuchtet werden. Sie durchbrechen auf dem Weg nach oben das kalte, dunkle und von vielen Schwebteilchen durchsetzte Wasser. Es ist ein unerfreuliches Gefühl, etwas Bedrohliches und Kaltes liegt in diesem Wasser.

Plötzlich wird das U-Boot torpediert. Ohne Vorwarnung und ohne Reaktionszeit – Explosionen, Feuer, Wassereinbruch. Die Kameraden um mich herum schreien, laufen aufgeregt und scheinbar ziellos umher, auf der Flucht vor dem sicheren Tod, eingesperrt in einem getroffenen U-Boot, einem sinkenden Sarg. Das kalte, dunkle, dreckige Wasser ist stärker als jeder Notfallplan, schneller als jedes Rettungsmanöver, druckvoller als jede Zwischentüre aus Stahl.

Nein, ich ertrinke nicht, irgendwie werde ich wohl gerettet und stehe mit dem Rest der Crew des versenkten U-Bootes an Land. Wir befinden uns in Kriegsgefangenschaft. Wie ich dort hingekommen bin, weiß ich nicht. Wir stehen in einer felsigen Landschaft, die mich stark an den Norden Afghanistans erinnert. Wir schauen in ein tiefes Loch, ähnlich wie dem senkrechten Zugang in einen Stollen.

Wir blicken auf dieses unwirkliche, unterirdische Treiben unter uns. Der Stollen hat eine riesige, von oben einsehbare Fläche, auf der sich unendlich viele Holzkisten stapeln. Die Holzkisten sehen aus wie Särge, sie sind aber aus einfachem Holz gefertigt, rechteckig, ohne Schnörkel. Auf dem Deckel sind verschiedene Muster eingebrannt, ein leichter Hauch von Unterscheidbarkeit in der Unendlichkeit der gleichen Kisten ...

Unsere Bewacher erklären uns, was wir jetzt zu tun haben. Jeder von uns muss in eine Holzkiste kriechen, sich dort hineinlegen. Die Kiste wird dann verschlossen. Wir gelangen dann mit einer Art Aufzug zu der von oben sichtbaren großen Fläche mit den anderen Kisten. Dort sollen wir Aufstellung nehmen, und alle Kisten sollen ein großes H bilden. Es ist ein H aus dem lateinischen Alphabet, soll aber auf einer Seite des Buchstabens noch einen kleinen Schnörkel bilden.

Wir steigen in die Kisten. Wer sich weigert, wird sogleich vor unseren Augen erschossen. Die Sturmgewehre vom Typ AK 47 rattern, als einige meiner Kameraden nicht schnell genug sind oder vor dem Betreten der Kisten zögern. Ich denke gerade darüber nach, ob sie noch Zeit hatten, die Todesangst zu spüren, oder ob die Patronen sie bereits vor diesem so gewaltigen Gefühl zerfetzen konnten.

Die Kiste ist zu, es ist dunkel, und meine Kiste poltert auf ihrem Weg in diese Unterwelt. Ich versuche die Kontrolle zu behalten, und doch bin ich mir bewusst darüber, dass ich keine Kontrolle mehr über meine Situation haben kann. Irgendjemand ruft mir noch zu, dass wir eingefroren werden sollen, wenn wir die Position unten erreicht haben. Ich überlege mir noch, ob ich nun vorher ersticke oder ob das Einfrieren den Tod bringen wird. Warum wollen die uns einfrieren? Ist das ein medizinischer Versuch? Will man uns irgendwann wieder auftauen?

Mein Puls rast, und ich glaube, die Temperatur in der Kiste steigt. Wie soll ich denn die Position meiner Kiste verändern, wenn ich da unten bin? Wie sollen wir denn diesen Buchstaben H bilden, wenn wir in den Kisten liegen? Können wir die Position der Kisten beeinflussen? Ich versuche darüber nachzudenken, welche Position meiner Kiste wohl die beste wäre, um dort irgendwann wieder hinauszukommen. Ich sollte aufpassen, denke ich, dass ich nicht eine andere Kiste über mir zu liegen bekomme, und ich sollte außen liegen, damit ich mich später leichter aus dem Gewühl der tausenden von Kisten entfernen kann.

Welches »Später«? Wenn wir alle eingefroren sind, wird sich hier keiner mehr bewegen können. Außerdem wird die Luft immer knapper, ich werde hier ersticken! Eigentlich ist es egal, wo sich meine Kiste befindet, aber ich will mich noch nicht mit dem Gedanken anfreunden, dass ich dieser Situation hilflos ausgeliefert bin. Ich suche krampfhaft einen Plan B, und mir wird dennoch immer bewusster, dass es diesen gar nicht gibt. Jetzt ist es wohl doch so weit, der Tod hat gesiegt. So oft bin ich ihm schon von der Schippe gesprungen und jetzt hat er mich direkt vor sich, gefangen in einer Holzkiste. Er holt mich ab und ich kann nichts mehr tun, ich kann weder diese blöde Kiste aufbrechen, noch einen Buchstaben H bilden, noch fliehen. Ich werde ersticken oder eingefroren, ich werde alles lebendig erleben, werde im Todeskampf versuchen, mit meinen Fingernägeln das Holz der Todeskiste von innen zu öffnen. Ich werde mit letzter Energie, mit meinen Fäusten gegen das Holz schlagen und doch spüren, dass ich immer kraftloser werde. Ich werde in dieser blöden Kiste hier sterben.

Und plötzlich liege ich in meinem Bett. Ich trete die Bettdecke nach oben und schleudere sie weg. Ich bin frei! Endlich wieder atmen, keine Kiste um mich herum.

Und schon wieder verfluche ich diese Träume, die so real sind, dass alle Emotionen, alle Ängste so plastisch sind, so greifbar, so mitten in meinem Körper. Ich reagiere in meiner anderen Realität. Es ist verdammt anstrengend und wirkt sich noch Stunden danach aus, oft auf den ganzen Tag. Es ist, als ob der Tod, der mich bisher nicht holen konnte, jetzt maßlos wütend auf mich ist. Er hat mich nicht mitnehmen können, obwohl er es oft genug versucht hat. Jetzt straft er mich damit, dass er mir jeden Tag, an dem ich lebe und solche Nächte durchmachen muss, einen Tag stiehlt. Als wolle er mir sagen: Sieh mal, ich konnte dich nicht holen, aber ich werde dir deine Lebenstage stehlen, bis du zu mir kommst. Er lässt mich jeden Tag ein bisschen sterben.

## Gemeinsam sterben

Mein Freund, wie sind wir in diese Situation gekommen? Ich weiß es nicht, und du weißt es auch nicht. Es ist nicht unser Land, in dem wir sind, wir sind beide hierhin befohlen worden. Nein, es ist nicht der Norden von Afghanistan. Dort sind die Behausungen der

Menschen aus Lehm und Lehmziegel errichtet und fügen sich mit ihrer einheitlichen Schlammfarbe fließend in die ebenso gezeichnete, sandige Umgebung der Landschaft ein. Wir waren beide dort, haben überlebt. Und jetzt?

Mein lieber Freund, wir sind hier umgeben von Häusern aus Beton oder festem Ziegel, und der Verputz ist in grellen Farben bemalt. Also ist es nicht Afghanistan. Aber wir werden hier gemeinsam sterben. Unser Feind schießt mit allem, was er hat. Wir sitzen in der Klemme. Das Haus hinter uns bietet uns ebenso wenig Schutz wie die ehemalige Gartenmauer vor uns, die bereits durch Beschuss stark zerstört ist. Wir kauern an den Resten der Hauswand und suchen Schutz, doch die Mauern wollen uns keinen mehr geben. Sie verschlimmern unsere Situation noch dadurch, dass sie durch die auftreffenden feindlichen Projektile hässliche Splitter und heißen Staub auf uns feuern. Die Lehmhütten in Afghanistan wären weichere Ziele gewesen. Überall fliegen Splitter aus Glas, Beton und Verputz um uns herum.

Der Feind ist nicht zu erkennen. Vor uns erstreckt sich ein flach ansteigendes, offenes Gelände von mehreren hundert Metern. Nirgendwo ist ein Fahrzeug zu sehen, kein Mensch weit und breit. Wir können aber hören, dass sie übermächtig sind. Sie schießen mit *Kalaschnikows,* Panzerfäusten und *Dragunow*-Scharfschützengewehren. Die verschiedenen Kaliber fügen sich beim Aufprall zu einer todbringenden Komposition verschiedener Klänge zusammen. Die kleineren Kaliber klingen fast hell – treffen sie auf Metall, klopfen sie dort mit einem hohen Ton an. Die größeren Kaliber klingen dumpfer. Unser Feind ist nahe bei uns, vielleicht 150 oder 200 Meter entfernt. Sie haben uns in einen Kessel getrieben. Sie sind uns überlegen. Zwischen den Trümmern versuchen unsere Kameraden noch das Unmögliche. Die Splitter von Glas vermischen sich mit unserem Blut, das langsam auf dem trockenen Boden zwischen den abgestorbenen Pflanzenresten seinen Weg sucht. Es kann dort nicht einsickern, dafür ist der Boden zu hart. Es sucht sich langsam seinen Weg und bleibt dann als Pfütze stehen, verdreckt.

Du bist mittlerweile an die kleine Gartenmauer vorgerückt, etwa fünf oder sechs Meter von der Hauswand entfernt. Ein anderer ruft mir zu: Jetzt hat es ihn erwischt! Du hängst gekrümmt über dem Mauerrest. Der Schuss muss dich irgendwo links unten in deinem Körper getroffen haben. Das Blut an deiner Uniform lässt die genaue Trefferlage nur erahnen. Ich weiß, dass wir beide sterben werden und doch kann ich dich da draußen nicht einfach so liegen lassen, mein Freund. Ich krieche zu dir hin und versuche, dich von der Mauer zu ziehen. Nein, so geht das nicht, du bist zu schwer oder ich zu schwach. Ich muss aufstehen, werde somit aber selbst zum Ziel.

Was bringt es jetzt noch, Deckung zu suchen? Hat es einen Zweck, am Leben zu bleiben, zu kämpfen? Sind wir nicht alle schon längst verloren?

Vielleicht hilft uns das Deckungsfeuer unserer Kameraden? Ich stehe mit letzter Kraft auf und packe dich. Es gelingt mir noch, mit dir einige Meter zum Haus zurückzugehen, bevor ich selbst getroffen werde. Wir krachen beide zu Boden. Der Aufprall ist hart, aber den spüren wir schon nicht mehr. Unsere Kraft reicht nicht aus, Schmerzen zu fühlen. Wir sind vollgepumpt mit Adrenalin, so ausgezehrt vom Kampf, dass wir beide nun in aller Ruhe sterben können.

Wir wollten das nicht, wir wollten doch leben. Und als Soldat? Wir hatten große Ziele, glaubten an unseren Einsatz, wollten den Menschen hier helfen und den Terror vertreiben. Und wenn wir schon sterben müssen, dann wollten wir wenigstens vorher gekämpft haben, aber nicht in einer so aussichtslosen Situation einfach abgeschlachtet werden.

Ich bin zufrieden, dass ich dich von der Mauer geholt habe. Die Schreie um uns herum werden leiser, der Lärm der Schusswechsel entfernt sich und taucht ein in einen sanften Nebel des unendlichen Abstandes. Ich spüre meine Arme und Beine nicht mehr, merke, wie sich das Blut zurückzieht, wie die Ohnmacht kommt. Wir sterben gemeinsam, und es ist gut so, dass ich dich dabei in meinen Armen halten kann. Sterbe gut, mein Freund, ich bin bei dir und werde dich begleiten. Für uns ist der Krieg vorbei. Der Frieden hat uns erreicht – für immer!

Ich wache auf. Es war nur ein Traum, nicht real. Aber mein Körper hat tatsächlich gekämpft. Ich bin klatschnass. Kalt klebt mein Schlafanzug an meinem ermatteten, müden Körper, als läge ich noch immer in meiner Blutlache. Mein Bettzeug kann mir keine Wärme geben, ich friere. Wie lange habe ich heute Nacht wieder gekämpft? Wie viel Uhr es wohl ist?

Wieder ist es mitten in der Nacht. Ich mag vielleicht zwei oder drei Stunden geschlafen haben, aber nach so einem Todeskampf sind selbst diese wenigen Stunden Schlaf keine Erholung. Wieder verliere ich einen Tag meines Lebens, den ich zwar lebend verbringe, aber nicht wirklich lebe. Meine Umwelt interessiert mich nicht mehr. Ich weiß, dass mein Kühlschrank leer ist, ich müsste so viel erledigen, aber ich kann nicht, ich kann gar nichts mehr. Ich denke noch, dass in meiner Familie heute ein Geburtstag gefeiert wird – ich müsste zumindest telefonieren –, aber ich ziehe den Telefonstecker aus der Wand. Nicht heute – lasst mich doch alle einfach nur in Ruhe!

Es ist wieder einer dieser kalten Trauma-Tage. Ich sehe mich selbst, außerhalb von mir, kann mich beobachten wie in einem Film. Er läuft langsam, stellenweise kann ich klar denken. Ich sage zu mir selbst, was ich jetzt tun soll, wie ich in den Tag zurückkomme, alles in Zeitlupe. Was ich sehe, ist weit von mir entfernt, was ich höre, ist wie in Watte gefangen, weit weg.

Ich raffe mich auf, ich muss zum Zahnarzt. Ich habe diesen Termin lange hinausgeschoben, mit meinem Zustand entschuldigt, mir nicht eingestanden, dass ich tapferer Mann Angst vor diesem Zahnarztbesuch hatte. Irgendwann aber habe ich endlich in der Praxis angerufen und einen Termin vereinbart. Dort muss ich heute hin – auch nach so einer Nacht. Es ist meine Tagesaufgabe für heute. Da ich vergesslich geworden bin, habe ich mir überall Merkzettel mit diesem Termin gemacht. In meiner Küche, auf meinem Kalender, am Bildschirm meines Computers – überall kleben diese gelben Zettel mit dem Zahnarzttermin für heute.

Ich bin froh, als ich endlich in der Praxis ankomme. Ja, ich habe mich leicht verspätet, aber ich bin trotzdem zufrieden mit mir, dass ich es überhaupt geschafft habe. Ich melde mich bei der Zahnarzthelferin an. Sie schaut mich fragend an, wiederholt meinen Namen, blickt in ihre Terminübersicht. Nichts, kein Termin. Aber hallo, ich träume das doch nicht, oder? Ich erkläre ihr noch einmal, dass ich für 11 Uhr einen Termin ausgemacht hatte, dass ich das telefonisch mit ihrer Kollegin vereinbart hatte, dass mein Name dort irgendwo in ihrem Terminkalender stehen muss.

Jetzt wird sie fündig. Ruhig erklärt sie mir, dass der Termin erst in einer Woche ist, ich bin sieben Tage zu früh!

Niedergeschlagen verlasse ich die Zahnarztpraxis. Klar, so etwas kommt vor, auch bei anderen Menschen, die nicht an einer PTBS leiden. Für mich hingegen ist es wieder mal ein Zeichen dafür, dass ich selbst diese Kleinigkeiten des Alltags nicht mehr in den Griff bekomme. Ich weiß, dass ich mich heute mehr konzentrieren muss als sonst. Ich weiß aber auch, dass ich es nicht verhindern kann. Alle diese Kleinigkeiten, die jedem einmal passieren können, geschehen an solchen Tagen fokussiert, hintereinander. Ich gehe aus dem Haus und vergesse den Schlüssel. Ich setze mich auf die Toilette und vergesse, die Hose herunterzuziehen. Ich setze das Wasser auf den Herd und vergesse, ihn anzuschalten. Die Brötchen im Backofen verkohlen, weil ich nicht mehr weiß, dass ich sie dort gerade aufbacke. Ich fahre mit dem Auto nach Hause und biege nicht rechtzeitig ab, ich fahre einfach weiter und wundere mich, warum ich in der nächsten Ortschaft bin.

Ja, ich lebe, das weiß ich, das ist auch gut so. Aber diesen Tag kann ich aus meinem Leben streichen, er findet heute irgendwie ohne mich statt.

## Die Wäscheleine

Ich gehe eine alte Teerstraße entlang, als vor mir auf einmal eine Art Wäscheleine sichtbar wird. Sie ist quer über die Straße gespannt und in einer Höhe angebracht, dass ich bequem darunter hindurch laufen könnte. Das ist mir aber nicht möglich. An dieser Leine hängt keine Wäsche. Die Leine ist voll mit Leichenteilen. Sie tropfen noch ihr verkohltes, dreckiges Blut auf den dunklen Boden dieser alten Teerstraße. Ich denke, das Blut dürfte eigentlich nicht mehr tropfen, denn es ist dafür viel zu dunkel, es ist nicht mehr hellrot. Die abgerissenen Körperteile hängen wohl schon länger hier. Der brüchige Teerboden unterscheidet sich kaum von diesem dreckigen Blut und hat sich in Teilen bereits mit ihm zu Klumpen verbunden.

Ich kann nicht weiter gehen. Wer will mir diesen Weg versperren? Er hätte die Leichenteile auch dort liegen lassen können, wo eine Explosion die Menschen zerrissen hatte. Ich sehe niemanden um mich herum. Wer hat diese schreckliche Tat begangen? Wo bin ich? Sollte hier vielleicht einmal mehr durch diese Grausamkeit eine Volksgruppe von der anderen dazu getrieben werden, das Land zu verlassen? War es wieder einmal Rache oder eine ethnische Säuberung? Mit welchen Worten beschreiben wir diesen Genozid, diese Unmenschlichkeit, diese Brutalität? Was hat eine »Säuberung« mit dem Töten von Menschen zu tun, mit dem Zerfetzen ihrer Körper? Welcher Abschaum von Mensch kann dies anderen Menschen antun?

Ich wundere mich, dass ich nichts rieche, bisher hatte ich immer diesen Gestank in der Nase verspürt, wenn ich Ähnliches gesehen habe, doch dieses Mal nicht. Liegt es daran, dass ich durch meine Raucherei mein Riechorgan schon so demoliert habe, dass ich diesen Gestank von verbranntem und totem Menschenfleisch nicht mehr wahrnehmen kann?

Ich wache auf. Es war ein Traum. Es ist kurz nach vier. Wieder ist eine Nacht für mich vorbei. Ich habe Angst, dass es so bleibt. Noch lange liege ich im Bett, kann weder schlafen noch aufstehen. Ich muss an meinen Traum denken, an die Bilder, die ich träumte, an die Bilder, die ich wach und real sehen musste. Heute kann ich nicht unter die Dusche. Ich fürchte, die Wassertropfen, die an meinem Körper abperlen, werden mich an das tropfende Blut der Leichenteile erinnern, die an der Wäscheleine hingen – Arme und Beine, abgerissen, zerfetzt.

Plötzlich muss ich an das abgerissene Bein meines Kameraden denken. Das war kein Traum, das war bittere Wirklichkeit.

Ich kannte ihn gut. Er war Pilot in einem Luftwaffenverband und ich war sein Personalmanager. Wir hatten uns oft und lange unterhalten – persönlich und vertraulich, wie es sich gehört, wenn man sich als Personalstabsoffizier um »seine« Jungs kümmert. Er und ein weiterer Kamerad sind in ihrem Jet nahe unserem Luftwaffenstützpunkt in Deutschland abgestürzt. Auch den anderen kannte ich gut. Kurz nach dem Start sind sie mit ihrem Kampfbomber in einem Waldstück zerschellt. Sie waren auf der Stelle tot. Auf mehreren hundert Metern waren die Trümmer im Wald verstreut, auch die Überreste meiner Kameraden.

Als ich an die Absturzstelle kam, wusste noch niemand, wie weit das Trümmerfeld abzusperren war, wo welche Wrack- und Leichenteile im Wald lagen. Wir waren Tag und Nacht da draußen. Am zweiten Tag hatte ein Pathologe außerhalb der ursprünglichen Absperrung Leichenteile und Trümmer entdeckt. Als Presseoffizier bin ich zu diesem Zeitpunkt mit den ersten Journalisten und einer Gruppe Soldaten im Wald vor Ort. Mein General steht neben mir. Der Pathologe kommt an uns vorbei. Er hält den abgerissenen Unterschenkel meines Kameraden in der Hand. Den Unterschenkel mit Fuß. Niemand sagt etwas, allen stockt der Atem, dann schauen wir dem Pathologen mit seinem grausigen Fund hinterher.

Das Bild sehe ich heute, gestern, morgen, es hat sich in mir eingebrannt. Er war mein Kamerad, mein Freund.

Das abgerissene Bein hat nicht geblutet. Aber warum haben die Leichenteile an der Wäscheleine vor Blut getropft?

Ich verfluche meine Gedanken. Bilder schießen mir durch den Kopf, vergessen geglaubte Bilder. Alles wirr, schnell, aber real. Die Wäscheleine war ein Traum, aber die Leichenteile, die ich gesehen habe, waren Realität, sind Teil meines Lebens. Ich liege im Bett, habe die Augen geschlossen, friere und schwitze wie im Fieberwahn, und überall sind Leichenteile!

Ich muss an Kundus denken, an den Attentäter, der sich direkt vor dem deutschen Fahrzeug in die Luft gesprengt hat. Scheußlich. Es war der erste Selbstmordanschlag in Kundus, der erste im Norden Afghanistans. Der Selbstmordattentäter in Stücke zerrissen. Der Rumpf hatte sich durch die Wucht der Explosion atomisiert, das linke Bein lag dunkel, staubig, schwarz und grau auf der Straße, direkt darüber sein rechter Arm, hell, er sah nach Mensch aus, am Ende des abgerissenen Ellenbogens blutig, rot. Aber es floss kein Blut, es gab keine Blutlache. Der Boden war staubig, grau, kein Tropfen Blut. Gedärme waren in langen Schnüren auf der Straße verteilt. Als jemand endlich eine Folie über die Leiche des Attentäters legte, konnte er die Darmstränge nicht bedecken. Sie waren zu lang.

Die Wäscheleine meines Traumes aber war voller blutiger Leichenteile. Ich verfluche meine Gedanken, meine Bilder im Kopf.

Ich muss daran denken, dass mir ein Arzt einmal gesagt hat, ich könne nicht mit jedem Toten zusammen sterben. Ich solle mich nicht so anstellen. Ein anderer Mediziner hat mir empfohlen, ich solle in einer Pathologie ein Praktikum machen, damit ich mich daran gewöhne. Wie viele zerfetzte Körper muss ich wohl sehen, um mich daran zu gewöhnen? Muss ich das überhaupt? Bin ich ein Weichei? Bin ich zu schwach, weil ich solche Träume habe? Bin ich kein guter Soldat, weil mich die Bilder des Todes verfolgen?

Wenn der Tod zu mir kam, war ich stark, hatte mich nahezu unter Kontrolle. Ich habe nicht versagt, habe angemessen reagiert, besonnen, um anderen, um mir das Leben zu retten. Es hat geklappt, ich habe funktioniert, ich bin dem Tod entronnen. Aber irgendwann war es zu viel: die Nahtoderlebnisse, die Toten und Verletzten – Zivilisten, Soldaten, meine Freunde.

## Die letzte Zugfahrt

Ich fahre mit der Deutschen Bahn. Die Woche war hart, aber ich habe einen wichtigen Termin und bin froh, dass ich mich aufgerafft habe. Wie immer war es schwierig für mich. Obgleich ich diese Zugfahrt geplant hatte, gelang es mir nicht, rechtzeitig mit einem Ticket am Bahnsteig zu stehen und auf den einfahrenden Zug zu warten. Alles lief mal wieder schief, ich war viel zu spät. Fünf Minuten vor Einfahrt des Zuges stehe ich am Schalter und will mein Ticket kaufen. Aber nein, der Mann hinter der Glasscheibe bedauert sehr, er kann mir kein Ticket ausgeben, weil sein Computer gerade keine Verbindung zum Zentralserver aufbauen kann. Noch drei Minuten! Er zeigt mir einen Automaten in der Bahnhofshalle, dort solle ich ein »Anfahrticket« für 10 Euro kaufen, dann im Zug den Rest mit dem Zugbegleitpersonal klären. Noch zwei Minuten. Der Automat führt mich langsam und unverständlich durch das Bedienmenü, mir rennt die Zeit davon. Der Zug fährt ein, der Automat hat das Ticket noch nicht ausgespuckt. In letzter Sekunde springe ich auf den Zug auf – das war knapp. Ich fühle mich gerädert, noch bevor meine Reise begonnen hat.

Stunden später fahre ich in Stuttgart ein. Ich bin müde, fühle mich schlapp. Aus dem langsam fahrenden Zug betrachte ich die riesige Baustelle für den neuen Bahnhof in Stuttgart. Ich habe von dem Projekt gehört, »Stuttgart 21« heißt es und soll einen neuen Bahnhof unter die Stadt verlegen. Ich stehe bereits im Gang des Waggons, wir werden gleich aussteigen können. Die Fahrt über die Gleise und Weichen wird immer ruppiger. Wir fahren zwar sehr langsam, aber die Erschütterungen sind deutlich zu spüren, die Räder des Waggons knallen laut in den Weichen. Ob es daran liegt, dass während der Bauzeit die Züge über Notschienen fahren müssen oder ist das hier normal, denke ich noch, da gibt es einen heftigen Schlag. Der ganze Zug wird nach links gedrückt, zurück in irgendeine Spur. Er vibriert stöhnend dumpf, metallische Geräusche sind hell. Ich werde stehend im Gang hin und her geschüttelt. Für mich ist in diesem Augenblick die Zugfahrt zu Ende.

Der schlagartige Ruck mag nur eine Sekunde gedauert haben, aber ich bin dadurch wie durch den Beamer eines Raumschiffs zurück nach Afghanistan transportiert worden, vielmehr teleportiert. Ich trage meine Uniform, bin gerade in einem Dingo, dem geschützten Transportfahrzeug der Bundeswehr. Es ist ähnlich eng, wie in dem Zug, der ohne mich weiterrumpelt. Ich bin gerade angesprengt worden, von rechts, so wie damals, vor meinem Feuergefecht. Ich sehe wieder den Feuerball, durch den wir gefahren sind, bevor der Schusswechsel begann. Ich muss jetzt handeln. Ich registriere noch, dass vor mir Menschen im Gang stehen, aber ich selbst bin hier im Krieg. Ich muss sie schützen, draußen werden sie sterben, im Kugelhagel untergehen. Ich muss sie am Aussteigen hindern. Oder soll ich den Zug auf der Stelle stoppen, damit wir nicht in die Falle fahren?

Zug oder Dingo, Stuttgart oder Afghanistan, Anschlag oder nicht? Alles verschwimmt, aber ich schaffe es irgendwie, da rauszukommen, ohne die Menschen daran zu hindern, auszusteigen. Ich kann sogar selbst den Zug verlassen. Ich kenne das ja: Es ist ein heißer Trauma-Tag, es wird irgendwann wieder besser, ich werde mich beruhigen.

Direkt gegenüber eine Sitzbank. Ich komme keinen Schritt weiter. Hinsetzen, nachdenken, runterfahren. *Cool down*, sage ich mir. Die Zigarette hilft. Ich sortiere mich, die Hände fangen an zu zittern. Ich höre jemanden sagen, dass hier kein Raucherbereich sei, aber ich reagiere nicht. Ich blicke durch ihn durch. Wenn er wüsste, wo ich gerade bin und wie scheißegal mir das jetzt ist, wo ich hier rauche!

Ich erschrecke vor mir selbst. Wie tief bin ich gesunken? Wer bin ich und zu was bin ich fähig? Was passiert das nächste Mal, wenn ich mich nicht schnell sortiert bekomme? Wäre ich in der Lage, Gäste eines Zuges, die aussteigen wollen, gewaltsam daran zu hindern, weil ich denke, ich müsste sie vor dem Feindfeuer da draußen beschützen? Wie weit war ich gerade eben davon entfernt? Wie viel hat noch gefehlt, dass ich die Notbremse des Zuges gezogen hätte? Bin ich gefährlich geworden? Wenn der Typ, der mich wegen der Zigarette angesprochen hatte, nicht weitergegangen wäre, was dann? Was wäre passiert, wenn ich nicht durch ihn hindurchgeschaut hätte, wenn ich nicht ruhig geblieben wäre? Was hätte ich wohl als Soldat mit ihm gemacht, völlig zugedröhnt mit Adrenalin und mitten im Krieg auf dem Stuttgarter Bahnhof? Bin ich ein unberechenbares Monster geworden, unfähig, in dieser Gesellschaft meinen Platz einzunehmen? Wo sind meine Werte, meine Ideale, meine Vernunft? Muss ich mich selbst wegschließen, damit so etwas nicht passiert?

Ich weiß nicht mehr, wie lange ich dort im Bahnhof in Stuttgart gesessen habe. Ich weiß auch nicht, wie ich meine Fahrt fortgesetzt habe. Ich weiß nur, dass ich seitdem nie wieder in einem Zug gefahren bin – es geht nicht mehr. Ich möchte so etwas nicht noch einmal erleben, muss mich und andere vor mir schützen.

## Träume?

Wenn ich mich allmählich aus den klebrig anhaftenden Tentakeln eines Traums befreit habe und die Nacht für mich endgültig gestorben ist, versuche ich zu schreiben. Es gelingt mir nicht immer, es kostet Kraft, mitten in der Nacht aufzustehen, den PC anzuwerfen, ein neues Dokument zu öffnen, die Helligkeit des Bildschirms auszuhalten, die Tastatur zu bedienen. Und es kostet Mut, meinen Traum noch einmal durch mich hindurch und aus mir heraus in die Tasten fließen zu lassen. Eigentlich weiß ich auch nicht, warum ich das tue. Kein Psychologe hat mich dazu angehalten, es lenkt mich nicht ab, es befreit mich nicht, ich will nichts dokumentieren, nichts beweisen. Ich tue es einfach. Es tut weh. Aber es fließt. Ich muss nicht nach Worten suchen, um den Traum an seidenen Fäden zu mir zu ziehen. Er ist da. Brutal. Eindeutig. Schmerzhaft. Er transformiert sich selbst in Worte.

Nein, eigentlich habe ich keine Träume. Ich nenne sie nur so, weil ich kein anderes Wort dafür finde. Es ist eher ein Zustand.

Sie kommen nicht jede Nacht. Es gibt Phasen, da schlafe ich anscheinend ganz normal. Dann plötzlich – wie in einem Null-Zeit-Null-Raum-Kanal – bin ich in meiner anderen, überrealen Wirklichkeit. Hier bin ich mit dem ganzen Körper, mit allen Sinnen, Kräften, Ängsten; gleichzeitig bin ich Beobachter, Soldat, Retter, Kamerad, Verfolgter, Sterbender. Ich nehme wahr, ich beobachte, plane, reflektiere – ganz der rationale Kopfmensch, auch im Traum. Gleichzeitig sind alle meine Sinneswahrnehmungen schmerzhaft in ihrer Intensität, vibrierend wie frisch sezierte Nervenzellen. Höchst selten gebiert der Kopf friedliche Bilder. Die meisten spielen nur alle möglichen Varianten des erlebten Grauens durch. Undurchsichtige und nicht begreifbare chemische Prozesse im Gehirn produzieren immer neue Szenen, dramatische, traurige, panikbesetzte. Ein Todestheater in unendlich vielen Akten. Der gepeinigte Akteur will aus dem Stück aussteigen, einen eisernen Vorhang zwischen sich und den kranken Spiel fallen lassen. Er hat nur Flucht im Sinn. Aber der Tod führt erbarmungslos Regie im Kopf.

Manchmal, wenn meine Kraft es erlaubt und ich an meine ehemaligen Kameraden denke, an andere Afghanistanveteranen und die vergessenen Kameraden aus all den Einsätzen, frage ich mich, ob es ihnen ähnlich ergeht. Ob auch sie diese Bilder im Kopf haben, diese Träume erleben, das Grauen in der Nacht, dieses Zittern in Händen und Herzmuskel spüren. Mich interessiert, ob auch sie so oft das Morgengrauen sehen, wenn sie nachts in der Wohnung gegen ihre Schlaflosigkeit anrennen, und ob auch sie dann darüber nachdenken, warum es *Morgengrauen* heißt. Ob sie versuchen, ihnen nahestehenden Menschen oder flüchtigen Bekannten davon zu erzählen, und ob sie, wie ich, umgehend davon wieder ablassen? Wir spüren, dass uns kaum jemand folgen kann, dass kein anderer wirklich verstehen kann, wovon wir reden. Sie schrecken vor uns zurück, weil sie nicht wissen, wie sie mit uns umgehen sollen.

Uns geht es wie den Überlebenden des Zweiten Weltkriegs: »Die es erlebt hatten, mussten nicht mehr darüber reden. Die wussten, was geschehen war. Die es nicht erlebt hatten, glaubten einem nicht.«[3] Und so schweigen auch wir. Nicht gemeinsam, sondern jeder für sich, jeder allein. Wir leben hinter Panzerglas. Wir sind sichtbar, aber nicht spürbar, wir sind unerreichbar für unsere Außenwelt. Merkwürdig: Wir sehen uns selbst auch gleichzeitig von außen und können uns dabei nicht einmal selbst berühren.

Der Kampf geht unablässig weiter – im Traum und im Wachzustand, der unser Leben sein soll und der sich wie Watte erstickend um unsere Köpfe klebt oder sich wie der Tod passgenau auf unsere blutende Haut heftet. Ich weiß, diese Watte-Tod-Bilder passen irgendwie nicht. Aber genau das Schräge und Unzusammenhängende, das Irre und Beängstigende schraubt sich aus irgendwelchen Abgründen des Gehirns ins Bewusstsein hoch und hinterlässt schleimig-leuchtende Spuren von Bildern. Sie lassen sich nie mehr vollständig tilgen.

In guten Momenten muss ich ein bisschen lächeln über die ungelenken und auch pathetischen Worte, mit denen ich versuche, meine inneren Dramen nach außen zu wenden – und dann auch noch in vollem Bewusstsein niederschreibe. Ich will aber nicht an meinen fauligen Bildern im Kopf verrecken. Ich will nicht schweigen.

## Kontakte

Wenn ich Kameraden treffe, die auch an PTBS erkrankt sind, reden wir natürlich nicht in dieser Schriftsprache über unsere inneren Verrücktheiten. Das braucht es auch nicht, das wäre eher peinlich. Es reicht vollkommen, dass wir voneinander *wissen* und unsere Eigenheiten akzeptieren – die Privathölle des anderen braucht man nicht auch noch. Und trotzdem: Ganz selbstverständlich gehe ich davon aus, dass jeder von uns ziemlich ähnlich tickt. Tag und Nacht.

Doch PTBS tickt bei jedem anders. Wirklich bei *jedem*.

Vieles von dem, was sich in den Köpfen abspielt, findet nie den Weg nach außen, nie den Weg in die Ohren eines Gesprächspartners. Die inneren Schutzblockaden, die Angst davor, durch laut Ausgesprochenes das innere Grauen freizulassen, sind mächtig. Wo doch selbst ein flüchtiger falscher Gedanke schon einen *flashback* auslösen kann. Und dennoch – es gibt Konstellationen und Momente, in denen es mit dem Gegenüber einfach stimmt. Die allgegenwärtige Angst vor den Dämonen zieht sich in tiefere Gehirnregionen zurück und lässt ein Stück weit zu, dass sich Bilder zu Worten und Erlebtes zu Geschichten formen.

Jeder von uns teilt sich anders mit – in Sätzen, Gesten, Körpersprache. Der eine spricht abgehackt, mit versteinerter Miene, im Stenogrammstil, den Körper kantig auf den Stuhl gepresst, die Hände ineinandergeschraubt. Einzige Bewegung: eine unablässig klopfende Ferse oder ein Wanderzittern im Arm.

Einen anderen treibt es um während seines schubartigen Monologs. Das Zimmer schrumpft, wird zu klein für den Bewegungszwang. Unsichtbare, dunkle Energien überfüllen den Raum. Eine latente Aggression knapp unter der Haut lässt jedes Gespräch zum Drahtseilakt werden. Worte verselbstständigen sich, Worte können zuschlagen, Worte können zerstören. Ungewollt.

Wieder ein anderer hat das Fokussieren verlernt. Seine Augen sind auf autistischer Innenschau, obwohl sie sich nach direktem Blickkontakt verzehren. Wohin auch immer sein Blick geht – er ist gezwungen, unablässig nur sich selbst zu sehen, sich selbst zu beobachten bei Handlungen und Ereignissen, die er *nie wieder* sehen möchte. Ein Strafgefangener seiner privaten Horror-Realityshow – der sich für seinen Kopf nichts verzweifelter wünscht, als ein einfach zu bedienendes und funktionierendes Druckablassventil. Und trotzdem spricht er. Manchmal.

Für Zuhörer, für Gesprächspartner ist das nicht einfach. Vor allem, wenn man als Ehefrau, Eltern oder Freund den Menschen aus der Zeit vor seiner Seelenverletzung kennt. Irritation, Befremden, Entfremdung, auch Totalverweigerung gegenüber seiner tiefgreifenden Wesensveränderung verursachen Verwerfungen in Familien, bei Freunden. Aus eigener Kraft kann der PTBS-Erkrankte kaum verlässlich zu einem entspannten Umgang beitragen. Sein Gegenüber braucht Geduld, Zuneigung und ein offenes Herz, das stark genug ist, diese Gefühlsauswürfe und Gefühlsvereisungen anzunehmen und dann selbst zu verarbeiten. Die grausamen späten Folgen einer Seelenverletzung ziehen weite Kreise.

**Einer von uns**

Peter H. ist einer der PTBS-Betroffenen, der permanent unter Strom steht, Tag und Nacht, rund um die Uhr. Früher, vor dem Busattentat im Juni 2003 in Kabul, da war er ein ganz anderer Mensch. Groß, stark, vital, humorvoll. Nun springt ihm latente Aggressivität aus jeder Pore. Und er hasst sich dafür. Weil er sich selbst ausgeliefert ist. Er *will* normal, heiter und gelassen sein, aber es kostet ihn verdammt viel Anstrengung, für sein Gegenüber ein paar Stunden oder Minuten seine frühere Identität zu rekonstruieren und seine verlorene Persönlichkeit zu spielen.

Peter H. war als Reservist dreimal für die Bundeswehr im Ausland: 1993 in Somalia, später in Bosnien-Herzegowina, dann 2003 als Hauptfeldwebel in Afghanistan.

Als das mit 150 Kilo Sprengstoff beladene gelbe Taxi des Attentäters in den voll besetzten Mannschaftsbus der Bundeswehr raste und explodierte, blieb Peter H. unverletzt. 29 Soldaten wurden schwer verletzt, vier wurden getötet. Als Konvoiführer hatte er mit seinem Geländewagen Wolf als erstes Fahrzeug die kleine Kolonne vom Camp Warehouse Richtung Flughafen geleitet. Dann aus dem Nichts die gewaltige Detonation, Druckwellen, gellende Schreie. Sein Körper, seine Reflexe funktionierten schlagartig. Ohne zu wissen, was in diesen Sekunden passiert war – der Bus war als aufgerissenes Gerippe hundert Meter ins Feld geschleudert, schreiende, blutende Kameraden, Körper ohne Kopf, abgerissene Gliedmaßen –, leistete er Erste Hilfe, 45 endlose Minuten lang, bis endlich Hilfe aus dem deutschen Lager anrücken durfte. Staub, 40 Grad, kein Schatten, Millionen Mücken und der hitzige Gestank von stockendem, klumpigem Blut. Wie durch einen One-way-Tunnel fraßen sich die Wahrnehmungen aller Sinne in die Festplatte seines Gehirns – und sind bis heute nicht zu löschen. Durch die Explosion hörten seine Ohren nicht mehr, und dennoch drangen die Schreie der Verletzten gewaltsam in ihn ein. Der Geruch des Blutes beschichtete die Nasenschleimhäute, seine Augen und Hände mussten zuckende und leblose Leiber erfassen, sein Mund schmeckte den rauen Staub des Todes. Sinnesorgane sind Meister der Speicherung im Gehirn.

Auch von seiner »Schuld« kommt Peter H. nicht los. Dort, wo sich auf den Straßen in und um Kabul jeden Tag schon vor Sonnenaufgang Menschen, Tiere, Fahrzeuge drängen – an diesem einen Samstagmorgen war alles leer. Das hätte ihm zu denken geben müssen: Wurden die Menschen vor einem Attentat gewarnt und hatten Schutz in Häusern gesucht? Hätte er, als Führer des Konvois, die Möglichkeit eines Anschlags in Betracht ziehen und den Transport der Soldaten aus Sicherheitsgründen abblasen müssen? Seit sieben Jahren ist nur er sein eigener Ankläger, Beschuldigter, Richter, Vollzugsbeamter und Todeskandidat.

Einen Monat lang tat er weiter seinen Dienst in Kabul, schlaflos, mit blanken Nerven und schwerem Tinnitus in beiden Ohren und zunehmend gefährlich mit seiner Waffe, auch für seine Kameraden. Dann konnte er nicht mehr. Er wurde nach Deutschland ausgeflogen. Seine Behandlungen in der Psychiatrie der Bundeswehrkrankenhäuser halfen ihm nur tageweise, nicht dauerhaft. Das Sanitätswesen lud den gelernten Betriebswirt und Informatiker zu einem »Bewerbungsgespräch« ein – abgelehnt, da er die bundeswehrspezifische Software nicht beherrsche, was durch seine Papiere bereits bekannt gewesen war. Peter H. musste für seine Spesen trotzdem selbst aufkommen. Danach die Vermittlung eines Arbeitsplatzes in der Wehrbereichsverwaltung – da gab es aber aus

»organisatorischen Gründen« keine Arbeitsplatzbeschreibung. Dann war er bald nicht mehr Reservist. Der Bundeswehr fehlte dieser »Psychokranke« nicht.

Peter H. gab sich trotzdem nicht auf. Er besuchte Fach- und Rehakliniken und nahm immer wieder an Therapien teil. Aber die posttraumatische Belastungsstörung hatte ihn bereits stählern im Griff. Er wurde herumgereicht. Einige der zahllosen Ärzte, die er aufsuchte, behandelten ihn wie ein Versuchsobjekt: PTBS? Nie gehört. Wir können ja mal das oder das probieren. Im Gruppenstuhlkreis traf er auf Ehefrauen, die Fragen ausdiskutierten, ob sie lesbisch seien oder nicht. Das war nicht Peter H.s Welt, er hatte ganz andere, überlebenswichtige Probleme. Vor einer Ärztin musste er mit anderen Kranken immer in einer Reihe anstehen und die Tabletten vor ihren Augen schlucken, wie im Kindergarten, sagt er. Dabei wünscht er sich nur eine einzige Tablette, eine, die seine Dämonen wegdrückt und auslöscht, für immer – und ihm seine Persönlichkeit, seine Abenteuerlust und seinen Lebensmut zurückgibt.

Alles wäre zu ertragen für Peter H. – sein Abrutschen in Armut, der Hunger, die Trennung von Frau und Kind, Konzentrationsschwäche, Arbeitslosigkeit, der Tod seiner Eltern, seine wahnsinnige Ruhelosigkeit – wenn da nur nicht die Folter der Schlaflosigkeit wäre. Tagsüber hat er sich arrangiert mit seinen *flashbacks*. Er hat gelernt, nach Möglichkeit dem auszuweichen, was ihn von einer Sekunde zur anderen in die Welt seines inneren Horrors wirft. Er meidet Fernseher, Kino, Menschen, weil er weiß, welches Aggressionspotenzial in ihm lauert, das bei Nichtigkeiten ausbrechen kann. Er hasst sich dafür, ebenso dafür, dass jeder Angst- oder Wutanfall den Schweiß in Strömen aus seinem Körper presst und ihm minutenlang seine Muskeln im Krampf so verhärtet, dass er Mund, Zunge und Kehle nicht mehr bewegen und kein Wort herauswürgen kann.

Für anderes ist er dankbar: dass er sein Kind ab und an sehen kann und dass er eine Freundin hat, die mit ihm sein neues Leben

teilt, ihn mit seinen Absonderlichkeiten und Unberechenbar-
keiten aushält, ihn trotzdem und gerade deshalb liebt. Tagsüber,
wenn sie arbeiten geht, macht Peter H. den Haushalt. Donnerstags
und freitags ist Großputztag. Ordnung und Sauberkeit in Haus
und Garten geben ihm Ruhe. Wenn sie aus dem Schichtdienst
kommt, dann kocht er. Für sich alleine braucht er das nicht. Tagsüber verschwindet er gern in den Wäldern, wo er alleine ist, wo er
einen geheimen Platz gefunden hat, der ihm gute Schwingungen
gibt. Einzige Bedingung seiner Freundin: Er muss über sein Handy
erreichbar bleiben.

Sie ist auch da für ihn in den Nächten – dann, wenn er sich nicht
traut, die Augen zu schließen, und er ihre Nähe bräuchte. Aber die
Schlaflosigkeit treibt ihn um. Stundenlang und zwanghaft läuft
er im Haus umher, raucht eine nach der anderen (aus Selbstkon-
trolle erst ab 18 Uhr), trinkt (auch erst spät, dann aber richtig) bis
zu drei Flaschen Rotwein. Oberflächenbetäubung, mehr ist das
nicht.

Manchmal muss er seiner Angst einzuschlafen nachgeben. Im
Halbschlaf ergreift ihn rasende Unruhe, er schlägt um sich, bis
die Stimme der Freundin ihn erreicht und zurückholt – zurück in
seine Schlaflosigkeit. Es gibt keine Alternative. Manchmal ist er
am frühen Morgen durch hammerharte Medikamente zwei oder
drei Stunden lang wie weggebeamt. Bewegungslos, bleischwer,
traumlos. Wenn er diesen »Schlaf« nicht bekommen würde, wäre
er sicher schon tot. Die Tabletten verschreibt ihm sein Haus-
arzt – pro Monat eine bestimmte Ration, die er in Eigenmedikation
selbst einteilen muss durch Hinauszögern oder Halbieren. So ist
die Suchtgefahr etwas geringer. Für Peter H. ist das ein Fortschritt,
er kann Selbstverantwortung übernehmen für das, was andere
Schlaf nennen.

Träumt er vom Busattentat? Peter H. zuckt zurück. An seine
Träume darf niemand rühren, auch er nicht, sonst ist er sofort wieder mittendrin. Eine Umschreibung muss genügen: Man soll sich
den brutalsten, ekelhaftesten, grausigsten US-amerikanischen

Horrorschocker vorstellen – der sei nur ein heiterer Walt-Disney-Zeichentrickfilm im Vergleich zu seinen Albträumen.

## Mit Elektroschocks gegen Kriegsneurotiker – der lange Marsch von PTBS durch die medizinische Lehre

Seit Urzeiten werden Kriege geführt – und ebenso lange erleiden Soldaten Kriegsverwundungen.[4] War das Kampfgetümmel abgeklungen und hatten sich die Gegner siegreich oder geschlagen vom Feld zurückgezogen, begann auf beiden Seiten das große Zählen. Menschliche Verluste in drei Kategorien: Tote, Schwerverletzte, Leichtverletzte. Die einen mussten begraben, die anderen ärztlich versorgt werden. Die Zeit drängte, der nächste Kampf war gewiss.

Doch da blieben immer einige übrig, die nirgendwohin passten. Dem Augenschein nach waren sie unversehrt. Aber welch mysteriöse Verhaltensweisen legten sie an den Tag! Männer, die sich irgendwie unmännlich verhielten, eisern Löcher in die Luft starrten, grundlos in Panik verfielen, wie kleine Kinder weinten beim Anblick abgeschlagener Köpfe, nicht mehr Herr über ihre Körper und Sinne schienen. Offensichtlich hatte ein böser Geist oder gar der Teufel von ihnen Besitz ergriffen. Das waren gefährliche Narren, die auf dem Schlachtfeld nichts mehr zu suchen hatten – ab zu den Weibern, Kindern, Greisen. Geistige Erkrankung durch schockierende Kriegserlebnisse? In der Militärgeschichte ist über traumatisierte Soldaten nichts verzeichnet. Keine Zahl, kaum eine Beschreibung belegt ihr Schattendasein.

### Die Geburtsstunde der PTBS in der Medizin und der Erste Weltkrieg

Erst gegen Ende des 19. Jahrhunderts begann die noch junge Wissenschaft der Psychiatrie Patienten mit geistig-seelischen Erkrankungen intensiver zu studieren. Als 1914 der Erste Weltkrieg

ausbrach, war das Phänomen einer schweren psychischen Er-
schütterung in Fachkreisen zwar bekannt, aber Ärzteschaft und
Militär sahen keine Veranlassung, sich auf mehr vorzubereiten
als auf die normalen Körperverwundungen bei Soldaten infolge
von Kriegshandlungen. Doch schon in den ersten Kriegsmona-
ten konnten dann auch Militärärzte nicht mehr übersehen, was
die Schlachtfelder ausspuckten: einen rapide zunehmenden
Strom von Soldaten, die nicht mehr kampftauglich waren. Die
militärische Therapieorder: Geraderücken und zurück an die
Front!

Erst sechzig Jahre, drei Kriege und eine unnennbare Zahl
kriegstraumatisierter Soldaten später – gegen Ende des Vietnamkriegs Mitte der siebziger Jahre – war die Masse der psychisch erkrankten US-Veteranen in der Lage, auf die Spätfolgen ihrer nicht
therapierten Kriegstraumata öffentlich aufmerksam zu machen
und auf Politik und Gesellschaft Druck auszuüben. In großen
medizinisch-psychologischen Studien wurde endlich auch der
wissenschaftliche Beweis für den unmittelbaren Zusammenhang
zwischen traumatisierenden Erlebnissen und ihren langfristigen
psychischen Folgeschäden erbracht.

Dabei hatte der Humanist Erasmus von Rotterdam (1465–1536)
schon im 16. Jahrhundert die mögliche Ursache für diese Seelen-
krankheit erkannt. In einem Essay von 1508 »Dulce bellum in-
expertis« (»Verlockend ist der Krieg für den, der ihn noch nicht am
eigenen Leib erfahren hat«)[5] prangerte er die schrecklichen Folgen
eines Kriegs an: Es seien die »andauernden Kriege«, die zu »fatalen
Geisteskrankheiten« (*dementia*) führten. Mit seiner pazifistischen
Hauptschrift von 1517 »Klage des Friedens«[6], die er anlässlich einer
geplanten, aber nicht abgehaltenen Friedenskonferenz allen Herr-
scherhäusern Europas hatte zukommen lassen, konnte aber kein
einziger Krieg verhindert werden. Kaiser, Könige, Fürsten, und
Kriegsherren aller Art ließen weitere 400 Jahre ihre Heerscharen
für eigenen Macht-, Land- und Geldgewinn unerbittlich aufeinan-
derprallen. In wilder Raserei und wahnsinnigem Tumult wurde

erstochen, geköpft, geschlachtet, aufgeknüpft, erschossen – und gelitten.

Die körperlich Verwundeten mit abgetrennten Gliedmaßen, Verbrennungen und Schusswunden schleppte man vom Schlachtfeld zu den Feldlazaretten, in denen sie von Wundarztchirurgen in archaisch anmutenden Operationen möglichst schnell wieder kampffähig zusammengeflickt wurden. Die Soldaten, die äußerlich unverletzt geblieben, durch ihr Entsetzen über das bestialische Morden und Sterben aber dem Irrsinn verfallen waren, wurden von Militär und Gesellschaft umgehend ausgemustert. Man sperrte sie in ihre nächste Hölle, in die schon damals berüchtigten Anstalten für Geisteskranke.

Erst gegen Ende des 19. Jahrhunderts entwickelten Ärzte erste medizinische Ansätze zur Diagnose und Behandlung seelischer Erkrankungen, die nicht länger als von »teuflischer Natur«, vielmehr als gestörte Funktionen des Gehirns erkannt wurden. So prägte beispielsweise der deutsche Psychiater Emil Kraepelin (1856–1926) im Jahr 1899 den Begriff der »Schreckneurose«[7]. Von Kraepelin stammen die Grundlagen des heutigen Systems zur Klassifizierung psychischer Störungen.

Schon kurz nach Beginn des Ersten Weltkriegs (1914–1918) traten massenhaft psychische Erkrankungen unter den Kriegsfreiwilligen der deutschen Reichswehr auf. Die anfängliche Siegeseuphorie der jungen Soldaten zerfiel angesichts der Zerstörungskraft moderner Waffen in blankes Entsetzen und Todesangst. »Granateinschläge in nächster Nähe und Verschüttungen hinterließen zitternde, ihre Glieder schüttelnde Gestalten. [...] Nach langen, zermürbenden und nervenzerrüttenden Monaten an der Front genügten oft geringe schreckauslösende Momente, um schwerste psychische Symptome auszulösen.«[8] In England sprach man von »shell shock« oder »bomb shell disease«,[9] in Deutschland von »Kriegsneurose« oder dem »Kriegszittern«.

Die Neuropsychiatrie war nicht vorbereitet auf die ungeheure Menge von »Kriegsneurotikern«. Die militärische Führung ver-

mutete »Simulanten« und »Ansteckungsgefahr« und befürchtete
gar eine Destabilisierung der Front. Der Befehl von oben nach
scharfem Vorgehen gegen die »willensschwachen Drückeberger«
wurde daher gerne befolgt. Kranke Soldaten passten nicht in das
Weltbild vom unerschrockenen, aufrechten deutschen Soldaten.
Bis zum letzten Atemzug sollten sie auf dem Schlachtfeld ihrem
Vaterland dienend kämpfen. Aber diese Soldaten verfielen in
Weinkrämpfe, in völlige Körperstarre oder konnten wegen ihres
unkontrollierten Zitterns am ganzen Leib weder Essbesteck noch
Gewehr halten. Die Ärzte therapierten die Soldaten mit äußerst
brutalen Behandlungsmethoden. Sigmund Freud verglich die Psychiater mit »Maschinengewehren hinter der Front«[10]. Diese Folter-
knechte im Arztkittel hatten nur ein therapeutisches Ziel: keine
Heilung zum Wohle des Patienten, sondern deren schnellstmögli-
che Einsatzweiterverwendung an der Front.

Ihre völlige Identifikation mit dem Zwangssystem des Kaiser-
reichs und dessen brutalen Zurichtungs- und Uniformierungs-
methoden ließen die Nervenärzte vor keiner Grausamkeit
zurückschrecken: Ob Eiswasserschock- oder Elektrosuggestivbe-
handlungen, Zwangs- oder Gewaltexerzieren –, sie ließen von
ihren Opfern nicht eher ab, bis diese den drohenden Tod im Schüt-
zengraben als kleineres Übel herbeisehnten und »freiwillig« an
die Front zurückkehren wollten – oder noch im Behandlungszim-
mer an den Elektroden angeschlossen kurz vor dem Abtransport
starben. Besonders Behandlungsresistente konnten auch vor ein
Kriegsgericht gestellt und erschossen werden.

Nach dem Ersten Weltkrieg war die Zahl der »geistesgestör-
ten« Kriegsheimkehrer aller beteiligten Nationen, nicht nur der
deutschen, größer als die der »normal« Verwundeten. Im Grunde
hatten diese Soldaten auf die unermessliche Gewalt im Menschen-
schlachthaus menschlich reagiert – mit einem Trauma. Wahnsin-
nig waren eher die Militärpsychiater gewesen.[11]

Kaum weniger fragwürdig zeigten sich die Analytiker aus der
Schule Sigmund Freuds: Sie erklärten den Zusammenbruch der

Männer an der Front mit deren unbewältigten sexuellen Problemen. Eine latente Homosexualität hätte zur Unfähigkeit ihrer Erfüllung der männlichen Pflicht im Felde geführt.[12]

Nach Kriegsende standen sich die »Kriegsneurotiker« und ihre »Therapeuten« voller Hass gegenüber.[13] Die Foltermethoden hatten ihren Zweck verfehlt, die Kriegstauglichkeit der Soldaten wiederherzustellen. Die Standesfunktionäre und die Sprecher der Neuropsychiatrie sahen sich in den revolutionären Bewegungen 1918/1919 zwar massiver Kritik ausgesetzt, gaben sich kurzzeitig irritiert – und gingen umgehend wieder in die Offensive: Nun bekämpften sie mit allen Mitteln und mit überwiegendem Erfolg die Rentenansprüche der »Kriegsneurotiker« und widmeten sich mit Elan dem boomenden Forschungsgebiet der »Rassenhygiene« und der Sterilisation »Erbkranker«.[14]

Und die psychisch erkrankten und nicht zu Tode therapierten Kriegsheimkehrer? Sie hatten keine Lobby, erhielten keine Kriegsopferrenten und blieben stumm. Das anhaltende Grauen in ihren Köpfen interessierte niemanden.

Der Krieg war verloren, ihre Seelen auch.

## Neue Kriege und ein altes Leid – PTBS im und nach dem Zweiten Weltkrieg

Das Grauen aber kehrte zurück, als im Zweiten Weltkrieg die Traumatisierung die Soldaten wieder traf – wie jetzt auch die Zivilbevölkerung. Für die Soldaten hatten sich die Vertreter der deutschen Psychiatrie schon Jahre zuvor in Erwartung eines neuen Kriegs gegen ein ähnliches Desaster wie im Ersten Weltkrieg gewappnet und schon frühzeitig ihre alten Therapiepläne überarbeitet: kürzere »Therapie«-Dauer und frontnahe Behandlung. Das klang harmlos, erwies sich in den späteren Kriegsjahren jedoch als ebenso fatal für die psychisch erkrankten Wehrmachtssoldaten. Doch diesmal betrieb man auch Prophylaxe: Durch »Psychopathenauskämmungen« wurden ab Mitte der dreißiger Jahre

durch die politische und militärische Führung und das Sanitätswesen psychisch auffällige »Risikopersonen« vorzeitig erfasst,
»ausgesondert« und »isoliert«.[15]

In den ersten Wochen nach Kriegsbeginn blieben Patienten mit
»hysterischen Reaktionen« vorerst aber noch aus. Die motorisierte
Kriegsführung (Bewegungsfeldzüge statt Stellungskrieg und Gra-
benkampf) trug relativ wenige Verluste auf deutscher Seite ein.
Erst mit dem Beginn des Feldzugs gegen die Sowjetunion häuften
sich die Fälle von Fahnenflucht, Selbstbeschädigungen, Suiziden
und »Kriegszitterern« auffallend.

Ab 1942, in der Vor-Stalingrad-Phase, griff aufgrund der militärischen Situation und der Machtverteilung zwischen Neuro-
psychiatern, Psychotherapeuten und Hitlers Führerkanzlei ein
Zwei-Stufen-Plan: Zuerst versuchte man, die »Psychopathen« mittels verfeinerter Elektrisierungsmethoden (»galvanische Rolle«[16])
in den Nervenabteilungen der Kriegslazarette wieder fronttaug-
lich zu machen. Half das nicht, drohten Konzentrationslager oder
Militärgericht und Tod. Neben der Elektrisierungstechnik wandte
man bei den »böswilligen« Soldaten noch gerne die Insulinschock-
behandlung an oder auch eine perfide Mischung aus Drohung
und Folter, die bei Widerständigkeit in Isolation wie von Pest- oder
Leprakranken endete.

Einzig der militärischen Elite unter den »Zitterern« – den Piloten der Luftwaffe und den, für die Militärtechnik kriegswichtigen
Spezialisten des Heeres – ließ man mildere Therapiemethoden
angedeihen: Sie bekamen Psychologen zum Abarbeiten ihrer Probleme gestellt.

1943 reagierte die Heeressanitätsinspektion auf den in erschre-
ckendem Maße ansteigenden Mangel an noch fronttauglichen
Soldaten. Sie fasste einen in der Militärgeschichte bis dahin ein-
zigartigen Plan: die Aufstellung von Krankenbataillonen. Chro-
nisch kranke Soldaten stellte man zur Abschreckung und Diszip-
linierung nach Krankheitsgruppen zusammen. So entstanden
Kampfformationen wie das »Magenbataillon« und das »Bataillon

der Leichthirnverletzten«. Auch ein »Neurotikerbataillon« war 1944 angedacht, kam aber über die Planungsphase nicht hinaus; vielleicht war es organisatorisch zu aufwendig. Nach Meinung der Heerespsychiater würde man mit den »Psychogenen« schon durch Elektrosuggestivbehandlung, Kriegsgericht und Strafformationen fertig werden. Bei den restlichen 100 bis 150 Therapieresistenten müsse man nur »die Schrauben noch etwas anziehen.«[17] In Lazarett-Sonderabteilungen, die als reine Strafeinrichtungen konzipiert waren, setzte man die ganz schweren Fälle doch lieber auf Hungerrationen und schweren Arbeitseinsatz ohne weitere Heilbehandlungen.[18]

Doch keine Abschreckung half: Im Verlauf des Jahres 1944 stiegen die Fälle der Kriegsneurosen von 20 000 auf etwa 100 000 an.[19] Neue Maßnahmen gegen die inflationär anwachsende Zahl von Kriegsneurotikern liefen nun verstärkt über die Wehrmachtsgerichte. Die Militärpsychiatrie lieferte ihre Patienten – mit Begründungen wie »Verhinderung von Rückfällen« und »Abschreckung« – direkt an den Henker aus. Die psychischen Reaktionen auf das Grauen des Kriegs waren nun sogar offiziell Hinrichtungsgrund geworden.

Nach Kriegsende 1945 hatte kaum einer der unvorstellbar skrupellosen Militärpsychiater des NS-Regimes strafrechtlich etwas zu befürchten. Bald erschienen sie in der jungen Bundesrepublik wieder in Amt und Würden – dreist, unbelehrbar und nur zu eigenen, opportunistischen Zwecken zu Korrekturen ihres Menschenbildes bereit.[20]

Keiner ihrer noch kurze Zeit zuvor gefolterten »Patienten« scheint in der Nachkriegszeit gegen sie Rechtsmittel eingelegt zu haben. Der schwarze Mantel des Schweigens legte sich über die Täter und über ihre Opfer. Die einen verschleierten ihre mörderische Mitarbeit bei der Ausführung der Naziverbrechen, um geschmeidig in den Landes-, Universitäts- und Militärkrankenhäusern ihre pseudowissenschaftlichen Theorien und Therapien weiter anzuwenden. Die anderen, die Soldaten, waren nun zweifach traumatisiert – durch das Grauen des Kriegs und durch die grausamen Behandlungen, durch die sie an die Front zurückgetrieben werden sollten. Häufte sich noch das dritte Trauma, die »Schuld des unverdienten Überlebens« auf sie? Wurden sie jetzt nicht auch von den »normal« verletzten Kriegsheimkehrern als Feiglinge und Drückeberger im eigenen Land angesehen?[21]

In den Nachkriegsjahren schwieg der Kämpfer aus der Schlacht um Stalingrad aber ebenso wie der gefolterte Häftling eines Konzentrationslagers. Die elternlosen und vertriebenen Kinder hatten keine Stimme, ebenso wenig wie die vergewaltigten Frauen. Im Vordergrund eines zerstörten Landes stand der Kampf ums nackte Überleben. Die persönlichen Erlebnisse während der NS-Zeit wurden kollektiv verdrängt. Das deutsche Volk hatte die Schuld an diesem Krieg zu übernehmen, der Begriff »Tätervolk« wurde geprägt. Da passte es nicht, über sein eigenes Schicksal zu klagen, weder über Hunger und Vertreibung, noch über Gewalt, Krieg und Tod. Täter und Opfer schwiegen übereinstimmend gemeinsam.

Seelische Erkrankungen blieben in diesem schwierigen Umfeld weiterhin umstritten und kaum weiter erforscht. Einheitliche Definitionen fehlten ebenso wie Selbstkritik und Einsicht vieler Mediziner.

Im Deutschland der fünfziger und sechziger Jahre entwickelte sich zudem eine gefährliche Gutachtertätigkeit: Anträge der Opfer auf Renten und Reparationszahlungen wurden vor Gericht regelmäßig durch psychiatrische Gutachter abgelehnt. So mussten selbst ehemalige Insassen von Konzentrationslagern mittels eidesstattlicher Zeugenaussagen beweisen, dass sie tatsächlich Häftlinge gewesen und gefoltert worden waren. Ebenso unerbittlich wurde mit Zwangsarbeitern nach ihrer Kriegsgefangenschaft verfahren. Wenn sie keine Zeugenaussagen beibringen konnten, gab es keine Entschädigungszahlung oder Rente.[22]

Gutachter bestritten in der Regel einen Zusammenhang zwischen den Kriegserlebnissen und den psychischen Erkrankungen. Meist wurden die Beschädigungen von den Psychiatern mit der

Begründung abgelehnt, die Betroffenen hätten von Natur aus psychische Schwächen oder seien von Geburt an minderbemittelt und geisteskrank.[23] Der Psychoanalytiker Kurt Eissler (1908–1999) fasste 1963 diese entwürdigende Situation der Geschädigten in seinem provokanten Aufsatz bereits im Titel zusammen: *Die Ermordung von wievielen seiner Kinder muss ein Mensch symptomfrei ertragen können, um eine normale Konstitution zu haben?*[24]

Der Vietnamkrieg brachte den betroffenen US-Soldaten Leid und dauerhafte psychische Beschädigungen. Doch dieses Mal schwiegen sie nicht. Sie gingen auf die Straße, verbrannten ihre Uniformen und schmissen ihre Orden wütend in den Dreck. Immer mehr Veteranengruppen bildeten sich, formulierten politische Ziele und kämpften um politische Anerkennung und finanzielle Entschädigung. Mediziner beschäftigten sich mit den Auswirkungen der Krankheit und benannten es *Post Vietnam Syndrom* (PVS).

Mit ihren Protestaktionen hatten die US-Veteranen Erfolg. Ende der siebziger Jahre wurde in den USA erstmals der politische Auftrag erteilt, für Kriegsteilnehmer ein Therapieprogramm zu entwickeln. Zeitgleich begannen in den USA erste Forschungen über die Opfer von sexueller und nichtsexueller Gewalt. Diese Entwicklungen führten dazu, dass die Krankheit PTBS ab 1980 in das international anerkannte amerikanische Diagnoseschema DSM-III[25] (aktuelle Version, Stand 2010: DSM-IV) aufgenommen wurde. Damit waren erstmals gemeinsam vereinbarte und gültige Kriterien für das Vorliegen einer PTBS definiert.

## Der medizinische Fortschritt und der heutige Behandlungsstand

Die Weltgesundheitsorganisation (WHO) fasst im Jahr 2000 in ihrer internationalen Klassifikation der Krankheiten (*ICD 10*) die Kriterien für eine PTBS weiter, was erhebliche Auswirkungen auf die angenommene Häufigkeit in der Bevölkerung hat. Bei einer neueren Untersuchung an einer großen Stichprobe weisen nach den DSM-IV-Kriterien nur 3 Prozent der Untersuchten eine PTBS auf, nach den ICD-10-Kriterien 7 Prozent.[26]

Heute, 35 Jahre nach Ende des Vietnamkriegs, ist die Medizin einen großen Schritt weiter. Die wissenschaftlichen Theorien über die Entstehung und Behandlung einer PTBS sind zwar nach wie vor umstritten, es wird weiter geforscht, und es werden immer wieder neue Ansätze verfolgt. Doch die überwiegende Mehrzahl der Psychotraumatologen ist sich heute im Grundsatz einig, dass jedes als belastend empfundene Ereignis eine psychische Traumatisierung hervorrufen kann. Traumatisierung wird heute definiert als »eine anhaltende Störung infolge eines massiv belastenden Ereignisses, das außerhalb des Rahmens der normalen menschlichen Erfahrung liegt«.[27] Falls diese Traumatisierung durch eigene Widerstandskräfte des Menschen geheilt werden kann, geht man allgemein nicht von einer PTBS aus, sondern von einer akuten Belastungsreaktion oder Belastungsstörung. Dabei handelt es sich um die normale Reaktion des Menschen auf ein unnormales und heftiges Ereignis, eine Art Schockreaktion. Mediziner gehen heute davon aus, dass 50 bis 90 Prozent aller Erwachsenen und Kinder irgendwann in Lauf ihres Lebens mit einem traumatischen Ereignis konfrontiert werden – einem Unfall, Naturkatastrophen, Gewaltverbrechen oder Kriegen. Sollte danach eine Belastungsstörung vorliegen, klingen die Symptome innerhalb einiger Wochen oder Monate wieder ab. Der Selbstheilungsprozess der Betroffenen funktioniert in der Regel auch ohne fachliche Betreuung von außen.

Halten die Symptome allerdings länger an und ist keine Selbstheilung zu erwarten, spricht man allgemein von einer PTBS, einer posttraumatischen Belastungsstörung. Folgende Synonyme sind heute dafür gebräuchlich: Posttraumatische Belastungserkrankung, Posttraumatisches Belastungssyndrom, Psychotraumatische Belastungsstörung.

Die Symptome einer PTBS reichen von leichter Reizbarkeit bis hin zu gewalttätigen Wutausbrüchen. Typisch sind Schlafstörungen, Konzentrationsstörungen, übertriebene Schreckhaftigkeit und extreme Wachsamkeit bis hin zu einer eingeschränkten Bandbreite oder Abflachung der Gefühle, eine emotionale Taubheit oder sogar einem Gefühl des Losgelöstseins und der Entfremdung (*Dissoziation*). Es kommt zu wiederkehrenden, unkontrollierbaren Erinnerungen (*flashbacks*), zu Albträumen oder zu einem wachen Handeln oder Fühlen, als ob das belastende Ereignis wiederkehren würde. Gedächtnisstörungen können genauso vorkommen, wie das ganz bewusste Vermeiden von Gedanken, Gesprächen, Aktivitäten, Orten oder Menschen, die Erinnerungen wachrufen, bis hin zur Einigelung in der Wohnung. Einzelne traumatisierte Soldaten ziehen in den Keller und verschanzen sich dort. Andere wiederum sind nicht in der Lage, geschlossene Räume zu betreten oder in ihnen zu übernachten, und zelten für Monate im Garten. Beeinträchtigungen im sozialen und beruflichen Bereich, sozialer Rückzug und Partnerkonflikte sind daher häufige Folgen ebenso wie der Missbrauch von Alkohol oder sonstiger Drogen.

Die Erforschung der PTBS bringt laufend neue Ansätze für die Erklärung der Krankheit, ihre Diagnosestellung und mögliche Therapieansätze. Es gibt heute diverse Medikamente und Drogen, außerdem wird eine positive Wirkung von Nikotin diskutiert, es gibt analytische und verhaltensorientierte, imaginative Psychotherapien, Expositionstherapien und mannigfaltige Übungs- und Trainingsprogramme.

Für die Betroffenen ist schwer, sich in den widersprüchlich diskutierten Ansätzen für Therapie und Diagnose zurechtzufinden. Die Notwendigkeit, eine persönlich geeignete Therapieform zu identifizieren und den passenden Therapeuten zu finden, ist aufgrund der ohnehin angeschlagenen Verfassung des Hilfsbedürftigen fast nicht lösbar.

Einige neue Forschungsansätze zu PTBS waren so aufsehenerregend, dass sie über ihre Diskussion in internationalen Fachzeitschriften bis in die deutschen Medien vordrangen:

Seit 2004 liefen in der Psychotherapie Tests mit traumatisierten

US-Soldaten an, um ihre Emotionslosigkeit, ihre quälenden Wiedererinnerungen und Panikattacken zu lindern. Der chemische Wirkstoff MDMA, der auch in der Partydroge Ecstasy enthalten ist, sollte die Ausschüttung von Serotonin fördern, dessen Wiederaufnahme in die Zellen verhindern und so den Betroffenen helfen, mit gestiegenem Glücks- und Selbstwertgefühl leichter mit ihren traumatischen Erlebnissen umzugehen. Ähnliche Studien sollten auch in Israel, der Schweiz und in Deutschland anlaufen. Aber zum einen ist der Wirkstoff als illegale Droge bis heute auch für medizinische Zwecke nicht zugelassen, zum anderen wiesen mehrere Gegenstudien nach, dass MDMA auf Dauer die Hirnfunktion, vor allem das Kurzzeitgedächtnis, schädigt.[28]

2007 fanden amerikanische Forscher in Tierversuchen heraus, dass Enzymaktivitäten (Cdk5) im Gehirn blockiert und dadurch Angstgefühle gehemmt werden könnten.[29] Diese medikamentöse Behandlung der US-Wissenschaftler wurde in Deutschland anscheinend nicht weiter verfolgt. Ein gewisses Unbehagen stellt sich bei der Vorstellung ein, dass die natürliche Angstschwelle eines Soldaten künstlich gesteuert und bei Bedarf gegen Null gesenkt werden könnte, um PTBS zu verhindern. Er würde im Extremfall auf eine angstauslösende Situation nicht mehr normal reagieren, eine Bedrohungssituation nicht mit Vorsicht beurteilen können und ungeschützt und frei von Angst in den Tod gehen.

Auch das sogenannte *Epigenom*, ein zweiter Programmiercode außerhalb der DNA-Sequenz, trägt nach neuester Forschung möglicherweise dazu bei, das Gedächtnis Traumatisierter massiv negativ zu beeinflussen. Bei PTBS-Opfern stellten US-Genetiker fest, dass das traumatisierende Ereignis das *Epigenom* offenbar mit einem Schlag verändert – und damit ungewöhnlich viele Fehlsteuerungen der Gehirnzellen und der Zellen des Immunsystems verursacht. Vereinfacht ausgedrückt könnte es also sein, dass in unseren Genen und deren digitalem Code nicht nur Erinnerungen stecken, sondern dass diese Gene sich selbst erinnern können und dadurch unser Lernen, das Gedächtnis und unsere Psyche beeinflussen.[30]

Ein ganz neuer Ansatz wird derzeit bei der Bundeswehr in Verbindung mit der Firma ESG verfolgt. In einer Art Computersimulation wird in der Trainingsplattform »CHARLY«[31] den Soldaten antrainiert, Ursachen und Symptome einer akuten Belastungsstörung selbst zu erkennen und Bewältigungsmechanismen besser anwenden zu können. Die ersten Versuche bei Soldaten der Kampfmittelbeseitigung scheinen erfolgreich abgeschlossen, jetzt soll das System bis Ende 2010 die Serienreife erhalten. So könnte das Entstehen einer PTBS verhindert oder ihr Verlauf gemildert werden.

Bis heute fehlen Ergebnisse aus einer soliden, international vernetzten Forschungsarbeit. Die aktuelle Diskussion über PTBS zeigt, dass offensichtlich noch viel Nachholbedarf im medizinischen Bereich besteht. Es darf nicht länger nach dem jahrhundertealten historischen Schema ablaufen: Zuerst schickte man Soldaten in den Krieg, dann erst bemerkte man, dass und vielleicht auch warum sie psychisch stark verändert waren, und nach widerstreitenden Diagnosen setzte man mehr oder weniger unmenschliche oder auch nur unzweckmäßige Therapien ein.

Aktive und vorausschauende Maßnahmen in medizinischer Hinsicht sind von Bundeswehr und Politik lange Zeit nur punktuell verfolgt worden. Erst jetzt, nach nunmehr zwanzig Jahren Auslandseinsatz der Bundeswehrsoldaten, soll nach Aussage des Verteidigungsministers zu Guttenberg bei der Einrichtung des neuen »Trauma-Zentrums« in Berlin, PTBS endlich aus ihrem »Schattendasein« geholt werden.[32]

## Wo kein Krieg, da kein Trauma – die PTBS-freie Bundeswehr

Ich werde Soldat und damit Teil der Bundeswehr, als ich 1985 meinen 15-monatigen Grundwehrdienst antrete. Nach dreimonatiger Grundausbildung und einer Verwendung in einer Luftwaffendivision fasse ich den Entschluss, mich für längere Zeit bei der Bundeswehr zu verpflichten. Später sollten daraus 24 Dienstjahre werden. Das Thema PTBS kenne ich zu diesem Zeitpunkt nicht, in meinen ersten Jahren als Soldat spielt es keine Rolle, niemand in der Bundeswehr spricht darüber.

In Deutschland wird vielmehr über den NATO-Doppelbeschluss diskutiert, es ist die Zeit der Friedensbewegung, der Ostermärsche und der Anti-Atomkraft-Bewegung. Luftballons werden gegen Tiefflieger der Bundeswehr und verbündeter Streitkräfte auf den Marktplätzen steigen gelassen, und bei öffentlichen Gelöbnissen der Bundeswehr werden durch Pazifisten schon mal Farbbeutel gegen die Soldaten geworfen. Die Diskussion über den Sinn oder Unsinn von Streitkräften wird in der deutschen Gesellschaft ebenso entschlossen geführt wie in der Politik.

Das Prinzip der Abschreckung im Kalten Krieg, das über Jahrzehnte den Frieden in Deutschland gesichert hat, steht in der Kritik. Die jungen Männer in meinem Alter müssen bewusst Position beziehen: für oder gegen die Bundeswehr. Viele meiner Mitschüler entscheiden sich damals bereits für den Zivildienst, werden Kriegsdienstverweigerer.

Wir alle können uns damals den Luxus erlauben, im funktionierenden Frieden zu diskutieren, ob die Abschreckung so weiter wirken wird, wie denn am besten ein Krieg zu verhindern wäre, ob Deutschland eine Bundeswehr benötige oder ob ein Staat ganz ohne Armee bei totaler Abrüstung der bessere Weg sei. Kriege finden nicht in Europa statt, sondern weit weg von unserer Heimat. Die Bundeswehr muss daran nicht teilnehmen, weil die Abschreckung funktioniert und weil beide Seiten hinter und vor dem Eisernen Vorhang den Krieg so gut geübt haben, dass ihn keiner führen will. Die hochgerüsteten Armeen in Ost und West kämpfen in Europa nicht gegeneinander. Die Bundeswehr ist nicht im Krieg. Im Ausland, so sagen alle Politiker, darf die Bundeswehr gar nicht an militärischen Einsätzen teilnehmen, weil das Grundgesetz das verbietet. Wir sind ein friedliches, noch geteiltes Deutschland.

Einsätze deutscher Soldaten außerhalb unseres Landes werden bis Ende der achtziger Jahre ausschließlich als humanitäre Hilfsaktionen durchgeführt. So helfen bereits 1960 deutsche Soldaten der durch ein Erdbeben zerstörten Stadt Agadir in Marokko oder nehmen 1965 an einer Luftbrücke in Algerien teil. Es folgen Hilfsoperationen bei den Erdbeben in Norditalien 1976 oder im Iran 1990. Meist werden einige Sanitäter und wenige Transportflugzeuge eingesetzt. Die Bundeswehr hat den Auftrag, Medikamente, Decken, Zelte und Nahrung zu verteilen oder Patienten medizinisch zu versorgen. Seit 1960 beteiligen sich deutsche Soldaten auf diese Weise an mehr als 130 humanitären Operationen.[33]

Über dreißig Jahre lang prägen diese Einsätze das Bild einer friedlichen und helfenden Bundeswehr in Politik und Gesellschaft. Auch unter den Soldaten, die ich in dieser Zeit kennen lerne, sind viele, die sich mit dieser Rolle der Bundeswehr abgefunden haben, sich dort zum Teil bequem eingerichtet haben. Sie nehmen an Manövern und Übungen teil. Aber Krieg, Tod, Verwundung oder Traumatisierung sind für die Soldaten im täglichen Bundeswehrleben nicht existent – bestenfalls theoretische Überlegungen über einen Krieg, der sehr unwahrscheinlich ist. Die Veteranen des Zweiten Weltkriegs schweigen, und die wenigen, die darüber sprechen wollen, werden nicht gehört. Sie haben keine Lobby.

Immer weniger Soldaten in Deutschland haben Kriegserfahrung. Und trotzdem setzen auch in diesen friedlichen Zeiten deutsche Soldaten ihr Leben aufs Spiel: im täglichen Dienst, beim Einsatz gegen Überschwemmungen oder bei jeder Flugstunde in der Luft. Hunderte kommen in Ausübung ihres Dienstes ums Leben. Aber das Leid und die Trauer aller Beteiligten bleiben familiär, intim und persönlich, auf wenige Betroffene beschränkt. Die trauernden Witwen und die Kinder ohne Väter haben keine Stimme. Jeder ums Leben gekommene Soldat ist für das System nur ein »Einzelfall«, ein Unfall. Die Bundeswehr ist eine Friedensarmee. Von PTBS spricht bis Ende der achtziger Jahre noch niemand.

Umso heftiger ist dann der Umbruch in Deutschland, als kurz nach der Wiedervereinigung die ersten Auslandseinsätze der Bundeswehr beginnen. Ab 1991 fliegen die Luftwaffe und das Heer Inspektionsteams zu den Chemiewaffenanlagen in den Irak, die NATO-Südflanke wird durch deutsche Jagdbomber in der Türkei gegen möglich Angriffe aus dem Irak geschützt und die Marine wird in den Persischen Golf beordert, um dort Minen zu räumen. Politisch sind diese ersten Einsätze bereits heftig umstritten. Aber erst durch deutsche Soldaten in Kambodscha (1992–1993) und Somalia (1993–1995) erreichen diese Einsätze das öffentliche Bewusstsein: Ein junger Sanitätsfeldwebel wird 1993 auf offener Straße in der kambodschanischen Hauptstadt Phnom Penh erschossen. Er ist der erste getötete Soldat im Auslandseinsatz der Bundeswehr. Von »gefallenen« Soldaten spricht noch niemand in Deutschland.

Spätestens nach dem Urteil des Bundesverfassungsgerichts von 1994[34] über die Rechtmäßigkeit der Auslandseinsätze der Bundeswehr und mit den beginnenden Einsätzen im ehemaligen Jugoslawien (UNPROFOR ab 1992, IFOR ab 1995, SFOR ab 1996, KFOR ab 1999)[35] ist die Bundeswehr in der Einsatzrealität angekommen. Deutsche Soldaten werden nun regelmäßig durch das Parlament ins Ausland beordert (siehe Karte Seite 238).

Als Soldat erlebe ich diese Zeit des Umbruchs aktiv mit. Nach meinem Studium der Staats- und Sozialwissenschaften bin ich als Ausbilder beschäftigt, Soldaten so realitätsnah wie möglich für den Kampfeinsatz zu trainieren. Mir und den meisten meiner Kameraden ist klar, dass der Kalte Krieg zwar Geschichte ist, die Wahrscheinlichkeit aber eher gestiegen ist, in asymmetrischen Konflikten und damit in einem Heißen Krieg eingesetzt zu werden. Gleichwohl begegne ich in der Bundeswehr keinem, der sich mit PTBS auseinandersetzt, an keinem meiner zahlreichen Standorte.

Ich bin selbst immer wieder Untergebener und Schüler, werde in Lehrgängen und Fortbildungen aus- und weitergebildet. Orts- und Häuserkampf, das Schießen mit den eigenen und ausländischen

Waffen, Nahkampf, körperliche Fitness, das Überleben im feind-lichen Gebiet und Winterkampf sind ebenso Ausbildungsinhalte wie Stressbewältigung, die rechtlichen Aspekte der Anwendung militärischer Gewalt oder politische und historische Bildung. Gleichzeitig bin ich Vorgesetzter und Ausbilder und versuche, meine mir anvertrauten Soldaten bestmöglich auszubilden. Ende der neunziger Jahre bin ich Kompaniechef und führe eine Einheit, die in Stoßzeiten aus über 200 Soldaten besteht. Die realitätsnahe Ausbildung, die wir durchführen, erhebt den Anspruch, bestmög-lich auf einen scharfen Einsatz vorzubereiten.

Aber auf das Thema »seelische Erkrankungen« werde ich in keinem Lehrgang vorbereitet, kann es folglich auch nicht unter-richten. PTBS steht für weite Teile der Bundeswehr in den neun-ziger Jahren weder im Lehr- noch im Dienstplan. Was hinter den Mauern der Militärpsychiatrie stattfindet, ist den meisten Sol-daten unbekannt und interessiert sie nicht. Selbst die Fachleute in der Bundeswehr, Psychiater und Psychologen, sind zunächst kaum mit einsatzbedingten psychischen Störungen beschäftigt. Die meisten verbringen ihren täglichen Dienst damit, Eignungsdi-agnostik zu betreiben. Sie sind bei Personalentscheidungen einge-bunden, prüfen Bewerber in den Kreiswehrersatzämtern und den Zentren für Nachwuchsgewinnung, der Offizierbewerberprüfzen-trale oder dem Flugmedizinischen Institut.

In den Fachabteilungen der Bundeswehrkrankenhäuser sind da-mals schon Soldaten mit psychischen Problemen in Behandlung, aber nicht wegen einer Traumatisierung durch den Einsatz. Klaus Barre, Psychologe im Bundeswehrkrankenhaus Hamburg, berich-tet, dass 1996 nur ein einziger Soldat mit PTBS behandelt wurde.[36]

Als Kompaniechef weiß ich zwar von diesen Fachabteilungen in den Krankenhäusern, aber in der Regel arbeite ich mit dem jeweili-gen Arzt am Standort zusammen. Einen Truppenpsychologen gibt es dort nicht. Eine der wenigen Ausnahmen sind die fliegenden Verbände. Dort gibt es Psychologen, die regelmäßig die Piloten be-raten und betreuen. Sie stehen auch als Kriseninterventionsteam zur Verfügung, zum Beispiel nach einem Flugzeugabsturz. In den meisten Kasernen verrichten die Soldaten ihren Dienst, ohne jemals einen solchen Fachmann auch nur kennen gelernt zu haben.

Im Herbst 1998 werde ich in einem Lehrgang auf meinen Einsatz in Bosnien-Herzegowina vorbereitet – mein erster Auslandseinsatz in einer veränderten Bundeswehr, die sich selbst nun in einem »neuen Aufgabenspektrum« sieht. Mein Lehrgang dauert nur fünf Tage. Der Begriff PTBS taucht auch hier nicht auf. Ich erhalte lediglich eine Einweisung durch einen Truppenpsychologen, der alle Lehrgangsteilnehmer in einer Unterrichtsstunde mit den Themen »Stress- und Stressbewältigung« oder »Verhalten bei Entführung und Verschleppung« vertraut machen soll. Der Frontalunterricht vor über 200 Zuhörern dauert genau 45 Minuten. Das Thema des Unterrichts ist im Grunde nicht wirklich neu. Mir geht es so wie vielen anderen Soldaten: Wir sind der Meinung, gut vorbereitet zu werden. Wir vermissen das Thema PTBS gar nicht, weil wir es nicht kennen.

Stress und Angst sind die uns bekannten Themen. Bei großen NATO-Übungen wird in Übungslagen trainiert, wie mit einem Soldaten umzugehen ist, der unter Schock steht, nicht mehr ansprechbar ist oder nach Gefechtssituationen plötzlich nicht mehr »normal« reagiert. Wir versuchen als Soldaten, durch schwierige Aufgaben Angst zu erzeugen, um zu lernen, wie wir uns selbst darin verhalten, wie wir sie überwinden können. Wir klettern an Häuserwänden hoch, seilen uns von Felsen ab oder springen von hohen Türmen. Wo Feuer sein sollte, wird wirklich Feuer gelegt. Wo immer es sich einrichten lässt, versuchen wir, der Realität in der Übung möglichst nahe zu kommen. Das Gefühl, beschossen zu werden, von einem Panzer überrollt zu werden, die eigene Waffe scharf zu schießen – all das wird live und in der Praxis geübt, vor allem bei Soldaten der sogenannten kämpfenden Truppe. Regelmäßig trainieren wir das *worst-case-scenario*, immer wieder den schlimmsten anzunehmenden Fall. Wir sollen Handlungssicherheit erreichen, werden darauf gedrillt, Vertrauen in uns und unsere Kameraden zu gewinnen, in unsere Ausrüstung, in unsere Vorgesetzten. Die Belastungsfähigkeit gerade in Extremsituationen gehört zum Beruf des Soldaten dazu. Stressbewältigung und Angstverminderung sind also ohnehin Teil der militärischen Ausbildung, aber mit schweren Traumatisierungen setzen wir uns nicht auseinander.

Aus heutiger Sicht könnte man wohlwollend behaupten, die damals vermittelten Ausbildungsinhalte wären zum Teil Präventionsmaßnahmen gegen das Entstehen seelischer Krankheiten gewesen, mehr aber nicht. PTBS ist in der Bundeswehr, wie ich sie kennen gelernt habe, kein Thema.

Ende 1998 erhalte ich kurz vor meinem Einsatz in Bosnien-Herzegowina drei kleine Taschenkarten der Bundeswehr.[37] Sie enthalten auf wenigen Seiten einige hilfreiche Anregungen und Checklisten, wie ich als Soldat mit Stress vor, während und nach dem Einsatz umgehen soll, wie er sich auswirken könnte. Ich kann hier nachlesen, welche Belastungen durch die Trennung von der Familie entstehen können, durch besondere Erlebnisse im Einsatzland oder die Rückkehr zu den eigenen Kindern. Aber auch in diesen drei Heftchen gibt es keinen Hinweis auf eine mögliche Traumatisierung. Obwohl also Ende der neunziger Jahre Auslandseinsätze deutscher Soldaten nichts Neues mehr sind, beschäftigt sich kaum ein Soldat in der Bundeswehr mit dem Thema PTBS, wir werden nicht darauf hingewiesen, nicht einmal in der Vorbereitung auf einen konkreten Auslandseinsatz.

Aber die Möglichkeit, dass wir verletzt, verwundet, traumatisiert oder getötet nach Hause zurückkehren könnten, ist seit dem Beginn der neunziger Jahre immer häufiger Realität.

### PTBS-Veteranen bleiben auf der Strecke – Erfolg auf ganzer Linie

Zwanzig Jahre nach Vietnam und zehn Jahre nach der weltweit einheitlichen Definition von PTBS ist die Bundeswehr zu Beginn der ersten Auslandseinsätze auf mögliche seelische Erkrankungen ihrer Soldaten nur mangelhaft vorbereitet. Niemand beschäftigt sich mit diesem Thema, daher werden auch keine Konzepte entwickelt, keine Informationen oder Lehrgänge angeboten.

Die Gründe mögen vielschichtig sein. Zum einen bedingt sicher unsere Geschichte diese Entwicklung. Die höchst zweifelhafte historische Entwicklung der Militärpsychiatrie, die ich oben beschrieben habe, mag hierfür ein Grund sein. Wer hätte wohl zu Zeiten der Gründung der Bundeswehr freiwillig den Weg zu einem Psychiater gesucht? Hinzu kommt das Schweigen einer gesamten Generation, die nach den Schrecken des letzten Weltkriegs ein neues Deutschland aufbauen musste. Darüber hinaus hat die Bundeswehr – meist von Männern dominiert – über Jahrzehnte Werte wie Tapferkeit, Mut und Belastbarkeit trainiert und trainieren müssen. »Klage nicht, kämpfe!« war nicht nur ein Slogan aus der Zeit der Grabenkriege des Ersten Weltkriegs. Aufgrund dieses teilweise falsch verstandenen Rollenverständnisses wurde aber lange Zeit der Weg versperrt, seelische Verwundungen zu thematisieren. Und schließlich hatte die Bundeswehr seit ihrer Gründung im Jahr 1955 an keinem scharfen Einsatz teilgenommen. Das Bild vom Soldaten als friedlichem Helfer der Nation, der im Auslandseinsatz Wolldecken und Lebensmittel verteilt, dominierte. Das war politisch durchaus auch so gewollt.

Die Erfahrungen anderer Nationen mit posttraumatischen Belastungsstörungen waren zwar vorhanden, wurden aber von der Bundeswehr nicht abgefragt. Deutschland war schließlich nicht in Vietnam. Wo kein Krieg, da kein Trauma. Alle Beteiligten fühlten sich gut gerüstet, selbst unter den ersten Soldaten im Einsatz gab es darüber keine Beschwerden. Sie schwiegen, Probleme machten sie mit sich selbst aus. Keiner von ihnen suchte den Weg zu einem Truppenpsychologen. Auch ich nicht. Wie hätten Ehefrauen, Kinder, Eltern oder Angehörige von betroffenen Soldaten den Weg dorthin finden sollen? PTBS gab es nicht! Die Arbeit von wenigen Spezialisten in den Bundeswehrkrankenhäusern hat die Truppe dabei genauso wenig interessiert wie die Forschungsarbeit eines Krebsspezialisten in einem abgelegenen Labor. Solange man selbst nicht an einer Krankheit leidet, beschäftigt man sich auch kaum damit. Wir waren von PTBS nicht betroffen. Wir hätten es besser wissen müssen und haben es alle verschlafen.

Verschlafen? In Vogel-Strauß-Manier übersah sowohl die politische als auch die militärische Führung geflissentlich, dass militär-medizinische Entwicklungen von großer Tragweite an ihnen längst vorübergezogen waren. Aber das gibt keiner zu.

Selbst heute – zwanzig Jahre nach den ersten Auslandseinsätzen – behauptet die Bundeswehr offiziell immer noch, es habe keine Versäumnisse gegeben. Die Bundeswehr habe »die Bedeutung von Posttraumatischen Belastungsstörungen (PTBS) frühzeitig erkannt sowie schnell und angemessen gehandelt«,[38] so die Darstellung aus der höchsten politischen Führungsebene des Bundesministeriums der Verteidigung in einem internen Sachstandsbericht aus dem Jahr 2010.

Auch das Sanitätswesen der Bundeswehr stützt diese bemerkenswert selbstgerechte Darstellung: »Prävention und Behandlung von Posttraumatischen Belastungsstörungen (PTBS) sind keine neuen Themen in der Bundeswehr. Mit Beginn der Auslandseinsätze beschäftigt sich der Sanitätsdienst der Bundeswehr intensiv mit der Thematik.«[39]

Also alles eine einzige Erfolgsgeschichte? Solche Behauptungen helfen den Soldaten nicht und sind kein ehrlicher Umgang mit diesem sensiblen Thema. Sie zeugen eher von einem Grundproblem der politischen und militärischen Führung in der Bundeswehr: Es können und dürfen offenbar keine Fehler eingestanden werden, eine öffentliche Diskussion soll nicht stattfinden. Ehrlicherweise hätte man zugeben müssen, dass Prävention, Diagnostik und Behandlung von PTBS noch in deutschen Kinderschuhen steckten, als die Parlamentsarmee bereits in die ersten Auslandseinsätze geschickt wurde.

Immerhin: Zehn Jahre nach den ersten Auslandseinsätzen der Bundeswehr kritisiert der Wehrbeauftragte des Deutschen Bundestages, Willfried Penner, in seinem Bericht für das Jahr 2000, dass die Bundeswehr immer noch nicht angemessen mit der Diagnose der PTBS umgehe. Darüber hinaus verweist er darauf, dass »verlässliche Erfahrungen mit dem Krankheitsbild und der Diagnostik posttraumatischer Belastungsstörungen« der Wissenschaft bereits »seit Beginn der 80er Jahre« vorlägen und die Bundeswehr diese und die »Erfahrungen verbündeter Streitkräfte« nutzen solle.[40] Das Ministerium räumte damals erstmals Versäumnisse ein: Die Bundeswehr verfüge »bisher noch über geringe praktische Erfahrungen bei der Begutachtung von einsatzbedingten PTBS. Sowohl ärztliche Gutachter als auch die Verwaltungsdienststellen, die mit der Entscheidung über Anträge auf Anerkennung als Wehrdienstbeschädigung (WDB) befasst sind, durchlaufen hier eine Lernphase«[41], so das Bundesministerium der Verteidigung im Jahr 2001. Dies ist eine äußerst seltene offizielle Aussage, denn sie ist offen und ehrlich und steht damit deutlich im Widerspruch zu allen anderen Erfolgsmeldungen des Bundesministeriums der Verteidigung. So deutlich wurde das weder zuvor noch jemals danach gesagt.

Vielmehr stellt das Ministerium die Entwicklung bis heute durchgängig als einen steten Erfolg dar. Bereits 1996, so der zuständige Staatssekretär, habe die Bundeswehr die ersten Konzeptionen für Einsatznachbereitungen im Hinblick auf Psychotraumata bei Soldaten erlassen.[42] Mit diesen Worten wird das Versäumnis umschrieben, dass die ersten Einsatzsoldaten offenbar ohne eine entsprechende Konzeption Jahre zuvor bereits im Einsatz waren. Eine Erfolgsmeldung sieht anders aus.

Das Bundesministerium der Verteidigung kennzeichnet aber auch die weitere Entwicklung nach 1996 durchgängig als Erfolg:

»1997 (überarbeitet 2004) folgte das Rahmenkonzept zur Bewältigung psychischer Belastungen von Soldaten, 1999 die Weisung zu Präventivkuren, 2004 das Medizinisch-Psychologische Stresskonzept der Bundeswehr und schließlich 2008 das Forschungskonzept Psychische Gesundheit.«[43]

All diese Maßnahmen sollen belegen, dass die Bundeswehr in der Lage ist, sich auf neue Herausforderungen einzustellen, sich zu entwickeln. Ein normaler und guter Weg einer Armee, die sich ständig auf neue Situationen anpassen muss. Diese Aussagen belegen aber auch, dass die Bundeswehr in der Regel der aktuellen Entwicklung, gerade im Umgang mit PTBS, immer einige Jahre oder Jahrzehnte hinterherhinkt, dass sie die Realitäten ignoriert und dennoch alle getroffenen Maßnahmen rückwirkend als Erfolg darstellen möchte. Manchmal überschlagen sich die Erfolgsmeldungen förmlich: So stellt 2009 der Bundesminister der Verteidigung im Bundestag in der langen Auflistung der hervorragenden Leistungen der Bundeswehr im Bereich der Betreuung betroffener Soldaten sogar eine anonyme Onlineberatung im Internet heraus. Stolz behauptet er, die Bundeswehr habe diese »eingerichtet«[44], und vergisst dabei zu erwähnen, dass dafür eben nicht sein Ministerium oder die Bundeswehr verantwortlich ist. Vielmehr handelt es sich um die Privatinitiative eines einzelnen Soldaten, der als Selbsthilfe eine Informationsbörse installiert hat (www.angriff-auf-die-seele.de).

## Eine einzige große Masche – das Psychosoziale Netzwerk

In fast jeder Stellungnahme der Bundeswehr zum Thema PTBS wird darauf verwiesen, man habe für die Betreuung der Einsatzsoldaten ein Netzwerk der Hilfe geschaffen, das »Psychosoziale Netzwerk (PSN)«. Die Aufgaben und Arbeitsweise dieses Netzwerks sind im »Stresskonzept der Bundeswehr«[45] von 2004 festgehalten. Auf Standortebene, also nahe an den Soldaten und ihren Familien, sollen in den jeweiligen Kasernen die Truppenärzte, Truppenpsychologen, Militärseelsorger und Sozialarbeiter mit den Vorgesetzten und den Angehörigen der Soldaten zusammenarbeiten, um Hilfe bei der Stressbewältigung, Unterstützung und Beratung anzubieten. Festgelegt ist in diesem Konzept auch die Arbeitsweise aller Beteiligten in den verschiedenen Phasen vor, während und nach einem Einsatz – das sogenannte Drei-Phasen-Drei-Ebenen-Konzept:

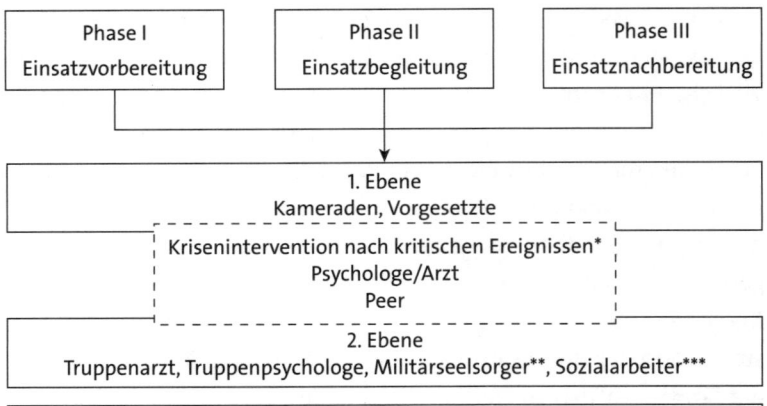

| Phase I | Phase II | Phase III |
|---|---|---|
| Einsatzvorbereitung | Einsatzbegleitung | Einsatznachbereitung |

**1. Ebene**
Kameraden, Vorgesetzte

Kriseninterventionen nach kritischen Ereignissen*
Psychologe/Arzt
Peer

**2. Ebene**
Truppenarzt, Truppenpsychologe, Militärseelsorger**, Sozialarbeiter***

**3. Ebene**
Psychiater, Ärztlicher Psychotherapeut, Psychologischer Psychotherapeut

\*     z.B. Unfälle, Großschadensereignisse, Kampfhandlungen
\*\*    im Rahmen ihres seelsorgerlichen Auftrags
\*\*\*   im Rahmen ihres sozialdienstlichen Auftrags

*Quelle:* BMVg, Medizinisch-Psychologisches Stresskonzept der Bundeswehr, FüSan I 1 – Az 42–13–40/PSZ III Az 6–66–01–10, Bonn, 20.12.2004, S. 6.

So gut und sinnvoll diese Idee sein mag, das Eigenlob der Bundeswehr und die oft wiederholten Erfolgsmeldungen hierzu sind nicht berechtigt. Zum einen kam auch dieses Konzept viel zu spät: erst 13 Jahre nach Beginn der ersten Einsätze. Zum anderen funktioniert in der Praxis dieses psychosoziale Netzwerk nicht so, wie es sollte.

So suchen Soldaten vieler Standorte vergeblich nach Ansprechpartnern. Der Sozialarbeiter und der Militärseelsorger sind in einer Region meist für mehrere Kasernen zuständig. Sie pendeln von einer Stadt zur nächsten und sollen in weit voneinander entfernten Kasernen die Soldaten betreuen. Wie soll sich unter diesen Bedingungen ein Vertrauensverhältnis entwickeln?

Mit den Truppenpsychologen ist es nicht anders. Meist sind sie in Deutschland für mehrere Kasernen zuständig: einer für bis zu 10 000 Soldaten gleichzeitig. In meinen 24 Dienstjahren und über 13 Standorten habe ich nur selten einen zu Gesicht bekommen.

Auch als ich in Kundus war, kannte ich »meinen« Truppenpsychologen nicht, der saß in Masar-i-Scharif, weit weg von Kundus. Das
ist heute nicht anders: Ein einziger Truppenpsychologe ist für die
4500 deutschen ISAF-Soldaten in Afghanistan zuständig. Sollte
also ein Soldat sich tatsächlich entschließen, dessen fachliche
Hilfe in Anspruch nehmen zu wollen, so werden geografische
und organisatorische Hindernisse ein persönliches, zeitnahes
Gespräch fast unmöglich machen. Die meisten Betroffenen geben
nach den ersten Bemühungen ihre Suche nach Hilfe resigniert
auf. Der Weg ist zu weit, die Zeit zu lang, die Hindernisse sind zu
hoch.

Die Bundeswehr verkündet aber seit Jahren, die Netzwerke
würden sich »flächendeckend an den Standorten«[46] ausbilden,
oder sie behauptet sogar, das Netzwerk existiere »bereits personell
an jedem Standort«[47]. Selbstgerecht präsentierte die Bundeswehr
hierzu eine Deutschlandkarte, auf der das Netz von 81 Ansprechstellen eingezeichnet ist.[48] Die Karte vom Stand Mai 2009 ist im
Internet an verschiedenen Stellen noch auffindbar, unter anderem
bei der Militärseelsorge, soll aber nach Aussage der zuständigen
Pressestelle der Bundeswehr nicht mehr gezeigt werden. Vielleicht
liegt es daran, dass die Landkarte anschaulich macht, dass es eben
nicht an jedem Standort die entsprechenden Ansprechpartner
gibt. Das Saarland verfügt offenbar über kein psychosoziales Netzwerk. Auch in Hessen oder in weiten Teilen der Mitte Deutschlands
tun sich von Ost bis West erhebliche Lücken auf. In meiner aktiven
Dienstzeit und danach habe ich einige Damen und Herren aus
funktionierenden Netzwerken kennen gelernt. Diese arbeiten mit
hoher Motivation, oft auch in ihrer Freizeit und am Wochenende,
sehr eng und zielführend für die Einsatzsoldaten und mit deren
Familien zusammen. Besonders gute Ergebnisse können für alle
Beteiligten dort erzielt werden, wo eine enge Zusammenarbeit mit
den ortsansässigen Familienbetreuungszentren gelungen ist.

Aber das gilt nur für wenige Standorte. Für viele betroffene Soldaten sind solche Ansprechstellen zu weit weg, die Schwelle ist

eben viel zu hoch. Wollte man wirklich den Familien und Angehörigen helfen, so müsste für die Betroffenen ein Ansprechpartner ihres Vertrauens in ihrer Region vor Ort sein. Die Ehefrau eines Soldaten, die im nördlichen Hessen wohnt, wird wohl kaum in einer Kaserne anrufen, die Hunderte Kilometer entfernt ist und in der sie keinen Menschen kennt.

## Flächendeckend ist nur der Ärztemangel

Außerdem setzt ein solches Netzwerk voraus, dass an den jeweiligen Standorten auch Truppenärzte anwesend sind. Tatsache ist aber, dass Ärzte als Ansprechpartner nur selten greifbar sind. Seit Jahren wird darauf hingewiesen, wie gravierend der Ärztemangel in der Bundeswehr ist. Der Wehrbeauftragte des Deutschen Bundestages informiert darüber jedes Jahr aufs Neue das Parlament, die Medien und die Öffentlichkeit. In seinem Bericht für das Jahr 2008 bemängelt er, dass er bereits mehrfach auf dieses Problem aufmerksam gemacht habe und den Streitkräften mittlerweile 430 Sanitätsoffiziere fehlen.[49] Annähernd 100 Ärzte hätten die Kündigung bei der Bundeswehr eingereicht. Die Bundeswehr bestätigt dies zwar, weist aber auf den in Deutschland allgemein herrschenden Ärztemangel hin. Sie gibt als Antwort an den Wehrbeauftragten zu Protokoll, dass »erste Maßnahmen zur Steigerung der Attraktivität des Dienstes in den Streitkräften«[50] für Ärzte bereits umgesetzt werden konnten. Ein Jahr später kündigten aber noch mehr Ärzte der Bundeswehr ihren Dienst. Zwischenzeitlich waren im Jahr 2009 bis zu 600 Arztstellen nicht besetzt.[51]

Wie soll aber ein Netzwerk der Hilfe ohne Truppenärzte in den Kasernen funktionieren? Diese Frage beantwortet die Bundeswehr nicht. Vielmehr wird immer wieder das Psychosoziale Netzwerk als erfolgreiche Antwort auf den gestiegenen Bedarf an Betreuung gepriesen.

Der Ärztemangel ist umso gravierender, weil diejenigen Ärzte, die in den Kasernen noch ihren Dienst verrichten, nicht durchgängig für ihre Soldaten da sein können. Denn wegen des Mangels an medizinischem Personal müssen sie auch die in den Auslandseinsätzen entstehenden Fehlzeiten kompensieren, weil dort kein Arzt fehlen darf. Die Ärzte an den heimatlichen Standorten sind also immer häufiger selbst im Auslandseinsatz. Hinzu kommen bei den weiblichen Sanitätsoffizieren Abwesenheiten aus familiären Gründen. Natürlich ist es den Mitarbeiterinnen der Bundeswehr nicht vorzuwerfen, wenn sie Kinder bekommen und als Mütter für diese da sein wollen. Der Arbeitgeber Bundeswehr hat aber auf solche Fehlzeiten überhaupt keine Antwort. Seit Jahren liegt die Tagesantrittsstärke, also die Quote der Sanitätsärzte, die tatsächlich im Tagesdienst vor Ort anwesend sind, nur bei etwas mehr als 50 Prozent.[52] Für das Jahr 2009 waren von den Ärzten, die die Bundeswehr tatsächlich hat, durchschnittlich 43 Prozent abwesend und somit nicht am Standort.[53]

Der Ärztemangel ist im täglichen Dienstbetrieb vieler Standorte deutlich zu spüren – auch wenn einzelne Ärzte mit Hunderten von Überstunden belastet werden, um die Fehlzeiten ihrer Kolleginnen und Kollegen auszugleichen. Aber sie kommen gegen das Arbeitspensum nicht mehr an, auch weil die vorhandenen Ärzte sich mit immer mehr Zusatzaufgaben konfrontiert sehen: Eine Vielzahl von ihnen sind nicht nur Mediziner, sondern gleichzeitig Einheitsführer und somit auch für die Materialbewirtschaftung, das Qualitätsmanagement oder die Beurteilung ihrer Mitarbeiter zuständig. In ihren Standorten müssen sie selbst neben der allgemeinen Sprechstunde zusätzlich Aus- und Weiterbildungen durchführen oder die Hygiene- und Küchenbereiche regelmäßig überprüfen. Ihre Mitarbeit in einem psychosozialen Netzwerk wird den Bundeswehrärzten somit noch zusätzlich erschwert. Von einem flächendeckenden System der Hilfe kann hier nicht gesprochen werden, allenfalls von einem lokal begrenzten und durch viel Eigeninitiative stellenweise funktionierenden Zusammenschluss einzelner Funktionsträger.

Die Bundeswehr versucht zwar, den Personalmangel durch zivile Vertragsärzte zu mildern, doch eine vertrauensvolle und langfristige Zusammenarbeit in einem psychosozialen Netzwerk kann auch so nicht funktionieren, zumal die Qualität dieser Vertragsärzte nicht immer und an jedem Standort gegeben ist.

Als ich 2008 nach einem stationären Aufenthalt aus einem Bundeswehrkrankenhaus in meine Kaserne zurückkomme, stelle ich mich bei »meinem« Truppenarzt vor. Er wird aber durch einen Vertragsarzt vertreten, den ich nie zuvor gesehen habe. Dieser begrüßt mich herzlich, als wenn wir uns bestens kennen würden. Ich erkläre ihm, dass ich mich aus dem Krankenhaus zurückmelden wolle und ihm den Arztbrief von dort mitgebracht habe. »Ach ja«, fällt er mir ins Wort, »Sie sind der Leistenbruch!« Ich verstehe ihn nicht. Nein, kein Leistenbruch! Ich erkläre dem Doc, ich sei wegen einer PTBS im Krankenhaus gewesen, dass ich dort diagnostiziert worden wäre. »Was ist eine PTBS?«, fragt mich daraufhin der Arzt. Er hat offensichtlich noch nie von dieser Krankheit gehört.

Ein anderer Arzt an einem meiner Standorte hat vor dem ersten Gespräch mit mir zwar meine Krankenakte gelesen, auch die Facharztbefunde aus den Bundeswehrkrankenhäusern. Eindeutig steht darin die Diagnose PTBS, von einem Oberstarzt der Bundeswehr festgestellt. Aber dieser Kollege begrüßt mich mit den Worten: »Ach Quatsch, Sie haben keine PTBS, Sie sind doch gar nicht krank!«

Solche Ärzte trifft man in der Bundeswehr nach wie vor. Sie ignorieren mit solchen Sprüchen und Behauptungen nicht nur die Arbeit der versierten Fachärzte, Psychologen und Traumatologen, sondern missachten auch den seelischen Zustand der ihnen anvertrauten Patienten. Die meisten der betroffenen Soldaten geben nach einem solchen ersten Gespräch auf. Und wer soll ihnen dann helfen?

Das »Medizinisch-Psychologische Stresskonzept« des Jahres 2004 existiert in weiten Bereichen nur auf dem Papier. Ein Konzept ist zwar als Basis wichtig und notwendig, aber es ist noch nicht das wirkliche Leben. Das »Psychosoziale Netzwerk« gibt es

in Deutschland nicht in der Form, wie die Bundeswehr dies seit
Jahren darstellt, und schon gar nicht, wie es der Verteidigungs-
minister bis 2009 noch selbst verkündet hat: Standortnah, für alle
Soldaten, »rund um die Uhr an 365 Tagen im Jahr.«[54]

## Luftschloss Recreation-Center

Andere Vorhaben dieser Konzeption sind jedenfalls bis zu den
Einsatzsoldaten nicht vorgedrungen. In besagtem Stresskonzept
wurde 2004 festgelegt, dass Soldaten, die extremen psychischen
Belastungen ausgesetzt werden, die Möglichkeit erhalten sollen, in
einem »einsatznahen Raum« an einer »Kurzerholungsmaßnahme
(Recreation-Center)« teilzunehmen.[55] Sie sollten sich hier für die
Dauer von einigen Tagen unter Anleitung systematisch regenerie-
ren können. Ich selbst habe zwei Jahre nach dieser Ankündigung
ein solches »Erholungsheim« weder in Kundus noch irgendwo in
Afghanistan oder Usbekistan gesehen. Ich habe 2006 in meinem
Einsatz auch keinen anderen Soldaten, Vorgesetzten, Arzt, Pfarrer
oder Psychologen getroffen, der davon etwas wusste.

Immerhin greift der Bundesminister der Verteidigung die Idee
aus der Konzeption wieder auf und fragt 2006 auf einer Tagung
des Bundeswehrsozialwerks, ob die Bundeswehr nicht, wie andere
einsatzerfahrene Nationen auch, solche Recreation-Center aufbauen solle.[56] Offenbar ist ihm damals entgangen, dass diese Erho-
lungszentren längst durch sein eigenes Ministerium beschlossen
waren, aber eben bloß auf dem Papier.

Sein zuständiger Staatssekretär weiß es aber besser. Dieser
meint zeitgleich, diese Erholungs-Center würden nicht nur auf
dem Papier stehen, sondern tatsächlich in der Praxis funktionieren. Seiner Meinung nach hätten belastete Soldaten »bereits während des Einsatzes in drei- bis viertägigen ›Recreation-Centern‹
die Möglichkeit zur Stressentlastung, wo sie von Mitarbeiterinnen
und Mitarbeitern des Psychologischen Dienstes der Bundeswehr
und des Sozialdienstes der Bundeswehr betreut«[57] würden.

Ob diese Betreuungsmaßnahme nur auf dem Papier steht oder tatsächlich existiert, weiß also niemand so genau, aber bis in den Sommer 2010 hinein wird seitens der Bundeswehr diese Erholungsmaßnahme als Betreuungsmaßnahme im Einsatz angepriesen. Bei Bedarf könne, so der zuständige Staatssekretär, zur »Stabilisierung im Einsatz« eine »dreitägige Recreation-Maßnahme unter fachlicher Leitung in Anspruch genommen werden«.[58] Es scheint so, als ob sich diese Erfolgsmeldung über die Jahre verselbständigt hat, aber in der Realität selbst erfüllt, hat sie sich nicht. Oder aber diese »Kur-Zentren« im Einsatzland existieren wirklich, sind aber derart verlockend, dass sie den betroffenen Soldaten in der Schlammzone verheimlicht werden müssen, denn sonst würden sich nach einer Patrouille mit Feuergefecht wohl zu viele Soldaten gleichzeitig dorthin abmelden und der zuständige Kommandeur hätte keine Soldaten mehr. Das könnte freilich ein Grund sein, warum kein Soldat diese »Recreation-Center« kennt.

Einige wenige Afghanistan-Soldaten sind tatsächlich einmal zu einer Erholungsmaßnahme eingeladen worden, allerdings zum Ende ihres Einsatzes. Sie waren in Usbekistan mehrere Tage in einem Hotel, unter fachlicher Betreuung. Ob die Bundeswehr dieses Angebot wiederholen möchte, scheint fraglich. Einzelne Soldaten demolierten unter Alkoholeinfluss die Einrichtung ihrer Zimmer, andere trauten sich wenige Stunden nach dem Verlassen des Einsatzlandes in ähnlicher Umgebung überhaupt nicht unbewaffnet aus ihren Hotelzimmern. Die Rückkehrer des Afghanistan-Einsatzes aus dem Jahr 2010 konnten mir nicht berichten, dass sie ein ähnliches »Recreation«-Angebot erhalten hätten.

### Präventivkuren für die Rückkehr in den Alltag

Wie häufig Einsatzsoldaten tatsächlich Angebote annehmen, die zu funktionieren scheinen, lässt sich an den steigenden Zahlen der Präventivkuren ablesen. Diese in der Regel dreiwöchigen Kuren nach einem Einsatz, die für besonders belastete Soldaten im Rah-

1. Kurz vor einem Patrouillen-Einsatz mit einem Dingo 2 im Feldlager Kundus.
Zu der normalen Ausrüstung kommen noch Verpflegung (vor allem Wasser),
Rucksack, ABC-Schutzausstattung, Erste-Hilfe-Paket, diverse Taschenkarten
sowie Funk- und Führungsmittel und die 14 kg schwere Splitterschutzweste –
alles bei 40 Grad ohne Schatten.

2. Am Horizont erkennbar: das deutsche Feldlager Kundus vom Flugplatz aus gesehen. Eine ausfahrende Patrouille verschwindet in der Staubfahne.

3. Routine in Kundus: Der Arzt ist Teil der Patrouille, hier in einem Transportpanzer Fuchs (beweglicher Arzttrupp).

4. Die Gelegenheit für Schnappschüsse ist selten: kurze Pause während einer Patrouille im Einsatz in Afghanistan.

5. Schutz vor Angriffen? Dieser Wolf-Geländewagen hat ein offenes Gitter und eine Plane. Mich schützen nur Helm und Splitterschutzweste – und das Mundtuch gegen den Staub. Wir fahren durchs Land wie im Wilden Westen.

6. Unters Volk gemischt: zu Fuß unterwegs im Norden Afghanistans. Im Hintergrund das Aufklärungsfahrzeug Fennek.

7. Patrouille: absitzen, beobachten, aufklären.

8. Ausnahmsweise mal nicht gepanzert: »Einsatzfahrzeug« innerhalb des Feldlagers Kundus. Dahinter noch ungeschützte Zelte als Notunterkünfte für unsere Soldaten.

9. Der ungepanzerte Geländewagen Wolf und der Transportpanzer Fuchs.

10. Ist das auch in Zukunft möglich? Freundlich und interessiert begrüßt die örtliche Bevölkerung eine deutsche Patrouille.

11. Als Presseoffizier an der Seite des Ministers (hier der damalige Verteidigungsminister Dr. Franz Josef Jung).

12. Auch im Trubel des Tagesgeschäfts wollen die Worte wohl gewählt sein. Die Medien brauchen einen O-Ton häufig spontan, die Zeit für Vorbereitung ist oft knapp.

13. Auch das gehört zu meiner Aufgabe als Presseoffizier: das Gespräch mit dem Minister vor der Abschlusspressekonferenz im alten Flughafengebäude von Kundus (hier der damalige Außenminister Dr. Frank-Walter Steinmeier).

14. & 15.  Der Frieden trügt: Abendstimmung im Lager Kundus.

16. Sekundenbruchteile für eine Entscheidung zwischen Leben und Tod. Ausblick von einem Dingo während der Fahrt: Was sehe ich, wie bewerte ich die Szene? Rechts warnen unscheinbare weiß-blaue Steine, das Zeichen für ein Minenfeld: Todeszone! Wir müssen durch einen Engpass, können nicht ausweichen. Die vor uns fahrende Patrouille hat diese Stelle passiert und verschwindet bereits in der staubigen Ferne. Links vorne ein landestypisches Fahrzeug, ein weißer Toyota? Kein Mensch zu sehen, kein Dorf in der Nähe. Was steht neben dem Auto? Davor eine dunkle Stelle und ein großer Stein. Ein Hinterhalt? Wo ist die Sprengladung? Vielleicht das Auto? Anhalten – und einen Beschuss riskieren, oder schneller fahren und durchstoßen? Sollen wir getrennt werden von der anderen Patrouille? Ich sitze im ersten Fahrzeug, dann werden sie mich sprengen und alle hinter mir fahrenden Fahrzeuge danach unter Feuer nehmen.

Wir fahren immer noch – wann kommt der Knall?

Wie weit sind wir vom Tod entfernt?

17. Alltag auf Patrouille. Die Straße wimmelt von Menschen, Tieren, Fahrzeugen. Wo könnte der Selbstmordattentäter sein?

18. Nach dreißig Jahren Krieg in Afghanistan ist das Land ein Arsenal von Waffen und Munition. Der Feind setzt Granaten und Raketen in allen tödlichen Varianten gegen uns ein.

19. Abschussrampe auf afghanisch – einfach, aber sehr wirkungsvoll: Man lege eine alte Granate auf den Boden, richte sie grob mit Steinen aus (auf ein deutsches Feldlager), Zündschnur anbringen, zünden.

20. Kundus 2008: Anschlag auf einen Dingo der Bundeswehr.

21. & 22. Kabul, 7. Juni
2003: Anschlag auf die
Bundeswehr. Die Soldaten
im Bus hatten ohne Pan-
zerung keine Chance bei
der Wucht der Detonation.
Auf den OP-Tischen kämpf-
ten die Ärzte rund um die
Uhr mit Notoperationen
für die Stabilisierung der
Schwerstverletzten – bis
diese zur Weiterbehandlung
in deutsche Bundeswehr-
krankenhäuser ausgeflogen
werden konnten.

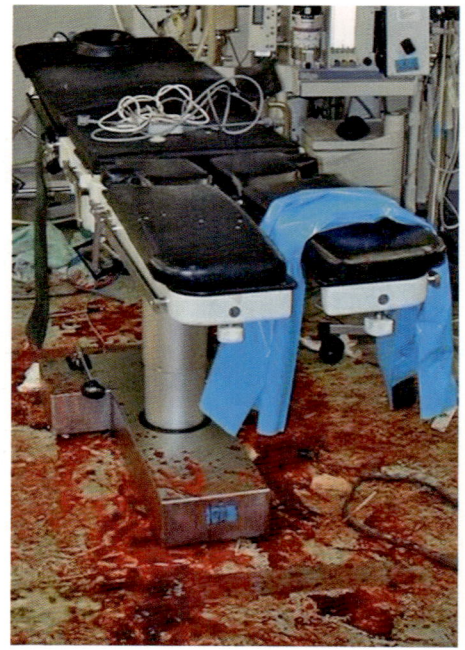

23. Der Mannschaftsbus kurz nach der Detonation. Tragische Bilanz des Terrors: vier getötete und 29 zum Teil sehr schwer verletzte Soldaten.

24. Der Feind schießt scharf! Treffer an der gepanzerten Scheibe eines deutschen Fahrzeugs.

25. Bereits in den ersten Jahren des Afghanistaneinsatzes sterben Soldaten. Ein zerstörter, ungepanzerter Geländewagen Wolf.

26. Die letzte Reise.

27. Wohnhaus in Sarajevo, 1998. Hier wohnten einmal Menschen der »falschen« Ethnie.

28. Wohnhaus in Mostar, 1999. Gnadenloser Beschuss unter ehemaligen Nachbarn – von einem Haus zum anderen.

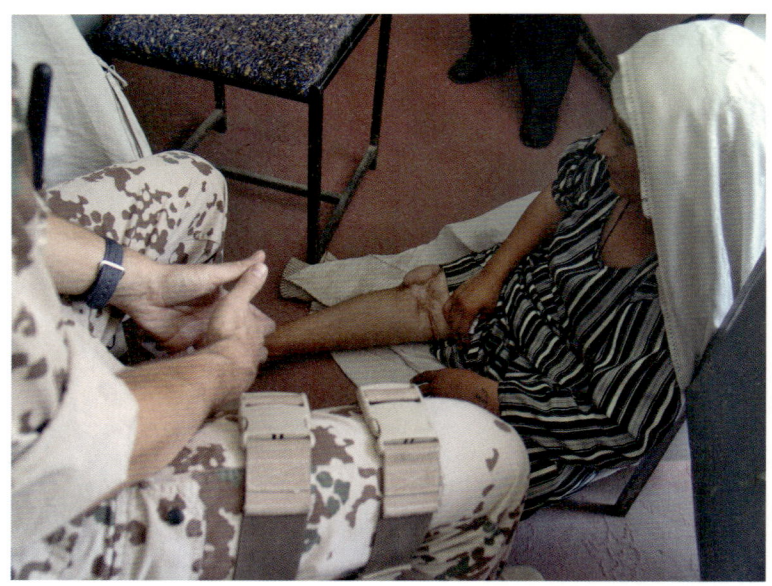

29. Der Krieg hinterlässt seine Narben: Granatsplitter zerstörten das Knie einer afghanischen Frau.

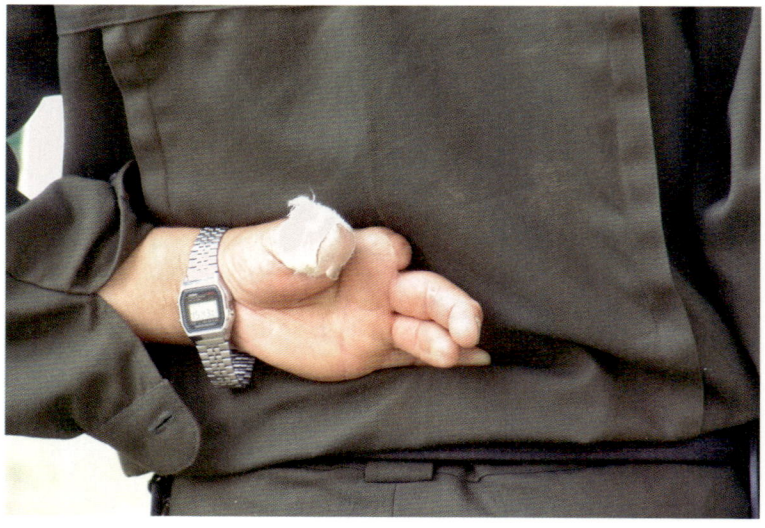

30. Die Normalität des Krieges: Wer überlebt, ist gezeichnet für den Rest seines Lebens.

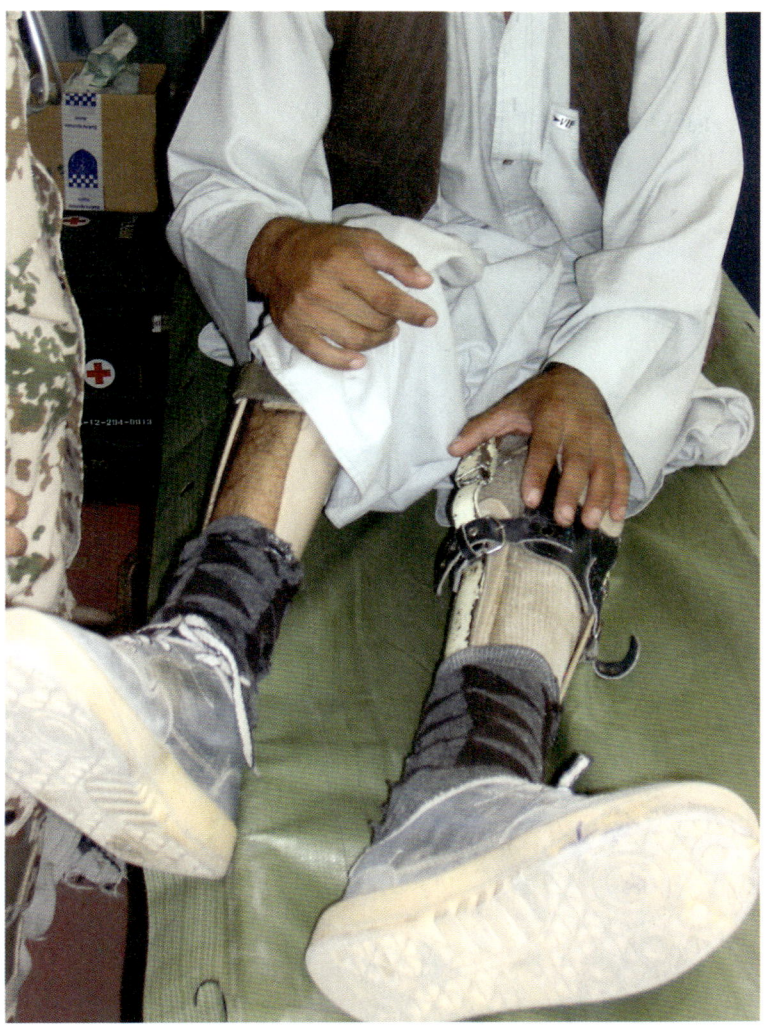

31. Nach den Schmerzen folgt das Leid: Oft fehlen die passenden Prothesen. Vor allem für Kinder in der Wachstumsphase ist der Bedarf hoch, sie benötigen ständig neue.

32. Ein Grundstück in Afghanistan: auf allen Seiten von Lehmmauern umschlossen. Links das Wohngebäude, die freie Fläche ist der Garten.

33. Der seltene Blick hinter die Mauer eines Anwesens. Hauseingang mit Kochstelle neben der Tür und spielende Kinder.

34. Eine landestypische Besprechung: Mullahs und Dorfälteste sitzen auf dem Boden, Männer und Jungen dürfen zuhören, Frauen sind nicht zugelassen.

35. Regeln in Afghanistan: Vor dem Betreten der Moschee oder während des Essens auf dem Boden werden die Schuhe ausgezogen. Auch wir Soldaten halten uns daran.

36. Wasser bedeutet Leben. Reisfelder und Wald in der Nähe eines Flusses.

37. Die wenigen fruchtbaren Flächen in der Nähe von Wasserläufen werden mit Bewässerungsgräben am Leben gehalten – wie vor 2 000 Jahren.

38. & 39.  Werden sie jemals für die Sicherheit in ihrem Land sorgen können?
Afghanische Polizisten (ANP) sind stolz auf ihre neuen Warnwesten in Leucht-
farbe, die Trillerpfeifen und Verkehrskellen. Afghanische Soldaten (ANA)
bereiten sich in der Ausbildung auf die Herausforderungen der Zukunft vor.

40. Kinder sind die Zukunft des Landes. Auf ihrer Generation lastet eine große Verantwortung.

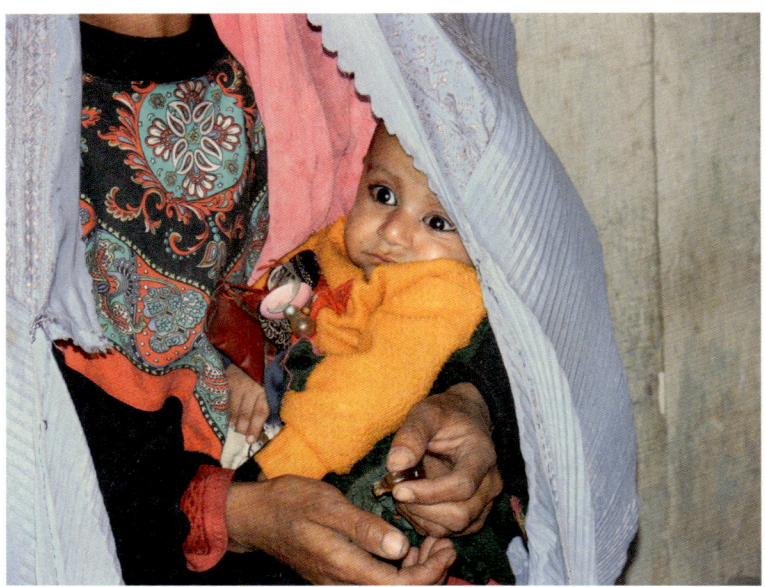

41. Der seltene Blick unter eine Burka.

42. Ein afghanischer Junge singt ein religiöses Lied auf der Eröffnungsfeier einer neuen Schule – ein kleiner Hoffnungsschimmer für ein geschundenes Land.

43. Vielleicht weiß er es noch nicht, aber durch einen Schulbesuch hat er die Chance auf eine Zukunft.

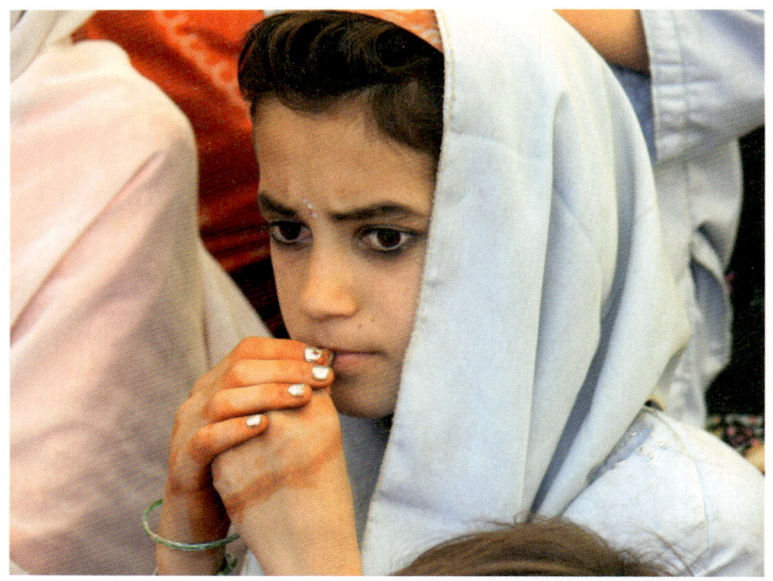

44. Afghanische Schülerin. Im Norden des Landes können 80 Prozent der Menschen weder lesen noch schreiben. Noch ist dieses Mädchen nicht zwangsverheiratet.

45. Aufbau einer Zeltschule in der Wüste Afghanistans.

46. Schulklasse in einem neu errichteten Klassenraum: Zelt, Teppich und Tafel, ein Geschenk aus Deutschland.

47. Einweihung einer neuen Schule, gebaut mit deutscher Hilfe.

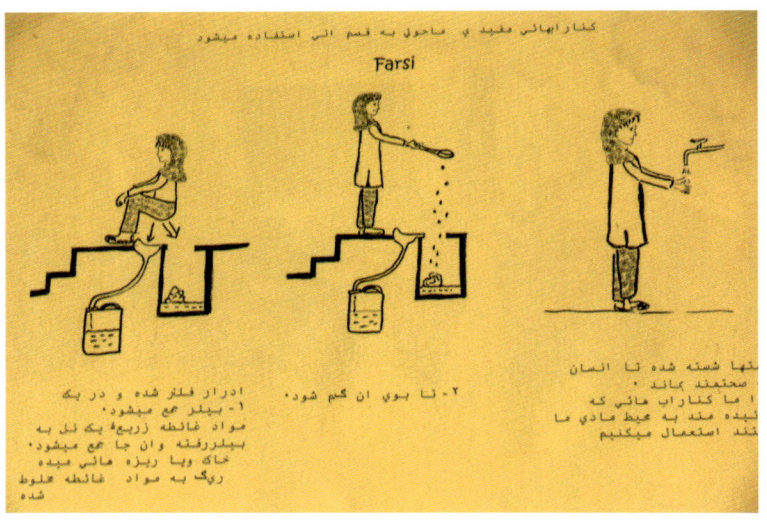

Farsi

48. & 49. Eine WC-Anlage in einer Schule – Bildung für alle beginnt auch mit dem Hygieneunterricht. Für viele Kinder in Afghanistan ein völlig neues und unbekanntes Thema.

50. & 51.  Kinder an einer Wasserstelle. Sie müssen Trinkwasser für ihre Familien oft viele Kilometer weit nach Hause transportieren – Wasser, das eigentlich ungenießbar ist.

52. & 53. Ein neu gebohrter Brunnen: endlich frisches Trinkwasser aus dem Boden.

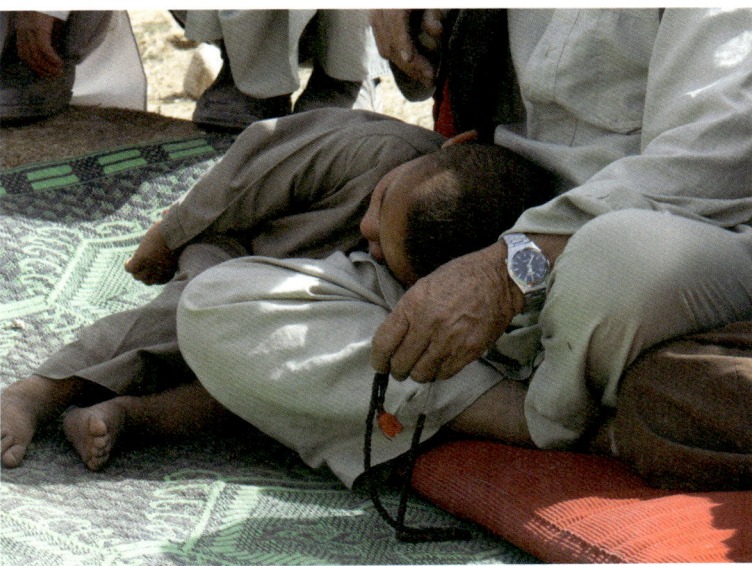

54. & 55. Die Lebenserwartung in Afghanistan beträgt durchschnittlich vierzig Jahre. Die alte Generation ist gezeichnet durch Krieg, Mangelernährung und Armut, die Kindersterblichkeit ist sehr hoch.

56.–59. Der Hammel wird frisch geschlachtet und auf einem Höhlenfeuer gekocht – eine große Ehre für den Gast. An einem Abhang graben die Männer für einen »Herd« zwei Löcher in den Lehmboden, eins zum Befeuern, das andere, um den Kessel einzulassen.

60. & 61. Afghanisches Essen in gastfreundschaftlicher Runde. Man sitzt auf Tüchern und Teppichen auf dem Boden, und alle essen mit der Hand aus den gleichen Schüsseln (meist ohne Besteck) – so kommt man sich nahe.

men eines Erholungskonzeptes durch die Bundeswehr seit 1999 angeboten werden, finden regen Zuspruch, wie die Zahlen der letzten Jahre belegen:

Seit 2005 hat sich die Anzahl der Soldaten, die eine solche Kur in Anspruch genommen haben, jedes Jahr nahezu verdoppelt (siehe Grafik Seite 130). Die ersten Zahlen aus dem Jahr 2010 bestätigen diese Entwicklung. Hält dieser Trend bis Ende des Jahres an, dann gehen in 2010 voraussichtlich 2700 deutsche Soldaten nach ihrem Einsatz in eine Präventivkur. Vor dem Hintergrund dieser Zahlen lässt sich erahnen, wie hoch also der Bedarf an wirklich geeigneten Maßnahmen für die betroffenen Soldaten und deren Angehörige tatsächlich ist.

Die Bundeswehr sollte sich daher nicht ausruhen und damit zufrieden geben, dass die Präventivkuren angenommen werden. Vielmehr sollte sie das als Alarmsignal betrachten und dieses Angebot ausbauen – beispielsweise für jeden Soldaten nach dem Einsatz, der eine solche Kur in Anspruch nehmen möchte, nicht nur für die, die eine »besondere Belastung« nachweisen können. Darüber hinaus sollte das Angebot generell auch auf das direkte soziale Umfeld ausgeweitet werden: auf Ehe- und Lebenspartner und, falls vorhanden und erwünscht, auch auf die gemeinsamen Kinder. Einsätze sind nicht nur die Einsätze der Soldaten. Die Familien sind auch im Einsatz, sind betroffen als Ehemann oder Ehefrau, als Vater, Mutter, Freundin, Sohn oder Tochter – mit allen Folgen für den Alltag, in der Partnerschaft, in der Schule oder im Kindergarten.

Was in diesem Bereich möglich ist, zeigen uns die Nachbarn in Europa: In Dänemark bietet die Heeresführung den Veteranen aus Afghanistan generell eine dreimonatige Vollzeitnachbetreuung an. Fast alle Soldaten des aus Helmand/Afghanistan zurückgekehrten Regiments nahmen dieses Angebot an.[59] Auch die holländische Armee hat ein interessantes Modell entwickelt: Rückkehrer aus Afghanistan werden nicht direkt in die Heimat geflogen und dort einfach in ihren privaten oder dienstlichen Alltag entlassen. Sie fliegen zunächst nach Kreta. Alle Veteranen verbringen dort

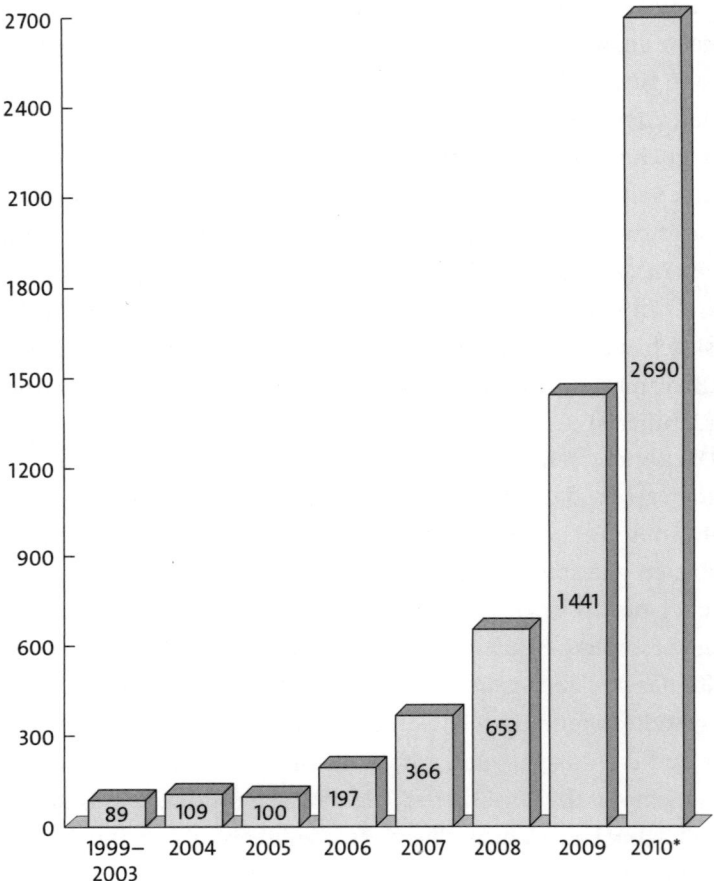

* Der Wert für 2010 beruht auf einer Schätzung aktueller Zahlen. Per Juli 2010 waren es
bereits 1345.

*Quelle:* BMVg, Parlamentarischer Staatssekretär Thomas Kossendey, interner
Bericht über getroffene Maßnahmen zur Betreuung und Behandlung von
PTBS erkrankten Bundeswehrsoldatinnen und -soldaten, Az–1780002–V36-
vom 4.5.2010, S. 2. Zahlen für 2010 nach Auskunft des Presse- und Informa-
tionszentrums des Sanitätsdienstes vom 14.7.2010.

zusammen einige Tage unter Betreuung, um nicht mit der Anspannung des Einsatzes direkt nach Hause zu kommen. Die holländische Soldatengewerkschaft fordert jetzt den Ausbau und die
Verlängerung dieses Programms.[60]

Es gäbe also in der Betreuung von Veteranen noch viel zu tun für die Bundeswehr, und man könnte von zahlreichen guten Ideen unserer Nachbarn profitieren. Verbesserungen im System Bundeswehr sind aber kaum möglich, wenn offiziell verlautbart wird, alle Maßnahmen seien bereits ergriffen und überall sei man erfolgreich. Selbst wenn von höchster Stelle der Politik auf Mängel hingewiesen wird, versucht die Bundeswehr hartnäckig und beständig die Mängel kleinzureden, die eigenen Maßnahmen als hinreichend darzustellen, oder man reagiert erst auf Druck sehr zögerlich und zeitversetzt auf notwendige Veränderungen. Anzustreben wäre hier ein intensiver Austausch mit den anderen Nationen. Man könnte voneinander lernen, miteinander nach Lösungen suchen, gemeinsame Konzepte und Projekte entwickeln.

## Das PTBS-Forschungszentrum (Trauma-Zentrum)

Ein weiterer kritischer Punkt in der Erfolgsbilanz der Bundeswehr ist das PTBS-Forschungszentrum. Schon vor Jahren wurde es eindringlich von Politikern und vielen Medizinern gefordert.

Zunächst wehrte die Bundeswehr ab, es gäbe gar keine Überlegungen darüber, ein solches Forschungszentrum einzurichten. Man könne zwar nichts über den wahrscheinlichen Anstieg von PTBS-Fällen sagen und die Dunkelziffer der betroffenen Soldaten sei nicht bekannt. Aber man wolle prüfen, ob es Sinn mache, hierzu eine Studie in Auftrag zu geben, hieß es noch 2006.[61] Ein Jahr später ist die Bundeswehr der Meinung, durch eine Umstrukturierung der Bundeswehrkrankenhäuser habe man »verbesserte Strukturen für die PTBS-Forschung geschaffen«, obgleich ein Anstieg an PTBS in der Truppe »gegenwärtig nicht erkennbar«[62] sei. Daher sehe die Bundeswehr weiterhin keine Notwendigkeit, ein Forschungs- oder Kompetenzzentrum für PTBS aufzubauen. Mit den knappen Haushaltmitteln habe das nichts zu tun, versichert die Bundeswehr auf Anfrage.[63] Die Bundeswehr ist also 16 Jahre

nach den ersten Einsätze und nach sechs Jahren Einsatz deutscher
Soldaten in Afghanistan der Meinung, dass es ausreichend sei, den
wenigen Psychologen in den Bundeswehrkrankenhäusern auch
noch die Forschungsarbeit zu überlassen. Genaue Untersuchungen über die Fallzahlen von an PTBS Erkrankten lägen zwar nicht
vor, aber die bräuchte man offenbar nicht.

Die wenigen Befürworter eines PTBS-Zentrums, wie Oberstarzt Dr. Karl-Heinz Biesold oder der damalige Wehrbeauftragte
Reinhold Robbe, finden trotz mahnender Worte kaum Gehör. Sie
forderten schon lange ein Zentrum für PTBS-Erkrankungen, »das
diesen Namen wirklich verdient.«[64]

Aufgrund der Verweigerungshaltung der Bundeswehr vergehen weitere zwei Jahre, bis der politische Druck durch die Parteien des Deutschen Bundestages wächst. Immer wieder kommt
es zu Anträgen und Anfragen im Parlament. Betroffene Soldaten
treten an die Öffentlichkeit, melden sich in den Medien zu Wort.
Erstmals bekennen sich Soldaten zu ihrer PTBS. In der ARD wird
durch den Spielfilm *Willkommen zuhause* Anfang 2009 der brei-
ten Öffentlichkeit das Leben eines jungen Veteranen mit PTBS in
Deutschland vor Augen geführt. Im Februar 2009 beschließen
die Fraktionen des Deutschen Bundestages in einem gemeinsamen Antrag, »die vorhandenen und gegebenenfalls neuen
Einrichtungen der Bundeswehr zu einem Kompetenz- und Forschungszentrum zur Behandlung von PTBS in der Bundeswehr
zusammenzufassen« und »eine Studie in Auftrag zu geben, mit
der Erkenntnisse zur Dunkelziffer der von PTBS betroffenen Soldaten, die sich nicht zur medizinischen Betreuung melden, gewonnen werden können«.[65]

Jetzt reagiert die Bundeswehr. Verteidigungsminister Franz-
Josef Jung verkündet im Bundestag am 12. Februar 2009, dass er
einen »Arbeitsbereich ›Psychische Gesundheit‹ beim Institut für
Medizinischen Arbeits- und Umweltschutz der Bundeswehr« in
Berlin einrichten werde. So würde ein »Forschungs- und Kom-
petenzzentrum entstehen«.[66]

Die Debatte im Deutschen Bundestag verläuft selten einmütig. Alle Redner der verschiedenen Parteien bestätigen einvernehmlich die Wichtigkeit der Beschlüsse, weisen daraufhin, dass jetzt auch Taten folgen müssten, dass sie hinter den Soldaten und deren Familien stehen würden. In der Debatte bemängeln einige Parlamentarier, dass sich die Bundeswehr erst sehr spät diesem Thema stelle. Der Grünen-Abgeordnete Winfried Nachtwei betont, dass es ein »echtes Forschungszentrum« sein müsse und nicht bloß eine Alibifunktion haben dürfe. Er wirft dem Verteidigungsminister vor, dass das Forschungszentrum bislang lediglich eine Art »Arbeitsgruppe« ohne Mehrausstattung sei.[67] Für seine mahnenden Worte im Deutschen Bundestag erhält Nachtwei den Applaus der Abgeordneten aller Fraktionen.

Die Studie ist mittlerweile in Auftrag gegeben, aber die Ergebnisse lassen auf sich warten. Die wissenschaftliche Leitung der »Dunkelzifferstudie« obliegt der Technischen Universität Dresden. Erste Ergebnisse sollen Ende 2010 veröffentlicht werden. Das heißt, erste fundierte Daten sind erst nach zwanzig Jahren Auslandseinsätzen zu erwarten.

Ihr »Forschungs- und Kompetenzzentrum« hat die Bundeswehr am 1. Mai 2009 in Berlin gegründet, aber weder mit hinreichendem Personal noch mit notwendigem Material ausgestattet, um es wirklich arbeitsfähig zu machen. Eine Handvoll Dienstposten wurden hierfür bereitgestellt, aber nur die Hälfte davon besetzt. Der Wehrbeauftragte Reinhold Robbe kommt in seiner Bewertung dieses Zentrums zu dem Schluss, dass es »zumindest zweifelhaft«[68] erscheine, ob die erwarteten Forschungsleistungen erbracht werden könnten. In der offiziellen Verlautbarung wurde dieses erste Zentrum als »Meilenstein«[69] für die Forschungsaktivitäten der Bundeswehr bezeichnet. Wieder so eine Erfolgsmeldung.

Seit der Gründung des Zentrums ist ein weiteres Jahr ohne Taten verstrichen. Selbst dem neuen Bundesminister der Verteidigung, Karl-Theodor zu Guttenberg, erschien diese schleppende Entwicklung unangemessen. Am 2. Mai 2010 weist er an, den Fachbereich

»Psychische Gesundheit« und die Abteilung »Psychiatrie« des Bundeswehrkrankenhauses in Berlin zu einem neuen »Trauma-Zentrum« zusammenzulegen. Nun scheint Bewegung in die Sache gekommen zu sein, weil ein Minister endlich anordnete, was seit langem gefordert wird. 45 Dienstposten und ein Etat von drei bis vier Millionen Euro sind jetzt dafür vorgesehen.[70]

Es bleibt jedoch abzuwarten, ob dieser wichtige erste Schritt tatsächlich zum Erfolg führt. Die meisten Mitarbeiter dieses »neuen« Trauma-Zentrums wechseln lediglich ihr Türschild. Sie waren bisher Mitarbeiter im »Institut für den Medizinischen Arbeits- und Umweltschutz der Bundeswehr«. Und dieses Berliner Bundeswehr-Institut ist schon zuvor scharf kritisiert worden. Eines der wichtigsten wissenschaftlichen Beratungsgremien in Deutschland, der Wissenschaftsrat, kommt 2009 in seiner abschließenden Stellungnahme zu dem Ergebnis, dass es dem Institut »quantitativ und qualitativ an forschungserfahrenem, wissenschaftlichem Personal«[71] mangele. Die Forschungsleistungen würden im Institut »nicht in gebotener Qualität und im notwendigen Umfang erbracht«, es sei daher »zwingend erforderlich«, das Institut entweder sehr kosten- und zeitaufwendig einer Umstrukturierung zu unterwerfen oder gar ganz zu schließen.[72] Es scheint der Bundeswehr immer noch schwer zu fallen, sich mit PTBS angemessen zu beschäftigen.

## So lügt man mit Statistik – PTBS-Fälle in Zahlen

Wie schwer sich die Bundeswehr mit PTBS tut, zeigt auch ihre Ermittlung der Anzahl der davon betroffenen Soldaten nach einem Einsatz.

Die offizielle Version der militärischen und politischen Führung der Bundeswehr liest sich die letzten Jahre durchgängig so: »Bezogen auf die Gesamtzahl der eingesetzten Bundeswehrsoldaten beträgt die Häufigkeit psychischer Belastungsreaktionen seit Jahren unverändert lediglich etwa 1 bis 2 Prozent, und weniger als 1 Prozent entwickeln eine Posttraumatische Belastungsstörung (PTBS).«[73] Und natürlich wird diese sehr niedrige Quote auch im Vergleich zu anderen Nationen als Erfolg verbucht: Die Quote von 1 Prozent liege »unter dem internationalen Durchschnitt«[74] oder »weit unter den Zahlen von Betroffenen bei anderen Streitkräften.«[75] Erklärt wird die Quote mit der »guten psychologischen Betreuung der Bundeswehr, die im Gegensatz zu anderen Nationen bereits weit im Vorfeld des eigentlichen Auslandseinsatzes beginnt«.[76] Für die letzten Jahre zählt die Bundeswehr folgende offizielle PTBS-Fälle:

| Einsatzgebiet | 1996–2003 | 2004 | 2005 | 2006 | 2007 | 2008 | 2009 | 2010 1. Halbjahr |
|---|---|---|---|---|---|---|---|---|
| KFOR | 213 | 12 | 38 | 24 | 12 | 19 | 42 | o. A. |
| EUFOR | 105 | 4 | 8 | 4 | 7 | 0 | 6 | o. A. |
| ISAF | 30 | 84 | 75 | 55 | 130 | 226 | 418 | o. A. |
| Gesamt | 348 | 100 | 121 | 83 | 149 | 245 | 466 | 316 |

PTBS-Fälle bei der Bundeswehr, Version 2010

*Quelle:* Bundesministerium der Verteidigung, Parlamentarischer Staatssekretär Thomas Kossendey, interner *Bericht über getroffene Maßnahmen zur Betreuung und Behandlung von PTBS erkrankten Bundeswehrsoldatinnen und -soldaten,* Az-1780002–V36- vom 4.5.2010, S. 3. Zahlen 1. Halbjahr 2010: www.sanitaetsdienst-bundeswehr.de, *PTBS-Fälle im 1. Halbjahr,* Bonn/München, 16.7.2010.

Dabei versäumt die Sanitätsführung ebenso wie das Ministerium regelmäßig zu erläutern, wie diese Zahlen zustande kommen. Zum einen werden die Fälle damit erklärt, es handele sich um »untersuchte«[77] Soldaten, anderseits wird gesagt, es handele sich um Soldaten, die nach einem Einsatz »untersucht und/oder behandelt«[78] wurden, oder es wird von »diagnostizierten«[79] Soldaten gesprochen.

Ab wann bin ich als Soldat eigentlich ein PTBS-Fall für die Statistik der Bundeswehr? Ich selbst war mehrfach nach meinem

Afghanistan-Einsatz in Bundeswehrkrankenhäusern. »Verdacht auf PTBS« lauteten die ersten Diagnosen. Damit falle ich wohl noch nicht als Zählfall in diese Statistik, weil die Diagnose noch nicht bestätigt ist, oder etwa doch, weil ich bereits darauf hin untersucht wurde?

Nachdem ich eine Vielzahl von Untersuchungen überstanden habe und sich der Verdacht dann bestätigt, erhalte ich ein Gutachten durch ein Bundeswehrkrankenhaus mit der Diagnose PTBS. Tauche ich ab diesem Zeitpunkt in der Statistik auf, und wenn ja, in welchem Jahr?

Nach der Begutachtung erkennt die zuständige Wehrbereichsverwaltung das Ergebnis aber nicht an und teilt mir mit, ich hätte keine PTBS. Bin ich nun für die Bundeswehrstatistik ein PTBS-Fall oder nicht? Werde ich vielleicht aus der Liste wieder gestrichen? Oder ist mein Fall noch gar nicht gelistet, weil die anhängigen Verfahren vor dem Sozialgericht noch nicht abgeschlossen sind? Dann würde ich wohl erst in einigen Jahren mitgezählt werden, wenn irgendwann einmal ein rechtskräftiges Urteil vorliegen sollte. Aber wer wird das dann der Bundeswehr nachmelden?

Ab wann ein betroffener Soldat ein Zählfall für die Bundeswehr wird, kann und will die Statistik nicht beantworten. Die offiziellen Zahlen der Bundeswehr sind schwer zu durchschauen und verwirrend – so verwirrend, dass die Bundeswehr offensichtlich selbst nicht weiß, welche Zahlen sie wann meldet.

Ich kenne viele Kameraden, denen man zweifelsfrei und amtlich eine PTBS nach ihrem Einsatz bestätigt hat, die aber in der oben aufgeführten Statistik nicht mitgezählt werden. Dies lässt sich schon aufgrund der angegebenen Einsätze belegen: KFOR, EUFOR und ISAF sind die einzigen Operationen, auf deren Grundlage die Bundeswehr heute PTBS-Fälle benennt. Was ist mit all den anderen Ländern und Missionen, in denen ebenfalls deutsche Soldaten eingesetzt wurden und werden? Gibt es aus diesen Einsätzen keinen einzigen Soldaten, der an PTBS leidet? Gesetzt diesen Fall, würde eine seriöse Statistik sämtliche Missionen auflisten und selbstverständlich ebenso auch den unbedingt zu gewichtenden Sonderfall, dass es in einem Jahr oder gar während einer ganzen Mission keinen PTBS-Fall gab, mit einer Null erfassen. Die Zahlen der Bundeswehr über PTBS-Fälle können nicht stimmen. Aber da sie von offizieller Seite veröffentlicht werden – sogar gegenüber dem Parlament –, werden sie von allen Medien unkommentiert und unhinterfragt übernommen.

Eine Bestätigung für dieses statistische Schönrechnen liefert die Bundeswehr selbst: Im Jahr 2006 beantwortete sie eine Anfrage der Fraktion Die Linke noch mit einer ganz anderen Übersicht über die PTBS-Fälle:

| | 1996–2000 | 2001 | 2002 | 2003 | 2004 | 2005 | Summe |
|---|---|---|---|---|---|---|---|
| KFOR | 102 | 59 | 36 | 16 | 12 | 45 | 270 |
| SFOR | 71 | 10 | 22 | 2 | 4 | 9 | 118 |
| ISAF | 0 | 0 | 0 | 30 | 84 | 86 | 200 |
| sonstige | 0 | 9 | 22 | 10 | 5 | 6 | 52 |
| gesamt | 173 | 78 | 80 | 58 | 105 | 146 | 640 |

PTBS-Fälle bei der Bundeswehr, Version 2006

*Quelle:* Deutscher Bundestag, Drucksache 16/2587, *Antwort der Bundesregierung auf die Kleine Anfrage der Abgeordneten Katrin Kunert u. a., Fraktion DIE LINKE,* Drucksache 16/2482, *Posttraumatische Belastungsstörungen von Soldatinnen und Soldaten,* Antwort Nr. 14, 15.9.2006.

Vergleicht man diese Angaben mit der Version 2010 (Tabelle 2), fällt auf, dass die Bundeswehr im Jahr 2006 die »sonstigen« Einsätze noch mitzählt, in denen bis zum Jahr 2005 insgesamt 52 Soldaten an PTBS erkrankt waren. Vier Jahre später gibt es diese »sonstigen Fälle« nicht mehr. Und bei den genauer bezeichneten Missionen werden es von Mal zu Mal weniger.

So behauptet die Bundeswehr heute, beim KFOR-Einsatz hätte es in 2005 nur 38 PTBS-Fälle gegeben, vier Jahre zuvor zählt sie

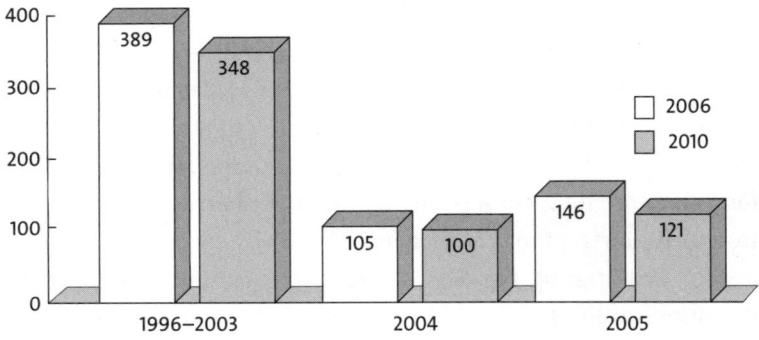

PTBS-Fälle bei der Bundeswehr, Vergleich 2006 und 2010

aber noch 45 Fälle für dasselbe Jahr, und beim ISAF-Einsatz verblieben nur noch 75 PTBS-Fälle von ursprünglich 86 bundeswehrgezählten Fällen. Obwohl für beide offiziellen Statistiken die Bundeswehr unterschreibt, werden für den Zeitraum der Einsätze von 1996 bis 2005 auf diesem Wege insgesamt mindestens 71 PTBS-Fälle weniger gezählt. Die sind im Jahr 2010 verschwunden. Was auch immer hinter diesen Zahlenspielen steckt, die Wahrheit ist es jedenfalls nicht.

Das Bundesministerium der Verteidigung antwortet Ende 2006 auf eine Anfrage im Parlament, dass zwischen dem 1. Januar 1996 und dem 30. Juni 2006 in den Bundeswehrkrankenhäusern insgesamt 684 Soldaten nach einem Auslandseinsatz wegen einer posttraumatischen Belastungsstörung untersucht und behandelt worden seien.[80] Obwohl bei dieser Zählweise das Jahr 2006 erst zur Hälfte verstrichen und statistisch erfasst ist, sind hier bereits 32 PTBS-Fälle mehr notiert als im Vergleichszeitraum, der vier Jahre später von der Bundeswehr verkündet wird.

Davon abgesehen lässt die Statistik alle die Soldaten unberücksichtigt, die wegen starker psychischer Störungen ihren Einsatz abbrechen und nach Deutschland zurückfliegen mussten. Nicht mitgezählt sind auch die zahlreichen Soldaten, die zunächst wegen anderer psychischer Erkrankungen nach einem Einsatz behandelt werden müssen (Überforderungssyndrome, Erschöpfungsdepressionen) und bei denen erst Jahre später eine PTBS festgestellt werden kann. Sie mitgezählt würden hunderte Soldaten mehr in der Statistik erscheinen.

Mir persönlich könnte es egal sein, ob oder wann ich als Zählfall in einer Statistik als »PTBS-Fall« auftauche. Das eigene Schicksal lässt sich in keiner Tabelle darstellen oder ablesen, weder in der Liste gefallener Kameraden noch in einer Statistik der Verwundeten oder der Selbstmorde in der Bundeswehr. Gleiches gilt für die PTBS-Übersicht. Aber es ist doch wohl das Mindeste, was man von der Bundeswehr erwarten sollte, dass die vorgelegten Zahlen wenigstens den Tatsachen entsprechen. Oder sind sie nur falsch berechnet worden?

Diese Zahlen stammen aber nicht von einem einzelnen Mitarbeiter, der aus Versehen ein paar Soldaten vergessen hat. Diese Zahlen werden hin und her gemeldet und überprüft, schließlich durch hohe Vorgesetzte mitgezeichnet und abgesegnet, an den Staatssekretär übergeben, dort noch einmal besprochen und dann offiziell veröffentlicht. Das Parlament, die Medien, der Wehrbeauftragte, die Öffentlichkeit – alle werden mit diesen Zahlen informiert. Aus ihnen entsteht Handlungsbedarf und aus ihnen ergeben sich politische Entscheidungen:

Wie hoch ist der Anstieg der PTBS-Fälle? Wie viele Ärzte und Krankenhausbetten müssen bereit gehalten werden? Funktionieren unsere Betreuungskonzepte? Ist unsere Prävention ausreichend? Werden die Angehörigen angemessen unterstützt? Wie teuer ist die Versorgung der Veteranen? Bis hin zu den Fragen: Wie versorgen wir diese Veteranen angemessen und wie viele sind es tatsächlich?

Aufgrund der kleingerechneten Zahlen sind wir weiterhin im internationalen Vergleich die beste Armee, weil wir viel weniger psychisch erkrankte Soldaten haben, als alle anderen Nationen. Wie praktisch – man braucht den eigenen Statistiken ja nur zu glauben. Jahrelang hat das auch zu der politisch vertretenen Auffassung gepasst, die Bundeswehr sei »nur« im humanitären Einsatz oder in einem »Stabilisierungseinsatz«. Wo nur Brunnen gebohrt werden, da kann es keine PTBS-Fälle geben. Es besteht also mehr als nur der Verdacht, dass diese geschönten Zahlen der Bundeswehr politisch so gewollt waren und sind.

## Ein Schlaglicht auf die »Dunkelziffer«

Ebenso verhält es sich mit der sogenannten »Dunkelziffer«, also mit Soldaten, die zwar eine PTBS erlitten haben, die aber nicht durch die Bundeswehr erfasst werden können. Das Verhalten der Bundeswehr in den letzten zwanzig Jahren erweckt den Eindruck, als wäre sie ganz froh darüber, dass diese Dunkelziffer möglichst dunkel bleibt.

So lange sich betroffene Veteranen nicht bei einem Arzt melden oder nie den Weg in ein Bundeswehrkrankenhaus finden, so lange kann die Anzahl der PTBS-Soldaten nicht ermittelt werden. Es gibt viele Soldaten, die nicht den Mut aufbringen, diesen Weg zu gehen. Sie befürchten Laufbahnnachteile, wollen nicht offen über ihre psychischen Probleme reden, haben Angst vor einer Stigmatisierung, wollen Attribute wie Stärke und Männlichkeit nicht verlieren, befürchten als Weichei hingestellt zu werden, oder haben falsche Vorstellungen von der Kompetenz der Militärpsychologen (was aufgrund der deutschen Militärgeschichte nicht verwundern kann). Die Unfähigkeit mancher Truppenärzte, Vertragsärzte oder Vorgesetzten mag dazu beitragen. Aber wenn es um die Erfassung aller PTBS-Fälle in den Streitkräften geht, reicht es nicht aus, jahrelang von Dunkelziffern zu reden, statt eine Studie hierüber in Auftrag zu gegeben.

Die Hinweise der Experten hat die Bundeswehr über zwei Jahrzehnte nicht ernst genommen. Andere Nationen haben in dieser Zeit zahlreiche Studien über den Gesamtumfang von PTBS-Fällen unter Soldaten anfertigen lassen. Die Bundeswehr hat sich immer nur auf ihre eigenen – geschönten – Zahlen berufen. Dabei ist seit langem bekannt, dass etwa 30 Prozent der aus dem Vietnamkrieg heimkehrenden US-Soldaten traumatisiert waren, aus dem Irakkrieg waren es 17 Prozent.[81] Der Wehrbeauftragte wies die Bundeswehr Anfang 2008 darauf hin, dass die Dunkelziffer »der an PTBS erkrankten Soldaten etwa viermal höher«[82] ist als die gemeldeten Zahlen. Und auch in seinem Bericht zum Jahr 2009 hält er die tatsächliche Anzahl psychisch Erkrankter um »einiges höher« als die offiziell festgestellten Fälle und fordert, dass psychische Belastungsstörungen in der Bundeswehr kein Tabuthema mehr sein dürften.[83]

Selbst das Zentrum für Innere Führung der Bundeswehr spricht in einem Arbeitspapier »Umgang mit Verwundung und Tod im Einsatz« (1. Aufl. 1996, 4. überarbeitete Aufl. April 2000) davon, dass im Golfkrieg »28 Prozent aller Soldaten mehr oder weniger stark«[84] an PTBS litten.

Diesen Trend belegt in eindrucksvoller Weise eine Studie aus dem Jahr 2009, in der fast 290 000 US-Soldaten untersucht wurden, die im Irak oder in Afghanistan eingesetzt waren: 21,8 Prozent litten demnach an einer PTBS, weitere 54,3 Prozent an Depressionen oder anderen psychischen Erkrankungen. Außerdem belegt diese Untersuchung den Anstieg der häuslichen Gewalt in den Familien der betroffenen Soldaten, den Anstieg von Drogen- und Alkoholmissbrauch, die erhöhte Quote der Selbsttötungen, das zunehmende Versagen der Kinder in den Schulen und nicht zuletzt den Anstieg familiärer Probleme in Partnerschaften.[85]

Die Bundeswehr hat solche Studien bisher nicht zum Anlass genommen, um über die eigenen Fallzahlen nachzudenken, sondern im Gegenteil diese mit dem Argument abgetan, sie seien nicht mit Deutschland vergleichbar: andere Gesellschaftsformen, andere Armeen, andere Einsätze. Verlässliche eigene Zahlen gab es zwar nicht, aber für die Zahlen der anderen Nationen wollte sich die Bundeswehr nicht interessieren.

Mag sein, dass belegbare Zahlen aus den USA nicht ohne weiteres auf Deutschland zu übertragen sind. Aber in Ermangelung eigener Untersuchungen ist selbst aus den amerikanischen Zahlen die tatsächliche Anzahl der PTBS-Betroffenen in der Bundeswehr gut zu schätzen. Es ist auch unter Bundeswehrfachleuten unbestritten, dass bei den sogenannten Friedensmissionen mindestens von 5 Prozent PTBS-Betroffener auszugehen ist.[86] Bei Einsätzen jedoch, die von den Soldaten als Krieg erlebt werden, sind – sehr vorsichtig und defensiv geschätzt – mindestens 10 bis 15 Prozent anzunehmen.

Die Berechnung für die Bundeswehr liegt daher auf der Hand: Mehr als 280 000 Soldaten der Bundeswehr waren bisher im Auslandseinsatz. Die ersten Einsätze Anfang der neunziger Jahre waren wohl eher »friedliche Missionen«, der Einsatz in Afghanistan der letzten Jahre war für viele Soldaten tatsächlich Krieg. Unterstellt man einen sehr defensiv gewählten Mittelwert von etwa 7 Prozent an PTBS-Fällen, sind bereits heute von diesen neuen Veteranen der Bundeswehr mindestens 20 000 Soldaten schwer traumatisiert.

Sie leben mitten unter uns und werden als »Dunkelziffer« bezeichnet. Da sie nie bei einem Bundeswehrarzt waren, sind sie weder diagnostiziert, noch behandelt oder versorgt worden. Bis die offizielle Studie der Bundeswehr diese Hochrechnung in etwa bestätigen wird, werden noch mehr betroffene Soldaten mit diesem Schicksal in Deutschland leben und im Stich gelassen. Die Einsätze gehen weiter, die traumatisierten Soldaten aber werden nicht erfasst, weder ihr Leiden noch das ihrer Ehepartner, Kinder, Eltern, Familien und Freunde.

Die Dunkelziffer der betroffenen Soldaten bleibt aus einem weiteren Grund dunkel und hoch: Es liegt nicht nur an der Stigmatisierung der psychischen Erkrankung in der Gesellschaft und in der Bundeswehr; es sind auch nicht nur die Soldaten selbst, die nicht den Mut haben, wegen psychischer Erkrankungen zu einem Bundeswehrarzt zu gehen. Es liegt vielmehr auch an dem System der Zeitverträge bei der Bundeswehr und dem Krankheitsverlauf an sich.

Die meisten Soldaten, die im Einsatz an vorderster Front stehen, sind junge Zeitsoldaten. Diese haben einen Zeitvertrag mit der Bundeswehr von vier, acht oder zwölf Jahren. Da vor einem Einsatz zunächst Lehrgänge und Ausbildungen in Deutschland absolviert werden müssen, finden die Einsätze dieser Soldaten in der Regel erst zum Ende ihrer jeweiligen Dienstzeit statt.

Mein Kamerad Marcus S. ist ein junger Zeitsoldat, der in seinem vierten Dienstjahr in seinen ersten Einsatz nach Afghanistan geht. Zuvor hat er die Grundausbildung und alle weiteren Lehrgänge besucht, hat seine fachliche Ausbildung abgeschlossen, die Führerscheine bestanden und kann seine Waffen bedienen. Nach vier Monaten Einsatz in Afghanistan kehrt er nach Deutschland zurück, wenige Monate später hat er sein Dienstzeitende. Marcus S. ist sich zu dieser Zeit noch gar nicht darüber bewusst, dass er möglicherweise mit seinen Erlebnissen aus dem Einsatz nicht mehr leben kann. Er scheidet wie geplant aus der Bundeswehr aus. Fachleute gehen allgemein davon aus, dass eine PTBS erst Monate oder Jahre nach den schwerwiegenden Erlebnissen ausbricht. Regierungsdirektor und Diplompsychologe Heinrich Müller vom Sanitätsamt der Bundeswehr bestätigt, dass bis zum »Outing« der Betroffenen »durchschnittlich 4,5 Jahre vergehen«.[87]

Davon ahnt Marcus S. aber noch nichts, sein Zeitvertrag ist abgelaufen, er ist nun Zivilist. Er hat jetzt andere Dinge zu erledigen, sucht eine Arbeit, muss in eine andere Stadt umziehen. Zunächst sagt ihm sein Umfeld, er habe sich verändert. Die Beziehung mit seiner Freundin zerbricht, er zieht sich zurück. Sein Handwerksmeister, in dessen Betrieb er nach der Bundeswehrzeit wieder Arbeit fand, wirft ihn wegen Unpünktlichkeit und Unzuverlässigkeit wieder raus. Er fängt an zu trinken, kann nur noch mit viel Alkohol einschlafen. Er wird aggressiv, seine finanzielle Lage wird prekär, er hat kein Einkommen mehr. Irgendwann bricht er zusammen. Er hat immer mehr Albträume, ist schreckhaft, und die Erinnerungen seines Einsatzes lassen ihn nicht mehr los. Marcus

S. geht aber nicht freiwillig zum Arzt und sagt, er habe eine PTBS, schon gar nicht zurück zu einem Bundeswehrarzt.

In der offiziellen Statistik der Bundeswehr wird Marcus S. nie erscheinen. Die Bundeswehr hat ihn vor Jahren entlassen. Damals war er zwar in einer Abschlussuntersuchung bei einem Truppenarzt, der sogenannten Entlassungsuntersuchung, die jeder Soldat vor seinem Ausscheiden aus dem Dienst durchläuft. Aber es wurde nicht einmal ein Verdacht auf PTBS festgestellt, er wurde damals als gesund entlassen. Vielleicht war an diesem Tag zufällig ein Vertragsarzt im Dienst, der noch nicht mal wusste, dass es diese Krankheit gibt! Und wie sollte Marcus S. auch ahnen, dass die Krankheit erst Jahre später ausbrechen würde. Für die Bundeswehr ist das kein Fall. Wenn nach Monaten oder Jahren dieser Exsoldat die ersten Symptome von PTBS zeigt, sucht er nicht mehr den Weg zurück zur Bundeswehr, um den Zusammenhang zwischen seinen Krankheitserscheinungen und dem Auslöser dafür zu finden oder um Hilfe zu bitten. Er hat die Schnauze voll von diesem Laden. Und die Bundeswehr hat seinen Lebensweg nicht weiter verfolgt, er ist ja nun Zivilist.

Betroffene Exsoldaten mit vergleichbaren Lebensläufen tauchen in keiner PTBS-Statistik auf. Die Dunkelziffer ist nicht nur deswegen so hoch, weil viele Soldaten sich nicht dazu durchringen können, während der Dienstzeit zu ihrer PTBS zu stehen, sondern auch, weil die Bundeswehr viele dieser Soldaten als scheinbar gesund in das zivile Leben entlässt und sich später um sie nicht mehr kümmert.

Aber es gibt auch Ausnahmen. Ich kenne einen Kameraden, der den Weg zurück zur Bundeswehr suchte, er hatte den Mut, darüber zu sprechen, er bat um Hilfe, als er bereits Zivilist war. Nach seinem Einsatz in Masar-i-Scharif wurde Nils G. als noch junger Soldat aus der Bundeswehr entlassen, seine Dienstzeit endete laut Zeitvertrag. Monatelang versuchte Nils G. mit sich und seinem Leben zurechtzukommen, aber es gelang ihm nicht. Als er keinen Ausweg mehr sah, versuchte er sich das Leben zu nehmen. Aber die Polizei fand ihn rechtzeitig und lieferte ihn in einer zivilen Klinik in Ostdeutschland ab. Der Psychologe dort stabilisierte ihn und erkannte, dass der Zustand seines Patienten durchaus mit dessen Vergangenheit als Einsatzsoldat zu tun haben könnte. Dieser zivile Psychologe rief einen Kollegen im Trauma-Zentrum in Berlin an, fragte um Hilfe für seinen Patienten. Der Bundeswehrarzt lehnte ab: »Wir nehmen nur Bundeswehrangehörige oder Privatpatienten auf.« Der ehemalige Soldat wird in der Dunkelziffer untergehen – hoffentlich nicht in seinem persönlichen Leben. Ein Zählfall für die Statistik der Bundeswehr ist er nicht, aber das ist ihm egal. Der Bundeswehr offensichtlich auch.

# Kapitel 3

# Versorgung der Veteranen

## Auf den Feind folgen die Formulare –
## Antragsteller und ihr mühevoller Weg zum Recht

Ob ein Soldat nach seinem Einsatz in einer PTBS-Statistik erfasst ist oder nicht, ändert zunächst einmal nichts an seiner Krankheit. Sein Leid, die Belastungen für seine Familie, seine intimen Erlebnisse, seine Tränen, seine Ängste, seine Nächte, seine Träume – all das kann in einer Statistik ohnehin nicht gewichtet werden. Was die Politiker sagen, was die Bundeswehr ausrechnet und sich vormacht, all das kann den Betroffenen ziemlich egal sein.

Mit meinen Bildern im Kopf, mit den Albträumen, die mich verfolgen, mit dem Tod, der mich so oft holen wollte, mit all den Kameraden, die ich sterben sah, da lebt es sich schwer genug. Ich habe genug mit mir selbst zu tun.

Ein Jahr nach meinem Afghanistaneinsatz sitze ich bei meinem Truppenarzt. Ich bin Oberstleutnant der Bundeswehr, trage meine Uniform, erfülle meine Aufträge, meine Termine, ich muss und will funktionieren. Aber der Arzt sagt plötzlich zu mir: »Nein, so geht das nicht weiter mit Ihnen, ich ziehe Sie jetzt aus dem Verkehr.« Er schreibt mich krank. Mitten im Geschehen. Dabei habe ich nur kleine Beschwerden angedeutet, Schmerzen im Rücken, schlaflose Nächte, ich wollte einige Massagen, vielleicht ein paar Schlaftabletten. Nein, sagt er, es geht nicht mehr.

Das ist der Anfang eines langen Weges, ich werde zum »PTBS-Fall«, zum Antragsteller in einem jahrelangen formalen Verfahren. Aber das weiß ich zu diesem Zeitpunkt noch nicht. Ich fühle mich, als säße ich auf meinem Mountainbike, raste in voller Fahrt den Berg hinunter – und plötzlich blockiert das Vorderrad. STOPP, krankgeschrieben! Was soll ich jetzt meinem Chef erzählen, was meinen Kameraden? Der Arzt möchte mich in ein Bundeswehrkrankenhaus überweisen, in die Abteilung Psychiatrie. Sachlich kühl höre ich mich fragen, was man in so einer Abteilung mit mir machen würde. Innerlich bin ich alles andere als ruhig. Ich habe nur vage und schreckliche Vorstellungen von einer Psychoklinik: Da sind doch nur die völlig Irren, die ans Bett gefesselt werden und Tabletten fressen müssen, damit sie ruhig sind. Dem Arzt gegenüber versuche ich, meinen Schock zu verbergen.

Also gut, ich habe Bedenkzeit, es wird nichts gegen meinen Willen passieren, es ist eine Sache der Absprache, keine Zwangseinweisung – so viel habe ich jetzt kapiert. Als Vorgesetzter habe ich einige Soldaten erlebt, die völlig fertig waren durch Drogenkonsum, Alkohol, Beziehungsstress, Selbstmordversuch. Dann kam ihre Einweisung in die Psychiatrie. Damals habe ich eng mit den jeweiligen Ärzten zusammengearbeitet, habe mich um die Soldaten gekümmert. Aber ich selbst? Tage später stimme ich zu. Ich weiß, dass der Arzt Recht hat, dass es so nicht mehr weitergeht. Ich stelle mich dieser Krankheit, versuche, sie als Herausforderung und Chance zugleich zu begreifen. Wenige Wochen später fahre ich mit sehr gemischten Gefühlen das erste Mal in ein Bundeswehrkrankenhaus, stationäre Aufnahme in die Abteilung VI, Psychiatrie und Neurologie.

Über zwanzig Jahre habe ich in der Truppe meinen Mann gestanden, war Vorbild, habe in Einsätzen mein Leben riskiert, Leben gerettet, mein eigenes verteidigt – und jetzt bin ich Patient in der Psychiatrie! Ich kann es immer noch nicht fassen.

## In der Psychiatrie

Die ersten Stunden im Krankenhaus sind für mich überraschend vertraut: Die Bürokratie der Bundeswehr überflutet jeden Neuankömmling auch hier mit Formularen und Anmeldebögen. Die Damen und Herren in den weißen Kitteln – Stationsschwestern, Pfleger, Ärzte – scheinen in Ordnung zu sein, immerhin. Ich lese die Hausordnung. Was darf ich, was darf ich nicht? Es gibt Regeln für das Rauchen (erlaubt, aber nur draußen), für die Benutzung des privaten Laptops (erlaubt, aber mit Einschränkungen), für den Genuss von Alkohol (generell verboten), für das Verlassen des Krankenhauses (nur mit Erlaubnis des Arztes), die Zeiten für das Wecken, das gemeinsame Essen auf der Station, die Nachtruhe. Nun gut, es ist ein Krankenhaus, ich werde es überleben. Morgen früh, an meinem ersten »richtigen« Tag, ist erst einmal Blutentnahme, danach mein erstes Gespräch mit einem Psychologen. Jetzt fühle ich mich doch zunehmend unwohl, das ist nicht meine Welt, hier wollte ich nie hin. Und wie werden die anderen Patienten sein?

Im Laufe der Woche lerne ich sie kennen. Wir reden offen miteinander, verzichten auf den Nachnamen, den Dienstgrad, der spielt hier keine Rolle. Ich lerne Peter kennen, sehr kurze Haare, etwas älter als ich. Er war mehrfach im Einsatz, sechs- oder siebenmal, ein harter Typ, durchtrainiert, sympathisch, er lächelt oft. Von außen ein richtiger Mustersoldat. Er erzählt mir von seinen Einsätzen, von Bosnien, Kosovo, Afghanistan. Ich kann seine Geschichten gut nachempfinden – die Anschläge, die Leichen, die Massengräber. Er wirkt dabei ruhig und gelassen. »Wann hat's dich dann erwischt?«, frage ich ihn. Nein, es waren nicht diese Erlebnisse, es war ein Autounfall im Dienst, Überschlag, alles im Körper zerquetscht. Irgendwann, lange nach dem Koma und unzähligen Operationen, war er wieder unter den Lebenden, aber mittlerweile ohne Ehefrau, ohne Gefühle, ohne Perspektive, völlig daneben. Erst dann hat es bei ihm angefangen. Von der letzten Operation trägt er noch den Beutel am Körper, aus irgendeiner Wunde fließen Blut und Eiter hinein. Jetzt ist er hier zur Untersuchung, die Ärzte wollen ihn stabilisieren und herausfinden, welche psychischen Wunden er in sich trägt.

Ich lerne Hans kennen, wie sich später herausstellt ein Feldwebeldienstgrad. Mittleres Alter, leicht untersetzte Figur, Kampftruppe vom Heer, irgendwie gemütlich und scheinbar ein Pfundskerl. So ein Typ, den man sieht und von dem man gleich sagen könnte, dem vertraue ich. »Und warum bist du hier?«, frage ich ihn. Er druckst rum – bis wir rausgehen, alleine sind. Eine Zigarette später sagt er mir: »Ich bin hier, weil ich ständig onanieren muss.« Nein, ich lache nicht, ich bin noch nicht einmal erstaunt, hier ist alles möglich. Draußen, in der »normalen« Welt, da hätte man sich wohl über ihn lustig gemacht, ich vermutlich auch. Aber hier drinnen, in der Psychiatrie? Nein, ich habe so etwas noch nie von einem Menschen gehört. Ich frage ihn, wie er denn damit klar käme. »Überhaupt nicht«, sagt er, weil er es ständig, auch tagsüber tun müsse, mehrfach am Tag, während des Dienstes, abends zu Hause, nachts bei seiner Freundin, eigentlich immer. Seine Freundin sei ihm weggelaufen, die habe das nicht mehr ausgehalten.

Ich lerne Frank kennen, einen Busfahrer. Er hat mit seinem großen Bundeswehrbus einen schweren Unfall verursacht. Es gab Verletzte, es floss Blut. Seitdem kann er nicht mehr in einen Bus einsteigen, seine Beine versagen. Sie sind nicht verletzt; Muskeln, Sehnen und Nerven funktionieren. Aber er kann mit seinen Beinen weder Gas geben noch bremsen, sie funktionieren in einem Bus einfach nicht mehr, und er kann nichts dagegen tun. Er kann seinen erlernten Beruf nicht mehr ausüben. Jetzt sollen ihm die Psychologen helfen.

Ich lerne Männer und Frauen kennen, die jeder für sich ganz unterschiedlich schlimme Erfahrungen und Probleme mitbringen, aber alle hier sind Kameraden, alle sitzen im gleichen Boot. Ich lerne Menschen kennen, die damals, im Juni 2003, in dem Bus saßen, den ein Attentäter in Kabul in die Luft gesprengt hat. Vier starben damals, 29 wurden zum Teil sehr schwer verletzt. Es war der heftigste Anschlag auf die Bundeswehr in Afghanistan, als noch keiner vom Krieg gesprochen hat. Sie haben die Leichenteile ebenso gesehen wie ich, auch das Feuer erlebt, die Detonation, den Gestank. Wir brauchen nicht viel zu erklären – wir verstehen uns mit wenigen Worten. Ich weiß, warum sie hier sind, selbst nach all den Jahren sind sie immer noch in Behandlung. Oder schon wieder.

Mein erster Aufenthalt in der Psychiatrie tut nicht weh; Gespräche mit Psychologen, Tests am Computer, Fragebögen, körperliche Untersuchungen und etwas Entspannung. Ich kann nach einer Woche am Freitag wieder nach Hause fahren. Im Übergabebrief des Krankenhauses an meinen Truppenarzt steht: »Verdacht auf PTBS, einsatzbedingt«. Jetzt gehöre ich wohl dazu. Jetzt bin ich wahrscheinlich auch einer von denen mit der Psycho-Krankheit.

## Wieder bei der Truppe

Der Truppenarzt empfiehlt mir, etwas kürzer zu treten – trotzdem mache ich zunächst weiter, fast wie gehabt, aber es fällt mir zunehmend schwerer. Alles regt mich über die Maßen auf: die Kameraden auf der Dienststelle mit ihren banalen Gesprächen über die Vorteile der Gleitzeit, ihren letzten Saunaaufenthalt, das Kantinenessen. Die sollten mal in den scharfen Einsatz gehen und selbst den Tod schmecken, denke ich mir, innerlich schon weißglühend vor unterdrückter Wut. Und dann die, die zwar im Einsatz waren, dort aber wochenlang in einem Stab, einer Art militärischer Verwaltungsbehörde, herumsaßen, Besprechungen vorbereiteten, Befehle schrieben. Die waren in der Hierarchie ganz oben, hatten Einfluss, und reden jetzt, als ob sie in der Schlammzone knapp überlebt hätten. Dieses Gerede halte ich fast nicht aus. Ein anderer kehrt gerade aus seinem achten Einsatz zurück. Bosnien. Ich kann ihm nicht zuhören, wie er davon erzählt, dass sie am Wochenende frei hatten, wie toll das Essen in den Restaurants schmeckte. Wie krass der Unterschied zu meinem Einsatz damals in Bosnien! Aber ich arbeite noch immer weiter.

Mein Arzt wechselt. Der Neue eröffnet mir unerwartet, ich sei gar nicht krank. Was soll das jetzt heißen, alles nicht so schlimm? Ich bin zunehmend verwirrt, ratlos und unruhig. Ich spüre, dass nichts mehr mit mir stimmt. Und ich weiß, dass mir keiner helfen will oder kann. Meine nächste Beurteilung steht an, ein ganz wichtiges Zeugnis für einen Soldaten, in dem wie mit Schulnoten Leistungen bewertet werden. Diese Noten und ein kompliziertes System aus anderen Bewertungselementen entscheiden über die zukünftige Karriere. Mein Vorgesetzter sagt mir, er habe Probleme damit, meine Belastbarkeit zu bewerten, ich sei schließlich krank und sehr lange nicht hier gewesen. Klar, ich war ja auch im Einsatz! Und jetzt bin ich krankgeschrieben. Was zählen da schon meine früheren Leistungen, meine 60- und 70-Stunden-Wochen, in denen ich geschuftet habe, meine Sieben-Tage-Wochen im Einsatz, monatelang, die acht Anschläge, die ich überlebt und mit denen ich bewiesen habe, wie belastbar ich bin! Alle meine Belobigungen, förmlichen Anerkennungen, Ehrenkreuze! Nichts zählt mehr?

Es steht eine Versetzung an. Ich weiß, dass ich angeschlagen bin, aber ich gebe nicht auf, nicht ich und nicht jetzt.

Eine Versetzung ist auch eine Chance – neue Kaserne, neue Aufgabe, neue Stadt, Wohnungssuche, Einarbeitung. Vielleicht hilft mir das. Also mache ich weiter, reaktiviere meine Kräfte, lasse mich nicht kleinkriegen. Um die PTBS kümmere ich mich später. Ich habe Hoffnung. Vielleicht kann ich am neuen Standort dann irgendwann eine ambulante Therapie anfangen, weiterarbeiten und mich stabilisieren. Ich will wieder Gas geben, weg von meiner Vergangenheit. Einige Wochen kann ich mich dann noch zusammenreißen, aber dann immer weniger. Meinen entsetzlichen Nächten kann ich auch tagsüber, im Dienst, nicht mehr entkommen. Die Träume und die Schlaflosigkeit beherrschen und zermürben mich.

Zu der neuen Truppenärztin gehe ich erst spät, als ich schon ganz am Ende bin. Sie war selbst in Afghanistan und erkennt sofort, dass die Zeit gegen mich arbeitet, es wird immer schlimmer. Ich funktioniere nicht mehr, weder als Soldat noch als Mensch nach Dienstschluss. Ich glaube, ich habe mir selbst und meinem Umfeld etwas vorgemacht, wollte meine Krankheit, meine Verletzungen nicht wahrhaben. Die Ärztin versucht mir zu erklären, wie sie meine PTBS einschätzt: Es sei wie eine eiternde Wunde tief in mir. Wenn ich diese nicht endlich behandeln lasse, mich um sie kümmern würde, dann würde sie anfangen zu wuchern und immer mehr gesundes Fleisch vergiften. Man könne da kein Pflaster draufkleben und so tun, als wenn alles vorbei wäre, man müsse diese Stelle richtig behandeln.

Die Ärztin schickt mich erneut in ein Bundeswehrkrankenhaus – es sollen noch zahlreiche Aufenthalte dort folgen. Die Diagnose wird immer bestätigt. Aus dem »Verdacht auf PTBS« wird eine »PTBS – eindeutig einsatzbedingt«. Ich muss es akzeptieren: Ich bin jetzt ein PTBS-Fall. Langsam wird mir klar, dass ich gleichzeitig zu einem Verwaltungsakt für die Bürokratie der Bundeswehr mutiere: Ich bin Antragsteller.

### Die Beweislast liegt beim Antragsteller

Zwei Verfahren werden eröffnet: ein DU-Verfahren und ein WDB-Verfahren. Bekannte Schlagwörter in der sonderbaren Abkürzungssprache der Bundeswehr. »DU« steht für Dienstunfähigkeit, »WDB« für Wehrdienstbeschädigung.

Im DU-Verfahren wird durch Militärärzte und die Personalführung überprüft, ob ich als Berufssoldat den Anforderungen an diesen Beruf noch genüge, ob ich gesund werden kann oder so schwer erkrankt bin, dass ich auf Dauer dienstunfähig bin – dann muss ich entlassen werden.

Im WDB-Verfahren prüft die Wehrverwaltung mit ihren ärztlichen Beratern, ob ich eine Krankheit erlitten habe, die dienstlich verursacht wurde. Dann hätte ich eine Beschädigung, die »auf die Eigentümlichkeiten meines Wehrdienstes zurückzuführen wäre«, wie die Verwaltung das nennt – und Anspruch auf eine Entschädigung. Das DU-Verfahren wird in meinem Fall dienstlich veranlasst, ich werde dazu nur angehört. Das WDB-Verfahren beantrage ich selbst, mithilfe meiner Truppenärztin. Sie hat mir das empfohlen: »Wir müssen das machen, das hätte eigentlich schon längst passieren müssen.«

Ab jetzt bediene ich die Bürokratie: Formulare, Anlagen, Stellungnahmen, Dokumente, Bescheinigungen – alles muss irgendwo vorgelegt und eingereicht werden. Selbst einfache Fragen entwickeln sich zum Problem: Die Wehrverwaltung verlangt von mir eine Aufstellung über mein bisheriges dienstliches Leben. In welcher Funktion war ich von wann bis wann und wo eingesetzt? Ich unterteile meine 24 Dienstjahre in die verschiedenen Standorte, Einsätze, Lehrgänge und Verwendungen. Inland, Ausland, zu 38 verschiedenen Funktionen in der Bundeswehr und zu allen meinen Versetzungen muss ich Orte und Zeiträume angeben. Was für ein Aufwand. Ich brauche Tage, um die Daten zu sortieren.

Ich soll den »Sachverhalt« angeben, der im Rahmen des WDB-Verfahrens der Schädigung zugrunde liegen soll. Was soll ich denn da reinschreiben? Ich gehe zu meiner Truppenärztin. Genügt es, in das Formular »PTBS« einzutragen? Nein, ich soll dort erläutern, wie es aus meiner Sicht dazu gekommen ist. Sie erklärt mir das in Ruhe, sie kann ja nichts dafür. Sie ist für mich da, hilft mir beim Ausfüllen, kümmert sich um mich. Aber erst jetzt verstehe ich, was sie mir da erklärt: Die Beweislast liegt beim Antragsteller. Ich muss also hier als Betroffener meine eigene PTBS beweisen!

Nicht genug, dass ein Arzt eine Diagnose über mich schriftlich festhält: Nein, ich selbst muss per Antrag beweisen, warum ich der Meinung bin, diese Krankheit sei im Dienst entstanden. Müsste ich auch bei einem abgesprengten Bein beweisen, wer die Mine gelegt hat und warum ich jetzt eine Prothese benötige? Wie soll ich denn den Behörden nachweisen, woher meine PTBS kommt, ist das nicht Aufgabe der Ärzte?

Sie fragt mich nach meinen Erlebnissen im Einsatz: ob ich einmal tatsächlich in Lebensgefahr war? Ja, mehr als ein Mal. Gefühl der Todesangst? Ja, die anderen wollten mich töten und haben es mit allen Mitteln versucht. Ob ich dabei war, als Menschen starben? Ja, mehr als ein Mal. Ob ich das Gefühl gehabt hätte, nicht helfen zu können? Ja, mehrfach. Ob ich selbst getötet habe? Ja, vielleicht.

Das soll ich alles aufschreiben und darlegen, sagt meine Ärztin, das könnten alles Begründungen für die PTBS sein. Im WDB-Formular habe ich für diese Antwort etwa vier Zentimeter Platz für einen handschriftlichen Text. Mir kommt es vor, als sei das gesamte Verfahren genauso überaltet wie dieses Papier mit seinen farbigen Durchschlägen. Das Original ist weiß, die Durchschläge sind blau und grün, ich soll fest mit dem Kugelschreiber aufdrücken, damit der Verwaltungsapparat auf jeder Ebene bedient ist. Vier Zentimeter Platz für acht Anschläge und Anschlagsversuche, die ich überlebt habe, für alles, was zusätzlich in 24 Jahren passiert ist? Soll ich den Flugzeugabsturz erwähnen, bei dem meine Kameraden zerfetzt wurden, deren Leichenteile auf 300 Meter Umkreis verteilt im Wald lagen? Das war aber gar kein Auslandseinsatz; ist das jetzt wichtig für meine PTBS, für dieses formale Verfahren, in dem ich Beweise vorlegen muss? Das Formular stammt wohl noch aus der Zeit, in der eine Wehrdienstbeschädigung nur auf dem Truppenübungsplatz stattfinden konnte. »Ich sprang am (Datum) in (Ort) aus dem Panzer und verstauchte mir dabei den linken Fuß.« Das Formular wartet förmlich auf solche knappen, eindeutigen Aussagen.

»Ich kann das hier nicht so ausfüllen, ich muss darüber nachdenken«, sage ich der Ärztin und nehme den Papierkram mit nach Hause. Meine Nächte werden durch dieses bürokratische Prozedere immer schlimmer. Ich muss zurück in meine Vergangenheit, muss den Schrecken des Todes in Zeilen fassen, meinen inneren Seelenkrieg in einen Vordruck pressen, auf Worte, Zahlen, Daten, Fakten komprimieren.

Der Anschlag mit der Handgranate in Sarajevo, Ende 1998, war das mein erster Anschlag, oder war das nur ein Anschlagsversuch? Die Granate explodierte nicht, ist das jetzt wichtig, um eine PTBS zu begründen? War es der 22. Dezember oder war es schon Weihnachten damals? Hatte ich damals schon Albträume davon oder erst irgendwann später? Ich muss mich erinnern, ich beginne zu schreiben, fasse mich kurz: »Eine Mutter legt mir ihren Säugling in den Arm und bittet um Hilfe, das Baby ist aber bereits tot«, schreibe ich. Unter einem anderen Datum notiere ich: »Meine Vorgesetzten verbieten mir die Hilfsaktion, wir seien nicht zuständig. Da die Menschen sterben, helfe ich trotzdem.«

Ich zähle die Toten, die Verletzten, die Anschläge, alle meine Erlebnisse – dazwischen muss ich immer wieder unterbrechen. Der Raketenbeschuss unseres Feldlagers, wann war der noch genau? Alles verschwimmt. Es ist eine Qual, als würde ich alles nochmals erleben müssen, alle Bilder kommen wieder hoch, verdichtet in einem Papier, in wenigen Zeilen all diese Qualen, das Blut, die Toten und Verletzten. Warum quälen die mich so? Warum verlangt der Verwaltungsapparat so etwas? Muss ich hier einen Seelenstriptease machen, nur um Verwaltungsbeamte zu befriedigen?

Pause. Ich kann nicht weiter. Es kostet mich Tage und noch mehr Nächte, dann konzentriere ich mich wieder. Ich kann kämpfen, das habe ich doch gelernt, dann werde ich wohl auch dieses blöde Formular ausfüllen können, oder? Also schreibe ich weiter: »Nach diesem Anschlag, es liegen drei Tote und zwölf Verletzte auf der Straße rum, gerate ich noch in derselben Nacht in einen Hinterhalt. Ich werde mehrfach mit Panzerfaustraketen, Schnellfeuergewehren und Scharfschützengewehren beschossen, drei deutsche Soldaten werden verletzt.«

Wie viele Stunden und welche Schrecken und Todesängste stecken hinter diesen wenigen Zeilen? Soll ich noch erwähnen, dass ich links nur noch sehr eingeschränkt höre? Irgendeine Explosion hat mir damals mein Ohr kaputtgemacht, aber ich weiß nicht mehr, welcher Knall das war, weiß kein Datum mehr dazu. Bei

irgendeinem Hörtest sagte mir der Arzt, ich habe 40 Prozent der
Hörfähigkeit verloren. Ist das wichtig, ist das hier richtig in dem
Formular, wenn es um eine PTBS geht?

Schließlich habe ich alles angekreuzt oder mit Anlagen erklärt.
Die Ärztin schreibt »Posttraumatische Belastungsstörung, einsatzbedingt« in das untere Feld des Antrags. Es ist überschrieben
mit »Vorläufige Krankheitsbezeichnung«. Der Antrag ist auf dem
Weg, die Verwaltung hat nun einen »Vorgang«. Es ist Mai 2008.

Ich habe keine Kraft mehr, ich will nur noch, dass dieses Verfahren endlich ein Ende findet, mich vielleicht um eine Therapie
kümmern, endlich von irgendjemandem etwas Positives hören,
damit ich Ruhe finde. Mich kotzt es an, immer wieder das Gleiche
zu hören: »Verdacht auf PTBS«. Es kann doch nicht so schwierig
sein, meine PTBS zu bestätigen, oder? Aber Monate vergehen, und
ich erhalte keine Nachricht. Meine Ärztin ist mittlerweile selbst
im Einsatz, sie kann mir nun nicht mehr helfen. Danach wird sie
versetzt. Ich versuche auf eigene Faust, bei der Verwaltung irgendetwas zu erfahren, aber die Bearbeiter dort dürfen mir nichts
sagen. »Wir sind während des Verfahrens nicht berechtigt, Ihnen
darüber Auskunft zu erteilen, bitte gedulden Sie sich«, ist eine der
Standardantworten.

Fünf Monate später, im Oktober 2008 folgt dann endlich ein
Brief der Verwaltung. Aber nein, es ist kein Ergebnis. Es ist nur die
Nachricht, dass in meinem Fall die Einholung eines weiteren me-
dizinischen Gutachtens erforderlich sei: »Ich gebe Ihnen hiervon
Kenntnis und bitte Sie, zu gegebener Zeit der Aufforderung des
Gutachters zur Untersuchung und Begutachtung unbedingt Folge
zu leisten.« Es wird mir ein anderes Bundeswehrkrankenhaus ge-
nannt, dessen Mediziner auf mich zukommen würden.

Dafür haben die jetzt fünf Monate gebraucht, um mir zu sagen,
dass es noch keine Entscheidung gibt? Soll das Ganze von vorn los-
gehen, muss ich wieder in die Psychiatrie, wieder fremden Menschen meine ganzen Erlebnisse erzählen? Reicht es denen immer
noch nicht? Die anderen Ärzte in den Bundeswehrkrankenhäu-

sern haben doch bereits gesagt, ich hätte eine PTBS, meine Truppenärztin hat das bestätigt, alle Formulare sind ausgefüllt, wieso wird nicht endlich entschieden?

Einen Monat später bin ich in besagtem anderen Bundeswehrkrankenhaus, dieses Mal zur endgültigen Begutachtung. Wieder die Abteilung VI, Psychiatrie. Und erneut muss ich einen Lebenslauf schreiben, meine Geschichten erzählen, werde körperlich eingehend untersucht, Einzelgespräche, Computertests. Wieder treffe ich Psychologen und Fachärzte, die ich nicht kenne, die mich nicht kennen, alles beginnt von vorn. Ich füge mich meinem Schicksal, will endlich ein Ende dieses Verfahrens. Es zerrt und zehrt alles schon viel zu lange an mir. Längst hatte ich vergessen, dass zeitgleich der andere Teil der Bürokratie an dem zweiten Verfahren arbeitet: dem Dienstunfähigkeitsverfahren. Nun muss ich auch hier Stellungnahmen lesen, mein Chef und mein Kommandeur müssen mir Unterlagen eröffnen. Aber Papiere sind mir mittlerweile egal, ich will endlich Ergebnisse! Ich bekomme keine.

Im Gegenteil, es ist noch schlimmer: Ich erhalte nicht einmal Zwischeninformationen, niemand darf mir Auskunft geben. Alles scheint streng geheim. Über Wochen versucht mein behandelnder Arzt, der jetzt den Fall übernommen hat, das Ergebnis der letzten Begutachtung aus dem Krankenhaus zu erfahren. Aber selbst er darf von seinen Kollegen aus dem Bundeswehrkrankenhaus nicht informiert werden. Zu Beginn des Jahres 2009 weiß er lediglich, dass ein neues Gutachten über mich geschrieben wurde. Dieses würde jetzt beim Sanitätsamt der Bundeswehr liegen, die würden über meine PTBS entscheiden. Bis zur Entscheidung dürfe das Gutachten aber niemand lesen, weder er als Arzt noch ich als Patient.

So habe ich die Bundeswehr bisher nicht kennen gelernt. Ich war lange genug Mitarbeiter in Kommandobehörden und Stäben, habe jahrelang auch im Personalwesen gearbeitet, war ein Teil der Militärbürokratie, aber so eine undurchsichtige Verwaltungsbürokratie habe ich noch nicht erlebt. Ich rede mit meinem Chef, aber er ist machtlos, auch er erhält keine Informationen.

Ich lasse mich vom Sozialdienst der Bundeswehr beraten. Der Mitarbeiter dort kennt sich anscheinend aus und gibt mir einige Hinweise, was passieren kann, wenn diese oder jene Entscheidung getroffen würde: Bei einer Entlassung aus der Bundeswehr mit einer anerkannten Schädigung wird das Gehalt so berechnet, bei einer Entlassung ohne eine solche WDB wird es anders berechnet. Ich blicke auf die Zahlen, die meine Zukunft bestimmen werden, verstehe erst langsam, dass ich vor einem ganz neuen Leben stehe, einer Zukunft, die abhängig ist von Entscheidungen, die irgendwo in Ämtern und Behörden gefällt werden, von Menschen, die mich nie gesehen haben. Aber darüber hinaus kann mir der Sozialdienst auch nicht helfen. Er ist nicht Teil dieses WDB-Verfahrens.

Anfang März 2009 ruft mich mein Chef zu sich. Er habe Post erhalten, er müsse mir einen Brief eröffnen. Den Inhalt darf er nicht lesen, aber er muss die Aushändigung bestätigen.

## »Sie erlebten diese Ereignisse nicht persönlich« – Der Kampf um Anerkennung

Da liegt er nun, der Brief der Wehrbereichsverwaltung – nach zehn Monaten eine Entscheidung. Ist das jetzt das Ende dieser Prozedur, bekomme ich jetzt endlich die Anerkennung meiner Beschädigung durch meinen Wehrdienst? Lange habe ich mir überlegt, wie ich diesen Brief wohl öffnen würde. Hektisch aufreißen und schnell lesen, irgendwo mit der anderen Post in der Kaserne, oder doch besser alleine, zu Hause in Ruhe? Ich sitze im Besprechungsraum meiner Einheit, die Kameraden betriebsam um mich herum, als ich den Brief öffne:

»Sehr geehrter Herr Timmermann-Levanas, die bei Ihnen festgestellte Gesundheitsstörung ›Depression‹ ist nicht Folge einer Wehrdienstbeschädigung (WDB) im Sinne des § 81 SVG. Ein Anspruch auf Ausgleich nach § 85 SVG besteht daher nicht ...«

Was soll das? Meine Augen brennen, die Buchstaben verschwimmen, ich kann den Text kaum erfassen. Immer wieder

bleibe ich bei den ersten Zeilen hängen: Depression? Wer bitte
schön hat denn behauptet, ich hätte eine Depression? Wieso steht
hier nichts von einer PTBS? Wieso taucht die hier gar nicht auf? Die
Paragrafen sind mir erst einmal egal, das ist typisches Beamten-
deutsch, aber der Rest? Das kann doch nicht ernst gemeint sein,
wieso haben mir die Bundeswehrärzte denn immer wieder etwas
von einer PTBS erzählt?

Angestrengt lese ich weiter. Es kommt noch schlimmer. Seiten-
weise wird begründet, wieso ich angeblich keine Wehrdienstbeschädigung habe soll: Ein »ursächlicher Zusammenhang zwischen wehrdienstlichen Einflüssen und einer Schädigung Ihrer
Gesundheit ist nicht nachgewiesen«. Wieso gibt es denn keinen
Zusammenhang? Meinen die jetzt meine Depression, die ich gar
nicht habe, oder die PTBS? »Wehrdienstliche Einflüsse«? Haben
die meinen Antrag nicht gelesen, die vielen Anschläge, alle meine
Erlebnisse? Haben die nicht die Untersuchungsergebnisse aus den
Bundeswehrkrankenhäusern? Ich verstehe das alles nicht.

»Der schädigende Angriff mit einer Handgranate« kann »nicht
bestätigt werden«. Außerdem habe die Handgranate nicht gezündet. Ja, sind die denn blöd? Wenn sie gezündet hätte, dann hätte
ich keinen Antrag mehr stellen können, dann wäre ich nur noch
im Sarg mit Deutschlandflagge aus dem Flugzeug gerollt. Und was
heißt hier, der Anschlag sei »nicht bestätigt«? In mir wächst Hass.
Wenn ich jetzt dem Menschen gegenüber sitzen würde, der dieses
Papier unterschrieben hat ...

Aber weiter im Text, ich will verstehen, was ich da lesen muss:
»Das Auffinden von Minen in einer Mülltonne wird bestätigt.
Diese sind jedoch vor der Explosion gefunden worden.« Schon wieder so ein Satz. Es waren damals vier Schützenabwehrminen ein
paar Meter vor meiner Unterkunft im Feldlager Kundus in meiner
Mülltonne versteckt. Wie auch immer die dahingekommen sind,
so ist das eben im Krieg. Aber diese Teufelsdinger sind dazu gebaut
worden, ziemlich heftig zu explodieren und alles menschliche
Leben in der Nähe zu zerfetzen, wenn der Zünder durch leichten

Druck ausgelöst wird. Wenn ich da meinen Müll hineingeworfen hätte, wäre ich selbst Müll gewesen! Ich habe nur überlebt, weil ich an diesem einen Tag zufällig meine Mülltüte woanders entsorgt hatte. Das habe ich im Antrag vermerkt, weil die Verwaltung mich nach diesen Erlebnissen gefragt hat. Ich habe doch nie behauptet, dass diese Minen mich zerfetzt haben. Darf ich eine PTBS erst beantragen, wenn die Minen explodiert sind und ich im Umkreis von 25 Metern an der Hauswand klebe?

Und was ist mit dem Selbstmordanschlag, was ist mit meinem Feuerkampf, der muss doch irgendwo drinstehen, oder nicht? »Sie waren [...] nur mittelbar als Presseoffizier beteiligt. Sie erlebten diese Ereignisse nicht persönlich.« Dieser Satz brennt sich bei mir ein – im ganzen Körper. Jetzt kann ich nicht mehr weiter lesen.

Ich schnappe nach Luft. Ich muss hier raus. Ich kann mit keinem sprechen. Wie mit Trommeln schlägt dieser Satz immer wieder in mein Gehirn ein:

»Sie erlebten diese Ereignisse nicht persönlich.«

Verdammt noch mal, ich stand unter Feuer der Taliban, wurde mit Panzerfaustraketen beschossen, es gab damals drei verletzte Kameraden, getroffen durch Feindbeschuss, ich saß fünf lange Stunden in diesem nächtlichen Feuergefecht. Und jetzt steht da auf einem Fetzen Papier mit Dienstsiegel und Unterschrift, ich hätte das gar nicht persönlich erlebt? Ich sei nur »mittelbar« als Presseoffizier dabei gewesen. Wie stellen die sich denn so etwas vor? Dass ich als Presseoffizier gemütlich in meinem Camp sitze und Zeitung lese? Meinen die im Ernst, ich hätte das Feuergefecht meiner Kameraden nur durch eine Meldung am Schreibtisch mitbekommen und hätte meine eigene Teilnahme daran frei erfunden? Halten sie mich für einen Simulanten, einen Lügner? Ich war dabei, ich war Teil der Patrouille! Bin ich etwa dort mitten in der Nacht bei den Taliban erst einmal ausgestiegen und mit weißer Fahne auf die Seite gegangen: Hallo, ich bin hier der Presseoffizier, ich bin hier nur für die Fotos zuständig, mit eurem Krieg habe ich nichts zu tun, ich will nur darüber berichten?

Ich möchte diese Verwaltung anschreien, nein, viel schlimmer: Ich möchte wieder meine Uniform anziehen, eine Waffe tragen. Ich werde Handgranaten in die Büros schmeißen, sie werden Todesangst haben, sie werden aus dem Fenster springen. Dann werde ich sagen: Oh, sorry! Ich vergaß Ihnen zu sagen, die Handgranate explodiert gar nicht, ich habe die Zünder entfernt. Ich will sie spüren lassen, wie es ist, so etwas »persönlich« zu erleben – die Bearbeiter in der Verwaltung, die mir so eine Frechheit schreiben. Die haben doch so etwas noch nie erlebt, können sich nicht vorstellen, wozu ich in der Lage bin. Nach ihrem Job gehen sie gepflegt nach Hause: Familie, Kinder, Häuschen, Garten. Und diese Menschen schreiben mir, ich sei nicht »persönlich« dabei gewesen?

Ich weiß nicht mehr, wie viele Tage ich brauche, um mich zumindest oberflächlich zu beruhigen. Diese Tage und Nächte fehlen in meinem Leben. Ich weiß nur noch, dass ich mein Herz schmerzhaft gespürt habe und dachte, jetzt bleibt es einfach stehen. Wenn ich nicht schon genug erlebt hätte, so könnte ich sagen: Schon dieser Verwaltungsakt allein löst ein Trauma aus, verschlimmert den Zustand des Antragstellers.

Alkohol fließt reichlich in diesen Tagen, Tränen nicht. Meine Wut betoniert alle anderen Emotionen. Die Tabletten vom Arzt sind Hämmer. Wenn ich eine davon nehme, bin ich eine halbe Stunde später in einer anderen Welt, dumpf, eingehüllt, schmerzfrei. Ich träume nicht in solchen Nächten, ich kann schlafen, sogar weiterschlafen, als bei mir der Tod vorbeischaut. Wir kennen uns ja von früher, er wollte mich schon so oft mitnehmen. Bisher kam er aber immer laut und heftig, mit Detonationen und Feuer. Dieses Mal kommt er lautlos. Er macht ein gutes Angebot, bietet mir eine einfache Lösung an: Tabletten, Alkohol, Einschlafen, Schluss. Es würde keiner merken. Vielleicht nur wenige Freunde, die Familie. Aber dem Dienstherrn wäre das egal, ein kranker Soldat weniger. Und die Verwaltung könnte sagen: Seht her, der war depressiv, haben wir ihm ja bescheinigt, jetzt hat er sich eben umgebracht, das bestätigt unseren Vorgang. Erst Depression, dann Suizid, Akte zu, der Fall Timmermann ist abgeschlossen.

Nein, diesen Gefallen werde ich ihnen nicht tun. Der Tod kann warten, ich werde nicht gehen, noch nicht, dann wäre alles vorher umsonst gewesen. Er kann mich später holen, dann ist es mir egal, aber jetzt nicht. Ich trage noch Verantwortung für die wenigen Menschen, die mir wichtig sind, denen ich wichtig bin. Und ich muss mich selbst retten, das kann kein anderer für mich tun. Ich werde aufstehen und kämpfen, so wie immer. Ohne meine Waffen als Soldat. Ich werde ihre eigenen Waffen benutzen, die Waffen der Verwaltung, der Bürokratie. Ich werde ihnen ihre Dummheit und Ignoranz vorhalten. Sie haben mich herausgefordert, ich nehme den Kampf an.

### Am Ende jeder Sackgasse eine Wand – die Bundeswehr

Zunächst suche ich Hilfe. Wer kennt sich aus, wer kann mir beistehen, mich beraten? Ich kenne den Arbeitgeber Bundeswehr. Ich habe über zwanzig Jahre Berufserfahrung, kann noch telefonieren, schreiben, nachdenken. Zumindest ab und zu. Da müsste ich doch einen Weg finden. Der Rechtsweg steht mir offen, das ist mir nicht neu. Ich weiß, dass ich mich gegen den Bescheid der Wehrverwaltung beschweren kann, schriftlich, innerhalb von vier Wochen. Ich weiß auch, dass ich jederzeit an den Wehrbeauftragten des Deutschen Bundestages schreiben kann, der würde dann eine Überprüfung einleiten. Würde er die Ungerechtigkeit stoppen können?

Aber zunächst einmal muss ich verstehen, was in meinem Verfahren schiefgelaufen ist. Wieso haben die so entschieden? Wer sind »die« überhaupt? Wer ist hier für was zuständig? Ich lerne dazu: Keiner meiner Vorgesetzten ist an dieser Entscheidung beteiligt. Sie kennen weder die Hintergründe noch irgendwelche Gutachten, haben hierzu auch keine Entscheidung getroffen. Daher kann mir von ihnen auch niemand helfen. Mein Truppenarzt war zwar für den Antrag auf Wehrdienstbeschädigung zuständig, aber nicht für die Entscheidung. Während des Verfahrens wird er nicht einmal informiert.

Die Wehrbereichsverwaltung ist die Behörde, die zwar über den Antrag entscheidet, aber – auch das lerne ich – diese Entscheidung beruht auf medizinischen Aussagen, die nicht in der Verwaltung, sondern im Sanitätsamt der Bundeswehr getroffen werden. Dort, in diesem Amt, kenne ich aber keinen Bearbeiter, und bei meinen Anrufen erhalte ich nur die Auskunft, dass sie mir nichts dazu sagen dürfen. Nicht einmal den Bearbeitern in der Wehrbereichsverwaltung ist es erlaubt, mit dem Bearbeiter im Sanitätsamt zu sprechen. »Das ist uns durch Weisungslage verboten, da darf nur der Abteilungsleiter anrufen, tut mir leid«, sagt mir ein Beamter. Was für eine Geheimbehörde, dieses Sanitätsamt!

Die Ärzte in den verschiedenen Bundeswehrkrankenhäusern, die mich bis dahin begutachtet haben, können mir auch nicht sagen, warum die Verwaltung so entschieden hat. Sie kennen den Fortgang des Verfahrens nicht. Sie sind nur für ihr eigenes Gutachten zuständig. In den weiteren Verlauf des Verfahrens sind sie nicht eingebunden. Ich schreibe an einen anderen Bundeswehrarzt, erkläre ihm mein Unverständnis über mein Verfahren, frage, was ich denn jetzt tun solle. Seine schriftliche Antwort hilft mir auch nicht weiter: »Bitte haben Sie Verständnis, dass ich mich zu den rechtlichen Aspekten nicht äußern kann und darf, weil ich Teil des Systems Bundeswehr bin.« Wieder eine Sackgasse.

Dann versuche ich, auch außerhalb der Bundeswehr Hilfe zu finden. Ich bin Mitglied im Deutschen Bundeswehrverband, der größten Interessenvertretung der Soldaten in Deutschland. Hier kann ich als Mitglied eine Rechtsauskunft einholen. Die Anwälte dort kennen sich offenbar aus, bestätigen mir, dass ich kein Einzelfall sei, das komme öfter vor in den WDB-Verfahren. Ich solle Beschwerde einreichen, wenn diese dann auch abgelehnt würde, dann müsste ich Klage beim Sozialgericht einreichen. Die Gerichte seien aber meist sehr überlastet, ich müsse mit mehreren Jahren Verfahrensdauer rechnen. Für das Gerichtsverfahren könne mir der Verband auf Antrag einen Anwalt zur Seite stellen, aber nur, wenn ich lange genug Mitglied im Verband sei. Nein, ich sei nicht lange genug im Bundeswehrverband, sagt mir der Jurist, also wieder eine Sackgasse. Aus Verbandssicht vielleicht verständlich, für mich eine weitere herbe Enttäuschung.

Ich informiere mich weiter: Soldatenhilfswerk, Bundeswehrsozialwerk, keiner kann mir helfen. Sie sind für ein WDB-Verfahren nicht zuständig, haben keine Experten, die sich damit auskennen. Eine neue Idee: Es gibt eine Ansprechstelle beim zivilen Versorgungsamt in meinem Bundesland, deren Vertreter sich angeblich auch bei Soldaten auskennen. Aber dort erfahre ich nur, dass sie erst zuständig sind, wenn ich aus der Bundeswehr ausgeschieden bin. Für die Entscheidung über die Wehrdienstbeschädigung sei die Wehrverwaltung »vorentscheidungspflichtig«. Das Versorgungsamt nimmt also den Fall erst auf, wenn er innerhalb der Bundeswehr entschieden ist. Ich laufe immer wieder gegen eine Wand.

Ich suche Selbsthilfegruppen. Auf der Internetseite www.angriff-auf-die-seele.de sind viele Informationen aufgelistet über PTBS, Ratschläge, Anlaufstellen, Hintergrundinformationen. Aber für mein Verfahren hilft mir das alles nicht. Ich verstehe die Welt nicht mehr. Seit ich Soldat bin, habe ich in diesen Streitkräften immer die Prinzipien von Kameradschaft und Fürsorge erlebt, habe sie selbst gepredigt und gelebt. Das hat uns zusammengehalten, auch und vor allem in schwierigen Situationen. Doch für meinen Dienstherrn Bundeswehr soll das alles nicht gelten?

### Akteneinsicht unter Aufsicht

Dann muss ich da wohl alleine durch. Ich will meine Akte, will endlich wissen, was in diesem Verfahren alles über mich angelegt und geschrieben wurde, vielleicht finde ich dort Antworten.

Aber auch dieser Weg ist kompliziert. Tagelang versuche ich telefonisch den Verbleib meiner Akte zu recherchieren. »Die ist nicht bei uns, die haben wir an die andere Abteilung abgegeben.« Nein, dort ist sie auch nicht, »wir haben die dort oder dorthin geschickt«. Mich befremdet das: In Zeiten moderner Bürokommunikation müsste doch eine Behörde von einem Vorgang eine Kopie anfertigen können, bevor die Akte an eine nächste Stelle weitergereicht wird. Einfach die Papiere scannen, elektronisch verschicken.

Aber eine Behörde fertigt keine Kopien an, jeder Bearbeiter braucht das Original. Das kommt den Bearbeitern wohl sehr gelegen. Die Akte wird von anderer Stelle angefordert, man schnürt ein Paket, schickt es weg, und schon hat man eine Akte weniger auf dem Schreibtisch. Bis die Akte dann irgendwann den Weg zurück findet, ruht der Vorgang.

Ich beantrage trotzdem Akteneinsicht bei der Wehrbereichsverwaltung. Einige Briefe und endlose Telefonate später »finde« ich das Gesuchte. »Halten Sie die Akte bitte fest, ich komme zu Ihnen gefahren und werde meine Akteneinsicht direkt vollziehen«, sage ich dem Bearbeiter. »Sie wollen zu uns fahren? Das sind aber mehr als 250 Kilometer«, entgegnet er mir. Aber das ist mir egal, ich will da jetzt endlich reinschauen dürfen, bevor die Akte wieder verschwindet.

Als ich in der Behörde bin, die Akte vor mir liegen habe, da hat sich der Bearbeiter für uns einen Raum reservieren lassen. Kaffee und Zeitung liegen für ihn parat – und für mich ein dicker Aktenordner. Er geht wohl davon aus, dass ich mir jetzt Hunderte von Seiten Papier nur durchlese, den Inhalt merke und dann wieder verschwinde. Er hat sich dafür Zeit genommen und darf den Raum währenddessen nicht verlassen. Ich möchte aber eine Kopie meiner Akte, eine Kopie jedes einzelnen Blattes. Ups, darauf war er wohl nicht vorbereitet. Er wisse nicht, ob das überhaupt erlaubt sei, müsse erst seinen Chef fragen und dann einen Kopierer suchen. Er nimmt die Akte mit, ich darf nicht ohne Aufsicht hineinschauen.

Wieder warte ich. Schließlich stehen wir in einem Hinterzimmer und kopieren. Die Kopien müsse ich aber selbst bezahlen, betont der Angestellte.

Schon beim Kopieren fallen mir Schreiben auf, die ich nie gesehen habe, Gutachten, die mir nie eröffnet wurden. Was läuft hier? Leben wir nicht in einem Rechtsstaat? In der Bundeswehr mussten solche Vorgänge bislang immer »eröffnet« werden. Wie oft habe ich selbst eröffnet, sogar die Entwürfe, danach besprochen, danach wieder eröffnet, alles im Dialog mit den Soldaten, jeder Schritt war möglichst transparent. Und hier?

Ich verlasse die Behörde mit einem »schweren« Paket, mein Vorgang, meine WDB-Akte, mein militärisches und gesundheitliches Leben, eingezwängt in einen Aktenordner, mehrere hundert Seiten Papier. Nein, ich lese jetzt noch nicht. Ich muss Auto fahren, ich ahne, dass dort Dinge über mich stehen, die mich erschüttern werden, ich wäre völlig unter Strom und würde möglicherweise einen Unfall bauen. Ich versuche, mich zu beruhigen. Mein Arzt hat mir einmal geraten, Schriftstücke dieser Art nur zu lesen, wenn ich mich fit fühle, nicht abends, nicht vor dem Schlafengehen. Als ich dann zu Hause bin, rast mein Puls. Telefon aus, Handy aus, Ruhe. Nur ich und diese Akte.

Am Anfang blättere ich locker durch. Dann fange ich an, langsam zu lesen. Ich sehe die Struktur der Akte, erkenne die einzelnen Schritte: mein WDB-Antrag, Unterschrift meiner damaligen Ärztin, Eingangsstempel der Behörde, und dann: Die Wehrbereichsverwaltung hat Dienststellen der Bundeswehr angeschrieben, um meine Angaben zu überprüfen. Sachverhaltsaufklärung nennt man das. Das Einsatzführungskommando (EinsFüKdoBw) wurde angeschrieben, um zu bestätigen, dass ich im Einsatz war. Dieses Kommando führt von Potsdam aus alle Einsätze der Bundeswehr im Ausland, weltweit.

Meine Anspannung steigt, jetzt lese ich schneller. Das Einsatzführungskommando beantwortet die Anfrage der Wehrbereichsverwaltung in kurzen Sätzen:

»Zu 1. Es liegen dem EinsFüKdoBw keine Aufzeichnungen über das genannte Ereignis vor«, heißt es da.

Bei den Ereignissen »zu 4.« und »zu 5.« steht derselbe Satz. Weiter geht es mit der Strichaufzählung:

»Zu 6. Es besteht keine Zuständigkeit des EinsFüKdo über den genannten Vorgang.«

Allmählich begreife ich: Nicht einer der Vorfälle, die ich aus dem Bosnieneinsatz geschildert habe, wird bestätigt. Das Einsatzführungskommando wurde ja auch erst im Jahr 2001 gegründet, hat nicht vor 2002 mit der Führung der Auslandseinsätze begonnen. Mein Einsatz in Bosnien war aber 1998 und 1999. Also keine Zuständigkeit, keine Unterlagen, somit nicht beweisbar. Und meine Erlebnisse im Inland, die ich im Formular erwähnte? Was ist mit dem Absturz meiner Kameraden mit dem Kampfbomber? Keine Bestätigung, der Jet ist ja im Inland abgestürzt, dieses Kommando ist nur für den Auslandseinsatz zuständig.

Immerhin, vier meiner Anschläge aus Afghanistan werden bestätigt. Und jetzt? Wie werden jetzt meine anderen Angaben überprüft?

Gar nicht. Es gibt keinen einzigen Hinweis in meiner Akte, dass sich irgendein Bearbeiter die Mühe gemacht hätte, meine Angaben weiter zu überprüfen. Es werden keine anderen Dienststellen angefragt, es werden keine Zeugen vernommen, keine Beweise oder Unterlagen eingefordert. Auch ich selbst bin dazu als Antragsteller nicht mehr angehört worden. Die Verwaltung fragt eine einzige Dienststelle der Bundeswehr, erhält eine (halbe) Antwort, und damit ist der Fall für sie geklärt. Für die Verwaltung fällt die Hälfte meiner Angaben als »nicht bewiesen« unter den Tisch, ohne weitere Prüfung.

Ich dachte schon, dies sei der Höhepunkt behördlicher Inkompetenz in meiner Akte, aber es sollte noch besser kommen: ein medizinisches Gutachten. Ich kenne es nicht. Es stammt nicht aus dem Bundeswehrkrankenhaus, nicht von einer meiner Untersuchungen. Ich blättere immer weiter, und langsam schließt sich der

Kreis: Ich sortiere. Zunächst kommt dieses neue Gutachten von einer mir unbekannten Frau Dr. med. S., dann das Gutachten aus dem Bundeswehrkrankenhaus. Dann wieder ein Gegengutachten hierzu von dieser Ärztin. Die Wehrbereichsverwaltung hatte mir wiederholt geschrieben, meine Akte sei an das Sanitätsamt gegangen. Aber anscheinend hat dieses Amt meine Akte weitergeschickt und eine externe Gutachterin damit beauftragt, meinen Fall neu zu bewerten. Frau Dr. med. S. unterhält eine private, zivile Praxis für Psychosomatik und Psychotherapie. Sie hat mit der Bundeswehr anscheinend nicht direkt etwas zu tun, erhält aber vom Sanitätsamt den Auftrag, ein Gutachten über mich anzufertigen. Ich wusste davon nichts, und sie hat mich nie gesehen oder kontaktiert. Eine Beurteilung nach Aktenlage.

Das letzte Gutachten von Ende 2008, das mir so lange nicht eröffnet werden durfte, ist das Bundeswehrgutachten. Es wurde angefertigt, nachdem ich dort erneut gründlich untersucht worden war. Das Ergebnis, unterschrieben von zwei Ärzten der Bundeswehr, lautet, dass ich alle Kriterien einer PTBS erfülle. Mein Grad der Schädigung (GdS) wird mit 60 Prozent angegeben, das bedeutet, dass ich wegen der PTBS schwerbeschädigt bin. Damit hätte meinem Antrag auf eine Beschädigung eigentlich stattgegeben werden müssen.

Aber diese zivile Gegengutachterin macht nach Aktenlage daraus eine glatte Ablehnung: Ich hätte definitiv keine PTBS, es sei nur eine »Depression«, »Grad der Schädigung: Null Prozent«. Was erlaubt diese Frau sich eigentlich? Hier lese ich die Sätze, die ich in meinem Ablehnungsbescheid schon gelesen habe: Ich sei nicht dabei gewesen, hätte das nicht selbst erlebt, die Handgranate und die Minen seien nicht explodiert ... Zu der Hälfte meiner Erlebnisse macht sie gar keine Angaben, die fallen einfach unter den Tisch. Aber ein neuer Aspekt taucht auf: Der frühe Tod meines Vaters in meiner Kindheit soll mich so getroffen haben, dass ich seitdem unter einem Kindheitstrauma leide. Daraus hätte sich meine »Depression« entwickelt. Jedes meiner Krankheitssymptome sei privat bedingt, es hätte überhaupt nichts mit meinem Dienst zu tun, nichts mit meinen Auslandseinsätzen, nichts mit dem Krieg, in dem ich angeblich »persönlich« nie war.

Diese völlige Nichtbeachtung meiner Aussagen katapultiert mich jetzt wieder in eine Gewaltfantasie: Vielleicht sollte ich doch die Verwaltung sprengen, alles und alle dort vernichten? Aber die Sachbearbeiter dort haben sicher nur ihren kleinkarierten Job gemacht, nach Vorgabe des Sanitätsamtes ausschließlich von diesem Gegengutachten abgeschrieben. Aber wieso haben die Ärzte im Sanitätsamt dieser Gutachterin erlaubt, einen solchen Mist zusammenzuschreiben? Jedenfalls übernahm das Sanitätsamt alles eins zu eins. Statt der im Gutachten der Bundeswehrärzte festgestellten 60 Prozent lässt mich die Koalition aus externer Gegengutachterin und Sanitätsamt auf 0 Prozent Wehrdienstbeschädigung stürzen.

Ich habe plötzlich große Lust, diese Gutachterin zu besuchen. Sie würde mich nicht einmal erkennen, sie hat mich ja nie gesehen. Danach würde ich das Sanitätsamt besuchen, mit meinem Truppenausweis an der Wache vorbeilaufen, würde unbehelligt reinkommen. Und dann würde ich die Ärzte besuchen ... Ich fühle nur noch Wut. Ich denke rational, aber in Gedanken bin ich im Krieg, in meinem ganz persönlichen Krieg. Hier gibt es keine Regeln, kein Völkerrecht, keine Befehle, keine Kameraden, keine Vorgesetzten.

Ich erschrecke. Über mich.

Sie würden sagen, es war ein Amoklauf, ein Psychopath, ein Verrückter. Nein, ich muss mich zurückhalten. Ich darf diesen Vorgang nicht als persönlichen Angriff bewerten, auch wenn das alles eine bodenlose Unverfrorenheit ist. Ich darf und will nicht mit Gewalt antworten, die ich nur für den Kriegseinsatz gelernt habe. Aber haben die anderen nicht mir den Krieg erklärt? Nein, letztendlich ist dies nur ein Verwaltungsakt – auch wenn er brutal ist und wehtut. Ja, sie wollen mich fertig machen, sie lügen, sie arbeiten verdeckt, sie gehen nicht offen und ehrlich mit mir um. Mich rächen? Das geht nicht. Aber wie soll ich weiter machen?

Als ich von meinem Höllentrip wieder runter bin, fange ich an, den einzigen Weg zu gehen, den ich vor mir vertreten kann: den Rechtsweg. Jeden Tag, an dem ich genügend Kräfte sammeln kann, schreibe ich. Akribisch liste ich für meine Beschwerde auf, was in diesem Verwaltungsakt alles schiefgelaufen ist. Ich notiere erneut meine Erlebnisse, die vor Monaten einfach übersehen oder vergessen wurden, Ereignisse, die angeblich nicht bewiesen werden konnten, ich zitiere aus dem Bundeswehrgutachten, das bereits die PTBS bestätigt hat.

## »… und für die Zukunft alles Gute« – Ende einer Dienstzeit

Mein Chef meldet sich wieder bei mir. Ich solle mit ihm zum nächsthöheren Vorgesetzten kommen, der Kommandeur habe eine Entscheidung mitzuteilen. Das zweite Verfahren hatte ich bereits verdrängt, auf einmal taucht es wieder auf: Das Dienstunfähigkeitsverfahren geht in die letzte Runde. Die Bundeswehr, dieses Mal der Zweig der Personalführung des Ministeriums, hat offenbar darüber entschieden, ob ich als Berufssoldat noch haltbar bin. Ein ganzes Jahr hat diese Prüfung gedauert. Ob wenigstens hier meine PTBS bestätigt wird?

Nein. Die Entscheidung, die mir eröffnet wird, ist zwar eine Entlassung aus gesundheitlichen Gründen, aber die Begründung hierfür ist keine PTBS, sondern eine »Leistungsfunktionsstörung«.

Meine Bundeswehrärztin hatte damals als Begründung für den Antrag »PTBS« in den Formularen angegeben. Nun werde ich mit der Begründung entlassen, dass ich nicht mehr »funktioniere«. Ich werde entsorgt. Mein Arbeitgeber möchte mir nicht bestätigen, dass ich eine PTBS habe, nennt keine sonstige Krankheit, keine Begründung, schreibt nur, ich habe eine »Leistungsfunktionsstörung«. Das Facharztzentrum hat geprüft, das Sanitätskommando hat gegengeprüft, das Personalamt hat noch einmal alles überprüft, überall in den Papieren schreiben die Ärzte etwas über eine »einsatzbedingte Gesundheitsstörung«, aber eine PTBS soll es angeblich nicht sein. Merkwürdig, die »Depression«, wie durch die externe Gegengutachterin behauptet, taucht hier nicht auf. Ist das nun gut oder schlecht für mich?

Für meine Entlassung aus der Bundeswehr reicht die »Funktionsstörung« offensichtlich aus. Die Gutachten aus den Bundeswehrkrankenhäusern scheinen nichts wert zu sein, sie werden nicht berücksichtigt. Hätte ich einen Arm oder ein Bein verloren, wäre ich dann auch wegen einer »Funktionsstörung« entlassen worden?

Entlassungen, Versetzungen und Verabschiedungen kennt jeder Soldat. »Nichts ist so beständig wie der Wechsel« – diesen Satz habe ich während meiner Dienstzeit oft gehört. Immer wieder kommen neue Kameraden in eine Einheit, verlassen ihre Bereiche wieder, erhalten eine neue Verwendung, ihr Zeitvertrag läuft aus oder sie werden versetzt, weil sie mit höherem Dienstgrad einen Dienstposten in einer anderen Kaserne besetzen.

Oft genug habe ich selbst an solchen Verabschiedungen teilgenommen. Als Disziplinarvorgesetzter musste ich viele Soldaten in das zivile Leben nach der Bundeswehr verabschieden. Das Verfahren hierzu ist mir gut bekannt: Drei Monate vor Entlassungstermin muss der Soldat seine »Urkunde« erhalten. Auf diesem vorgefertigten Entlassungspapier spricht der Bundesminister der Verteidigung Dank und Anerkennung »für die dem deutschen Volke geleisteten treuen Dienste« aus. Meist haben wir aber neben diesem formalen Akt eine kleinere oder größere Feier veranstaltet, haben diese Soldaten an ihrem letzten Tag begleitet, oft waren auch ihre Familien dazu eingeladen. Es sollte nach all den Jahren ein »würdiger« Abschied sein. Es gibt für solch eine Veranstaltung keine Vorschrift, aber es ist eine gute Tradition und eigentlich Standard in der Truppe, dass ein solcher Tag angemessen gestaltet wird.

Meinen eigenen »formalen Akt« erlebe ich im Büro meines Kommandeurs. Meine Kameraden sind um mich versammelt, es folgt eine kurze Ansprache. Der Kommandeur entschuldigt sich dafür, dass er keinen Kaffee anbieten kann, spricht von der schwierigen Arbeitsmarktlage, von Putzfrauen, die ihren Beruf verlieren und von arbeitslosen Bankangestellten. Er sagt, er habe großen Respekt davor, dass ich diesen Weg gewählt hätte, und wünscht mir für die Zukunft alles Gute. Urkunde ausgehändigt, danke, das war's.

Wieso soll ich mir diesen Weg ausgesucht haben? Vor allen Anwesenden entgegne ich ihm, dass ich nicht freiwillig meinen Dienst gekündigt hätte, nicht meine Dienstunfähigkeit beantragt hätte, sondern dass mein Arbeitgeber Bundeswehr dieses Verfahren genau so haben wollte, nicht ich. Ich wollte lediglich meine Beschädigungen anerkannt wissen. Nun ist eine Entlassung daraus geworden, meine Beschädigungen werden aber gleichwohl nicht anerkannt, von einer PTBS wollen die Behörden und Ämter in der Bundeswehr nicht sprechen.

Aber was soll das noch? Ich habe meine Urkunde erhalten, der Verwaltungsakt ist abgeschlossen. Über fünfzehn Monate dauerte dieser Marathon, und nun werde ich entlassen. Ein Grund zum Feiern besteht nicht. Der offizielle Akt ist daher kurz und formal beendet. Später setzen wir uns noch freundschaftlich zusammen, im Kameradenkreis und mit den anderen Vorgesetzten – ohne diesen Kommandeur. Jetzt beginnt mein neuer Lebensabschnitt.

Drei Monate nach Erhalt der Urkunde erlebe ich meine letzten Stunden als Soldat. Habe ich Erwartungen oder Ansprüche an diesen Tag? Meine Einheit ist mittlerweile an einen anderen Standort verlegt worden, alle meine Kameraden sind weg, meine alte Kaserne soll geschlossen werden. Kann und soll ich heute einfach so gehen? Von wem soll ich mich verabschieden? Ich ziehe das letzte Mal meine Uniform an. Wer verabschiedet mich heute? Merkt das deutsche Volk, dem ich gedient habe, etwas davon, dass ich heute endgültig gehe? Natürlich nicht. Es ist keiner da. Habe ich etwas anderes erwartet? Ja, vielleicht, einen Anruf oder eine persönliche Karte zum Abschied, irgendein Zeichen der Begleitung an diesem Tag, einen Kameraden an meiner Seite, das hätte mir schon genügt. Aber für die Bürokratie ist der Fall abgeschlossen, für die aktiven Soldaten geht die Arbeit, geht das Leben weiter, für mich ist der Arbeitgeber Bundeswehr nicht mehr zuständig, auch nicht an meinem letzten Tag. Ich empfinde noch nicht einmal Zorn, aber Enttäuschung. In all den Jahren habe ich keinen »meiner« Soldaten so gehen lassen, egal ob er vier, acht oder zwölf Jahre dabei war, schon gar nicht, wenn ein Soldat in den Ruhestand zu verabschieden war.

Ich rufe in der nächstgelegenen Kaserne an. Irgendwo gibt es immer einen Vorgesetzten, der eine Truppenfahne in seinem Dienstzimmer hat. Ich spreche mit dem Standortältesten und erkläre ihm kurz meine Bitte. Er akzeptiert und lädt mich ein. Es ist ein Freitag, der 31. Juli 2009. Mittags ist es ruhig in der Kaserne. Das ist genau die richtige Zeit für mich an meinem letzten Tag als Soldat. Im Büro des Offiziers erkläre ich ihm kurz meine Geschichte. Ich kenne ihn nicht, und er kennt mich und meine Vergangenheit nicht. Aber das ist heute unwichtig, ich brauche nicht ihn, sondern nur die Fahne in seinem Büro. Als ich Soldat wurde, da habe ich diese deutsche Fahne angeblickt und einen Eid auf unseren Staat abgelegt. Die Fahne war das Symbol meines Staates, meines innerlichen Vertrags mit diesem Land. Ich habe damals – wie vorgeschrieben – eine Zeremonie mitgemacht und vor der Fahne geschworen, der »Bundesrepublik Deutschland treu zu dienen und das Recht und die Freiheit des deutschen Volkes tapfer zu verteidigen«. Ich habe die Fahne in den letzten Jahren oft militärisch gegrüßt, ob in den Kasernen oder auf den Särgen meiner Kameraden. Diese Fahne ist das Symbol meines Vaterlandes, unter ihr bin ich zehn Monate im Einsatz gewesen. Sie war an unseren Fahrzeugen, als wir beschossen wurden. Wir haben sie öffentlich gezeigt, so, wie im fußballbegeisterten Deutschland die Fähnchen alle paar Jahre wieder an den Autos flattern. Unsere Fahrzeuge waren jedoch gepanzert. Die Fahne sollte allen zeigen: Wir verstecken uns nicht, hier ist Deutschland.

Deutschland ist es natürlich egal, dass ich heute als Soldat nach Hause gehe, aber ich muss mich heute vor dieser Fahne verabschieden – daher mein Wunsch, hier zu sein, in diesem Büro.

Ich nehme die Grundstellung eines Soldaten ein, stehe vor der Truppenfahne, grüße militärisch und melde mich ab. Der letzte Gruß als Soldat.

Es ist ruhig, als ich das Büro des Offiziers und die Kaserne verlasse, angemessen ruhig für diesen Moment. Die Entlassung ist damit auch für mich »persönlich« als Soldat abgeschlossen. Jetzt kann ich gehen. Elf Jahre nach meinem Einsatz in Bosnien, drei Jahre nach meinem Einsatz in Afghanistan und fünfzehn Monate nach Beginn des WDB-Verfahrens bin ich kein Soldat mehr.

## Die unbekannte Welt des Entschädigungsrechts

Als Soldat ist meine Dienstzeit beendet. Als Veteran, Zivilist und als Mensch geht mein Leben jedoch mit einer PTBS weiter. Meine Tage und Nächte werden nicht erträglicher. Und als Antragsteller in einem WDB-Verfahren ist mein Weg noch lange nicht zu Ende. Ich muss weiter darum kämpfen, diese Beschädigung anerkannt zu bekommen, oder ich gebe auf. Nun bin ich angekommen in der mir völlig unbekannten Welt des sozialen Entschädigungsrechts. Immer wieder werde ich als Vorgang zwischen den Behörden zermahlen und kann nichts dagegen tun. Die Wehrbereichsverwaltung muss nach meiner Beschwerde erneut prüfen, ob ich diese Kriegsverletzung habe oder nicht.

Diese Behörde beruft sich in ihrer Entscheidung aber auf das Sanitätsamt der Bundeswehr, also muss dort meine Beschwerde geprüft werden. Das zivile Versorgungsamt in meinem Bundesland ist für mich zuständig, wenn es darum geht, mir eine Grundrente zu bezahlen. Je nach Entscheidung ist diese Behörde auch für die Krankenkosten, einen Berufsschadensausgleich oder eine berufliche Rehabilitationsmaßnahme zuständig. Nun muss ich diesem Amt alle möglichen Formulare zuschicken und dort eine Beschädigtenrente beantragen, aber entscheiden kann dieses Amt darüber noch nicht. Zuerst muss die Bundeswehrverwaltung entscheiden – sie ist »vorentscheidungspflichtig« – , dann erst darf das zivile Versorgungsamt meinen Antrag prüfen. Gleichzeitig ist der Berufsförderungsdienst der Bundeswehr (BFD) für die Prüfung zuständig, ob mir eine berufliche Weiterbildung oder eine Integrationsmaßnahme zusteht. Aber auch hierfür müsse zunächst auf die Ergebnisse gewartet werden. Eine andere Abteilung innerhalb der Wehrbereichsverwaltung ist für die Berechnung meiner Pension zuständig, sie nennen das »ruhegehaltsfähige Dienstbezüge«.

Tatsache ist, dass alle Behörden warten. Sie warten auf die Akte – die gibt es ja nur einmal im Original –, die hin und her geschickt werden muss, oder sie warten auf die Entscheidung der anderen Behörde und bearbeiten so lange den Fall nicht. Der Aktendeckel bleibt zu.

Durch die Entlassung fehlt mir auf einen Schlag ungefähr die Hälfte meines Einkommens. Ich erhalte zwar für 24 Dienstjahre als Soldat eine Pension, die aber hinten und vorne nicht reicht, um meine notwendigsten Kosten zu decken, zumal ich noch unterhaltspflichtig bin. Das ist meine private Angelegenheit, dafür kann keine Behörde etwas. Aber es ist nun mal eine Tatsache, dass ich durch die Entlassung ohne einen anerkannten Dienstunfall keinen neuen Beruf antreten kann. Eine Bewerbung für einen zivilen Arbeitgeber würde sich jetzt so lesen: Studierter Offizier mit mehr als 24 Jahren Berufserfahrung im In- und Ausland, wegen einer dauerhaften Funktionsstörung aus der Bundeswehr entlassen, vielleicht schwer traumatisiert oder auch nicht, bittet um Festanstellung! Welcher Arbeitgeber würde unter diesen Bedingungen einen neuen Mitarbeiter einstellen?

Die Behörden mögen warten können, die Banken tun es nicht. Nach wenigen Wochen wird meine EC-Karte eingezogen, die Meldungen an die Schufa gehen raus, ich stehe vor einem finanziellen Bankrott. Über Bargeld kann ich nicht mehr verfügen, Verbindlichkeiten kann ich nicht mehr bedienen. Die Folge sind Pfändungen und eine eidesstattliche Versicherung, die Insolvenz ist im vollen Gange. Ich kündige alle unnötigen Versicherungen, Verträge und

Verpflichtungen – aber es reicht immer noch nicht. Ich habe über Monate kein Geld, beginne jeden Tag neu mit einem satten Minus und soll irgendwie davon überleben. Wenige Freunde helfen mir in dieser schweren Zeit, aber ich weiß noch nicht einmal, ob ich ihnen das jemals zurückzahlen kann. Ich stehe vor dem Ende, nein: Ich bin am Ende.

Eine Abfindung oder Einmalentschädigung der Bundeswehr erhalte ich nicht, keine Beschädigtenrente, kein Schmerzensgeld. Mein Vertrag ist beendet, die Fürsorgepflicht meines ehemaligen Dienstherrn offensichtlich auch. Alle verweisen mich auf den Rechtsweg. Ich hätte schließlich eine Beschwerde eingelegt, jetzt solle ich warten. Die Bearbeiter erklären mir, dass ich im Erfolgsfall meine Gelder nachbezahlt bekommen würde, daher wäre doch alles in Ordnung. Soll ich meinem Vermieter das auch so erklären, dass er seine Miete erst bekommt, wenn ich mein Rechtsverfahren gewonnen habe? Ich habe Glück, dass er mich in meiner Wohnung weiterhin wohnen lässt, obwohl die Mietkaution bereits gepfändet wurde. Sollte er mir jetzt kündigen, würde ich wohl keine neue Wohnung erhalten. Kein neuer Vermieter würde mich unter diesen Voraussetzungen akzeptieren. Ich stehe in dieser Zeit knapp vor der Obdachlosigkeit.

Ich verkaufe meine Bücher über diverse Internet-Plattformen, alles irgendwie Entbehrliche meines Hausrats. Ein Fernsehgerät habe ich schon lange nicht mehr. Ich suche mir eine neue Bank, die mich ohne Dispo und ohne Kredit annimmt. Wenn ich nichts zu essen kaufen kann, dann erinnere ich mich an das, was ich einmal bei der Bundeswehr gelernt habe: Überleben in freier Natur. Eine Handvoll Kartoffeln frisch vom Acker macht schließlich auch satt, und ab und zu gelingt es mir, eine Forelle zu angeln. Junge Brennnesseln schmecken ebenso wie Sauerampfer oder Löwenzahnblätter, die einen guten Salat abgeben. Die Innenseite einer Kiefernrinde enthält viel Vitamin C. Ich schlage mich durch.

Die Wehrbereichsverwaltung ermahnt mich schriftlich, ich solle ihnen meine Krankenversicherung melden. Wahrheitsgemäß antworte ich, dass ich keine Krankenversicherung habe, auch wenn das jetzt in Deutschland Pflicht sei, weil ich mir diese nicht leisten könne. Obdachlos oder versichert, das ist meine Qual der Wahl.

Der Mitarbeiter des Sozialdienstes der Bundeswehr ist erschrocken. Er fragt mich, warum ich keine Vorsorge getroffen hätte. Ich hätte als Berufssoldat doch eine Anwartschaftsversicherung »für den Fall der Fälle« abschließen sollen, dann hätte mich jetzt eine Krankenkasse zu günstigen Konditionen übernehmen müssen. Er hat Recht, aber leider habe ich in den Zeiten meiner knappen Kassen diese private Vorsorge gekündigt. Privates Pech, aber jetzt nicht mehr zu ändern. Ich kämpfe weiter, obwohl ich schon gar nicht mehr weiß, wie ich die Kraft für dieses unnormale Leben aufbringen soll, zumal meine PTBS mich immer wieder in die Knie zwingt.

Vier Monate nach meiner eingelegten Beschwerde bewegt sich endlich etwas, ich erhalte Post. Aber anscheinend ist es dem Sanitätsamt noch nicht genug: Ich muss erneut auf PTBS begutachtet werden, dieses Mal beim Max-Planck-Institut in München. Nachdem bereits sechsmal über meine PTBS ein Urteil gefällt wurde, soll ich mich wiederum einer Untersuchung unterwerfen: erneut Gespräche mit Psychologen, wieder Computertests, Fragebögen, neurologische Messungen. Bleibt mir etwas anderes übrig? Ich füge mich meinem Schicksal und lasse mich begutachten.

Dann wieder warten. Das Max-Planck-Institut muss ein Gutachten schreiben, das Sanitätsamt muss dieses lesen und bewerten, wiederum Wochen später eine neue Entscheidung der Wehrverwaltung. Nun lenkt die Bundeswehr endlich ein: 17 Monate nach meinem ersten Antrag auf Anerkennung einer Wehrdienstbeschädigung erhalte ich im Herbst 2009 endlich einen Bescheid: Meine PTBS ist anerkannt. Soll ich jetzt jubeln, bin ich jetzt endlich am Ziel? Nein, es ist zwar eine Anerkennung der Beschädigung, aber nicht in der Höhe, in der die Bundeswehrgutachter diese zuvor festgestellt hatten. Dieses Mal ist das Ergebnis eine 40-prozentige

Schädigungshöhe. Ursprünglich war es eine PTBS mit 60 Prozent Schädigung, dann wurde daraus eine »Depression« mit 0 Prozent, jetzt soll es zwar eine PTBS sein, aber nur mit »verminderter Schädigungshöhe«. Ich bin der gleiche Patient, der gleiche Antragsteller, es geht um die gleichen Ereignisse. Warum jedes Mal anders entschieden wird, bleibt schleierhaft.

### Klage gegen die Bundesrepublik Deutschland

Die Klage vor dem Sozialgericht ist meine einzige Chance, die Höhe meiner Beschädigung endgültig feststellen zu lassen und ein gerechtes Ergebnis zu erhalten. Ich muss tatsächlich Klage erheben, das hätte ich mir nie vorstellen können. Gesetzlich ist mir vorgeschrieben, wie ich meine Klage beginnen muss, wen ich anklagen muss. Also schreibe ich: »Hiermit klage ich gegen die Bundesrepublik Deutschland, vertreten durch die Wehrbereichsverwaltung ...«

Das geht ans Herz – wie alles in den letzten Jahren. Ich muss mein Land verklagen, dem ich so lange gedient habe, für das ich fast gestorben wäre und das mich jetzt vergessen hat. Ich bin ein Verwaltungsakt, der seinen Rechtsweg geht, gehen muss. Ich empfinde das persönlich als Schande.

Um alle Ansprüche und Verfahren als Antragsteller zu kennen, müsste man Fachanwalt für soziales Entschädigungsrecht sein. Es gelten unzählige Gesetze, Verwaltungsvorschriften und Erlasse, die ohne juristische Ausbildung kaum zu entdecken, zu überblicken, geschweige denn zu verstehen sind. Schon die Namen sind kryptisch: Bundesversorgungsgesetz, Einsatzversorgungsgesetz, Soldatenversorgungsgesetz, Einsatzweiterverwendungsgesetz – und das sind nur die übergeordneten Gesetze. Ich besorge mir einen Ratgeber, ein kleines Handbuch. Aber dieses Büchlein mit den wichtigsten Gesetzen, Vorschriften und Paragrafen hat einen Umfang von 1 287 Seiten.[1] Wie kann ich hier jemals durchblicken, wie meine Rechte verstehen?

Ich treffe mich mit einem Juristen, der mir als ein sehr guter Fachanwalt für diese Verfahren empfohlen wurde. Ich erkläre ihm meinen Fall, und er schildert mir seine Vorgehensweise: Da er als Anwalt in einem Sozialgerichtsverfahren durch die Gebührenordnung nicht genug verdienen würde, müsse er nach Stundensätzen abrechnen. Sein Stundensatz würde bei 240 Euro liegen.

Ich habe verstanden und breche das Gespräch umgehend ab. 240 Euro Stundenlohn! Ich kann mir noch nicht einmal eine Stunde bei ihm leisten und muss mir nicht überlegen, wie lange er wohl nur für das Lesen meiner mittlerweile vier Aktenordner bräuchte! Ich bin nur froh, dass er mir anbietet, dieses erste »Beratungsgespräch« mit einem reduzierten Stundensatz zu berechnen. Da muss ich wohl alleine durch.

Doch eine Chance habe ich vielleicht noch, den »Sozialverband VdK Deutschland«. Immerhin ist dieser mit über einer Million Mitgliedern der größte Sozialverband in unserem Land und war in den fünfziger Jahren unter dem Namen »Verband der Kriegsbeschädigten« gegründet worden. Eigentlich bin ich doch auch ein Kriegsbeschädigter, oder? Die ersten Telefonate klingen vielversprechend. Anders als bei anderen Verbänden kann ich im VdK für eine geringe Gebühr Mitglied werden und erlange dadurch ab Beginn der Mitgliedschaft das Anrecht auf einen Anwalt des Verbandes, egal, wie lange das Verfahren davor bereits begonnen hat oder wann das schädigende Ereignis war. Nach zwei Wochen Wartefrist habe ich den ersten Gesprächstermin mit einem Fachanwalt des Verbandes. Leider wird es das letzte Gespräch bleiben. Nach einer kurzen Durchsicht meiner Akte und meinen Erläuterungen dazu gibt der Anwalt zu bedenken, dass er sich in so einem Fall überhaupt nicht auskennt. Er würde sich eher um Hartz-IV-Empfänger und »normale« Rentner kümmern, aber im Falle eines Soldaten und eines Wehrdienstbeschädigtenverfahrens würden ihm die Erfahrung und die Sachkenntnis fehlen. Wieder eine Sackgasse.

Andere Beratungsstellen gibt es in Deutschland für mich nicht.

In der Wehrbereichsverwaltung oder einer anderen Stelle der Bundeswehr gibt es keinen Berater für solche Verfahren, keinen Fallmanager oder Betreuer. Die Bundeswehr hat zwar eigene hauptamtliche Juristen, diese sind aber trotz ihrer Bezeichnung »Rechtsberater« nicht in beratender Funktion für die Soldaten als Betroffene zuständig. Sie sitzen in den militärischen Stäben von Divisionsebene an aufwärts und erfüllen dort andere Aufgaben. Und die Mitarbeiter des Sozialdienstes der Bundeswehr haben mich bereits beraten, können mir aber weder bei der Auseinandersetzung mit der Wehrverwaltung helfen noch bei der Klage vor dem Sozialgericht.

Mir war schon längst entfallen, dass ich den Wehrbeauftragten des Deutschen Bundestages im März 2009 angeschrieben hatte. Im Dezember 2009 hat er seine Überprüfungen nun abgeschlossen und kommt zu dem Ergebnis, »dass Fehler und/oder Versäumnisse in meiner Versorgungsangelegenheit nicht erkennbar« seien. Es sei also alles richtig gelaufen. Freundlicherweise übersendet mir der Wehrbeauftragte die offizielle Bewertung meiner Eingabe durch das Bundesministerium der Verteidigung. Jetzt verstehe ich, warum mir in der Bundeswehr keiner helfen kann und wird, denn offensichtlich bin ich der Einzige, der meinen Fall so kritisch beurteilt; das Ministerium sieht alles völlig anders:

In meiner Eingabe an den Wehrbeauftragten hatte ich erklärt, dass die Wehrbereichsverwaltung und die externe Gutachterin zahlreiche meiner Erlebnisse nicht berücksichtigt hätten, obwohl ich diese ausführlich dargelegt hätte. Jetzt darf ich nachlesen, dass das Bundesministerium der Verteidigung die Auffassung vertritt, ich könne nicht erwarten, dass »auf jedes einzelne Ereignis eingegangen« werden könne. Ich muss mir das immer wieder auf der Zunge zergehen lassen: Ich liste in meinem Antrag alle meine Anschläge und sonstigen schweren Ereignisse auf, die durchaus für eine PTBS eine wichtige Erklärung geben könnten, aber Verwaltung und Ministerium teilen mir indirekt mit, dass es völlig normal sei, die Hälfte davon einfach in einem Bescheid verschwinden zu lassen. Ich muss wohl noch viel dazu lernen, um diesen Rechtsstaat zu verstehen.

Obgleich ich in meiner Eingabe auf die langwierige Verfahrensdauer hingewiesen habe, bewertet das Bundesministerium der Verteidigung sie als angemessen und spricht von einer »kurzen Bearbeitungszeit«, schließlich hätte ich bereits nach neun Monaten einen ersten Bescheid erhalten und meinen Beschwerdebescheid »schon« nach 17 Monaten!

Das Hin und Her von Gutachten und Gegengutachten würde ich ebenso völlig falsch bewerten. Ich würde hier einem »Missverständnis« unterliegen, schreibt das Ministerium. Es sei gar nicht entscheidend, was die Fachärzte der Bundeswehrkrankenhäuser geschrieben hätten, das habe nur »richtungsweisenden« Charakter. Vielmehr würde es den »erfahrenen Versorgungsmedizinern des Sanitätsamtes der Bundeswehr« obliegen, eine solche Entscheidung zu treffen.

Ist damit diese externe Gutachterin gemeint, die mich nie persönlich untersucht hat, die geschrieben hat, ich wäre gar nicht beim Feuerkampf dabei gewesen, die anderen Dinge hätte ich nicht persönlich erlebt, und die Granate und die Minen seien ja gar nicht explodiert? Ist das in den Augen des Ministeriums eine »erfahrene Versorgungsmedizinerin«? Und wieso werde ich extra in ein Bundeswehrkrankenhaus geschickt, stationär aufgenommen, dort Tage und Wochen durch Spezialisten untersucht, von mehreren Oberstärzten der Bundeswehr begutachtet, wenn danach gesagt wird, dies habe keine Bedeutung, sondern sei nur »richtungsweisend«? Es war immerhin eine angeordnete Untersuchung, das Ergebnis war ein »wissenschaftlich begründetes, wehrpsychiatrisches Gutachten«. Und das soll nun für meinen Fall nicht mehr so wichtig sein? Dann hätte man mir und den Bundeswehrärzten das alles ersparen können. Ich hätte mich nicht untersuchen lassen müssen, und sie hätten ihre Zeit mit der Erstellung der Gutachten gar nicht verschwenden müssen.

Mit der Beweislast ist es ähnlich: Ich hatte in meiner Eingabe zu bedenken gegeben, dass es gerade im Auslandseinsatz Situationen geben kann, die eben nicht in einem herkömmlichen Dienstplan oder durch die »normale« Verwaltungsbürokratie erfasst werden können. Ich hatte eine Situation in Bosnien-Herzegowina erwähnt. Damals wurde ich am Regierungssitz in Banja Luka von serbischen Milizen entwaffnet. Ich musste den bewaffneten serbischen Soldaten meinen Ausweis, meine Pistole und die Munition aushändigen. Die Bundeswehrverwaltung konnte mir elf Jahre danach diesen Vorfall nicht bestätigen. Was erwartet die Verwaltung denn von mir? Hätte ich mir damals eine Quittung mit Stempel und Unterschrift über den Einbehalt einer deutschen Pistole ausstellen lassen sollen, damit ich das später beweisen kann? Da ich meine Pistole später wieder zurückbekam, hätte ich wohl eher einen »Leihschein« einreichen sollen.

In meiner Eingabe hatte ich vorgeschlagen, dass in einem solchen Fall eine Glaubhaftmachung ausreichen sollte. Man könne auch zusätzliche Zeugen anhören oder den Antragsteller nach weiteren Unterlagen befragen. Aber das ist nicht gewollt. Es wird noch nicht einmal der Sachverhalt hinreichend überprüft, stattdessen »mangels Beweis« abgelehnt. Es ist absurd: Meine Angaben können nach den Unterlagen der Bürokratie nicht bestätigt werden, in meinem WDB-Verfahren werden zahlreiche meiner Einsatzerlebnisse als »nicht bewiesen« abgelehnt, aber für das Ministerium ist die Beweislast, die bei *mir* liegt, bindend.

Dabei ist eine andere Lösung in der Frage der Beweislast denkbar – wenn man nur wollte. Zahlreiche andere Regelungen außerhalb der Bundeswehr belegen das. So gibt es in der schwierigen Frage von Schadenersatzansprüchen nach Ärztefehlern Gerichtsurteile des Bundesgerichtshofes, worin die Beweislast ausdrücklich im Sinne der betroffenen Patienten komplett umgekehrt ist. Auch wenn Verbraucher ein gebrauchtes Fahrzeug kaufen und danach einen Schaden feststellen, der wohl zuvor schon bestand, liegt die Beweislast im Sinne der Verbraucher beim Verkäufer. Ein

Wenn das schief geht, wird die Wehrverwaltung die Versicherungsleistung für das Fahrzeug wahrscheinlich verweigern, weil der Fahrer die entscheidende Frage auf dem Formblatt der deutschen Bürokratie nicht beantworten kann: »Auf dem Weg von Kundus nach .... befuhren Sie in der Ortschaft .... die einzige Brücke. Geben Sie bitte auf der Zeile darunter das zulässige Durchfahrgewicht für die Brücke an!«

Soldat als Betroffener muss aber selbst beweisen, was im Einsatz passiert ist und wodurch er eine PTBS erlitt.

Mit jeder Aussage des Bundesministeriums der Verteidigung, die ich zu meinem Fall lesen darf, wächst das Gefühl, dass niemand dort ein wirkliches Interesse hat, mir als Beschädigtem zu meinem Recht zu verhelfen oder meine PTBS durch die Bundeswehr anzuerkennen. Vielmehr weist das Ministerium in meinem Fall wie üblich darauf hin, dass die Betreuung in den Standorten durch das »Psychosoziale Netzwerk« angeboten werde und zusätzlich seit März 2009 eine anonyme und kostenlose Hotline für PTBS-Betroffene eingerichtet wurde, die eine hohe Akzeptanz habe. Somit habe man alles getan, um für PTBS-Soldaten eine zweckmäßige Hilfe anzubieten. Ob der Kamerad, der im Ministerium sitzt und diesen Text verfasst hat, jemals in einem echten Feuergefecht war? Wahrscheinlich war er noch nicht einmal in einem richtigen Einsatz.

Ich muss eine sehr eingeschränkte Sicht auf diese Vielzahl der positiven Hilfsangebote der Bundeswehr haben, dass ich mich noch beschwere, anstatt dankbar zu sein für eine kostenlose Hotline. Merkwürdig, dass mir weder als aktiver Soldat noch in der Zeit seit meiner Entlassung so ein Netzwerk oder eine Hotline helfen konnten.

Ich wende mich also wieder der Wehrbereichsverwaltung zu. Diese Behörde, die mir mittlerweile die PTBS bestätigt hat, ist auch für meine ruhegehaltsfähigen Dienstbezüge zuständig. Diese Pension ist aber immer noch zu niedrig, weil sie die Beschädigung nicht berücksichtigt.

## Und täglich grüßt der Amtsschimmel – Behörden, Wehrbereichsverwaltung & Co.

Ich beantrage also, meine Bezüge aufgrund der PTBS an die gesetzlichen Vorgaben anzupassen. Immerhin gibt es in der Bundeswehr einige Erlasse und Vorschriften, die für Soldaten gemacht wurden. Die Beschädigung im Auslandseinsatz ist ein Dienstunfall, der zu einem erhöhten Ruhegehalt führen muss. Aber auch zu diesem Antrag gibt es neue Stolpersteine. Ende 2009, ich bin bereits seit fünf Monaten entlassen, teilt mir die Verwaltung mit, meine Bezüge könnten noch nicht erhöht werden, weil erst einmal geprüft werden müsse, warum ich eigentlich dienstunfähig geschrieben wurde. Die »Kausalität« zwischen Wehrdienstbeschädigung und Dienstunfähigkeit müsse zunächst im Ministerium geprüft werden. Wie bitte? Jetzt wird mir klar, auf welch schwammigem Boden meine Entlassung herbeigeführt wurde.

Diese sogenannte »Funktionsstörung« war damals die Begründung für meine Entlassung, und jetzt müsse erst einmal überprüft werden, ob diese etwas mit der PTBS zu tun haben könnte. Unfassbar: Alles beginnt von vorn. Aber es hilft nichts, das Ministerium muss erneut prüfen, vorher gibt es keine Erhöhung meiner Pension. Ich muss also warten. Wenigstens geht es schnell, nur vier Wochen später erhalte ich die erlösende Nachricht: Ja, meine PTBS war die »wesentliche Ursache« für meine Dienstunfähigkeit. Endlich, denke ich, es geht voran, und ich kann diese fürchterlichen Akten schließen.

Zu früh gefreut: Die Wehrbereichsverwaltung lehnt die Zahlung der erhöhten Bezüge immer noch ab – mit einer neuen Begründung: Ich hätte Klage eingereicht gegen den Bescheid mit der PTBS, also sei der Bescheid noch nicht rechtskräftig. Somit könne mir wegen der PTBS noch nichts gezahlt werden, diese sei schließlich noch nicht abschließend anerkannt. Die Verwaltung teilt mir mit, ich könne schließlich die Klage zurückziehen, dann würden sie mir meine Bezüge erhöhen, andernfalls eben nicht. Das ist Erpressung: Entweder ziehe ich meine Klage zurück, oder sie zahlen nicht für die PTBS – obwohl diese bereits anerkannt ist? Immer wieder wird in der Verwaltung ein neuer Weg gesucht, mich nicht zu entschädigen zu müssen. In den nächsten Monaten landen noch viele solcher Schreiben bei mir. Ich bitte das Sozialgericht um Hilfe und erhalte von dort den Hinweis, dass für diesen Vorgang das Verwaltungsgericht zuständig sei. Ich beantrage eine Überprüfung über den Präsidenten der Wehrbereichsverwaltung, aber dieser bittet mich um Verständnis, dass die »Voraussetzungen leider nicht« vorlägen, meine Bezüge zu erhöhen. Meine Akte wird wiederum von einer Behörde zur nächsten geschickt, es wird erneut geprüft, gegengeprüft und die Erhöhung meiner Bezüge verweigert.

Abermals muss ich gegen die Bundesrepublik Deutschland vorgehen, dieses Mal mit einer einstweiligen Anordnung des Verwaltungsgerichts. Dieses Gericht fragt mich zunächst, warum ich ein Eilverfahren beantrage. Ich liste daraufhin alles auf, meine gesamten Finanzen, beweise schriftlich den Niedergang meiner Existenz und meinen Anspruch gegenüber meinem ehemaligen Arbeitgeber, der nicht zahlen will. Auf einmal geht alles sehr schnell: Das Verwaltungsgericht gibt mir Recht. Die Richterin ist über die Verweigerungshaltung der Bundeswehrverwaltung ebenso erstaunt wie ich, bestätigt meine Ansprüche auf die Erhöhung der Pension in wenigen Wochen Bearbeitungszeit. Im Juli 2010, elf Monate nach meiner Entlassung, erhalte ich das erste Mal meine korrekten Bezüge. Die Bundeswehrverwaltung ist vor Gericht gescheitert und gibt endlich den Widerstand auf. Es wird mir nicht mitgeteilt, warum sie sich so lange dagegen gesträubt hat. Entschuldigt hat sich niemand bei mir. Ich würde die gern mal erleben, wenn sie fast ein Jahr lang ohne die Einkünfte leben müssten, die ihnen zustehen. Was würden sie tun? Wie würden sie mit ihren Kindern Weihnachten feiern? Wie würden sie unter solchen Umständen mit einer schweren Krankheit überleben können?

Ich weiß sehr wohl, dass es auch in der Verwaltung fleißige und hoch motivierte Mitarbeiter gibt – doch insgesamt ist die Militärbürokratie mit ihrer Verweigerungshaltung noch nicht in der Einsatzrealität der Bundeswehr angekommen. Es gibt dort noch zu viele Damen und Herren in unkündbaren Dienstverhältnissen, die lieber in ihren Büros die Fische im Aquarium füttern oder die Kakteenzucht auf der Fensterbank pflegen, als den Antrag eines Einsatzsoldaten zu bearbeiten.

Jetzt bleibt noch das Sozialgerichtsverfahren offen, in dem ich die Höhe meiner Beschädigung erstreiten muss. Doch das kann dauern. Die Wehrbereichsverwaltung wird auch in diesem Verfahren vermutlich bis zum Schluss hartnäckig bleiben, mir die Anerkennung der Schädigungshöhe verweigern und gegen mich vorgehen, als wäre ich ein Verbrecher. Ich bin für meinen ehemaligen Arbeitgeber nun ein Gegner – die »andere Partei«, gegen die man gewinnen möchte. Vier Jahre nach meinem Einsatz in Afghanistan ist mein Kampf daher noch nicht vorbei. Ich kämpfe nicht mehr gegen Terroristen, sondern gegen deutsche Behörden in der Bundeswehr, die mir mein Recht verweigern.

## Nach dem Überleben – Leben ohne Fürsorge und Unterstützung

Fürsorge und Kameradschaft in der Bundeswehr sind nicht nur hohle Phrasen, sie sind Grundpfeiler für den Dienst in den Streitkräften. In zahlreichen Vorschriften und Paragrafen ist festgelegt, wie Soldaten untereinander zur Fürsorge und Kameradschaft verpflichtet sind. Der Vorgesetzte, so das Soldatengesetz im § 10, hat für seine Untergebenen zu »sorgen«. Alle Soldaten sind nach § 12 Soldatengesetz verpflichtet, »die Würde, die Ehre und die Rechte des Kameraden zu achten und ihm in Not und Gefahr beizustehen«. Es ist ein Bündnis, das bis in den Tod reichen kann. Der Beruf des Soldaten ist und bleibt daher etwas Besonderes. Aber diese Verpflichtung gilt nicht nur für das Innenverhältnis zwischen den Soldaten, sondern auch im Außenverhältnis zwischen den Soldaten und ihrer Nation. Die Menschen, die bereit sind, notfalls unter Einsatz ihres Lebens die Freiheit des gesamten Volkes zu verteidigen, müssen als Soldaten darauf vertrauen können, dass dieser besondere Dienst für das Vaterland nicht in einem einseitigen Arbeitsverhältnis stattfindet, sondern in einem gegenseitigen Treueverhältnis: Der Soldat gibt notfalls sein Leben, dafür verdient er den besonderen Schutz des Staates. Dem Soldaten erwachsen daraus Pflichten, die nicht nur in einem Gesetz stehen, sondern die er im täglichen Dienst spürt. Wenn die demokratisch gewählten Volksvertreter mit einem Beschluss im Bundestag ein Mandat für einen Auslandseinsatz beschließen, hat der Zeit- und Berufssoldat diesem Mandat zu folgen. Er kann sich als Teil einer Parlamentsarmee diesem Beschluss nicht widersetzen, er dient seinem Vaterland uneingeschränkt. Ein Soldat »dient« Deutschland in einem sehr engen Vertrauensverhältnis. Der Staat muss sich auf seine Soldaten verlassen können, dies gilt aber auch umgekehrt, daher steht der Staat selbst in der Fürsorgepflicht.

Auch dies ist gesetzlich verankert. Im § 31 Soldatengesetz heißt es hierzu: »Der Bund hat im Rahmen des Dienst- und Treueverhältnisses für das Wohl des Berufssoldaten und des Soldaten auf Zeit sowie ihrer Familien, auch für die Zeit nach Beendigung des Dienstverhältnisses, zu sorgen.« Ähnliches gilt auch für Grundwehrdienstleistende.

In meiner aktiven Zeit habe ich die Fürsorge als Soldat erlebt und gelebt. Gerade im Einsatz war und ist es wichtig, sich darauf verlassen zu können, dass im Notfall alles für eine schnelle und angemessene Versorgung getan wird. Der Mensch steht im Mittelpunkt, und alle versuchen, Schaden von ihm abzuwenden.

Von einer »Rettungskette« sprechen die Einsatzsoldaten, wenn es um die medizinische Versorgung geht. Es ist die Rettung nach einem Unfall, Anschlag oder Gefecht, die direkt vor Ort beginnt. Rettung und Bergung, Selbst- und Kameradenhilfe, ein beweglicher Arzttrupp – alles ist für den Notfall vorbereitet. Die Rettungskette geht so schnell wie möglich weiter, über die medizinische Versorgung in einem Feldlager im Einsatzland bis hin zu der Evakuierung auf dem Luftweg über Termez/Usbeskistan nach Köln, von dort in das Bundeswehrkrankenhaus nach Koblenz. Gibt es eine solche Rettungskette auch in der Versorgung von Veteranen? Kommt der Staat seiner Fürsorgepflicht gegenüber den am schwersten getroffenen Soldaten nach?

Für einen entlassenen Soldaten bricht diese Rettungskette genau dann ab, wenn er sie am dringendsten benötigt. Wenn er auf die Fürsorge angewiesen ist, als beschädigter Veteran, fällt er aus der Betreuung der Bundeswehr heraus. Trotz der gesetzlich verankerten Fürsorgepflicht scheint es gerade für die Zeit nach Beendigung des Dienstverhältnisses keine Stelle in der Bundeswehr zu geben, die sich um das Wohl der Betroffenen und deren Familien kümmert. Die Bundeswehr hat offensichtlich nichts dagegen, dass bereits entlassene Soldaten aus allen Statistiken herausfallen – und damit auch aus der Betreuung und Fürsorge. Und sollte einer von ihnen einen Antrag auf eine Beschädigung stellen, dann wird dieser erst einmal lange geprüft und schließ-

lich abgelehnt. In der Zwischenzeit können die Erfolgsmeldungen der Bundeswehr weiter gehen.
Mit Fürsorge, gerade für Veteranen, hat dies nichts zu tun.

Bewerte nur ich selbst das alles so negativ, weil ich davon persönlich betroffen bin? Im Laufe der Zeit lerne ich immer mehr Soldaten kennen, die einen ähnlich steinigen Weg gehen müssen. Es sind Kameraden –, ob noch aktiv im Dienst als Soldat oder bereits entlassen –, die bereits seit Jahren vergeblich darum kämpfen, dass ihre Beschädigungen anerkannt werden. Meine Leidensgenossen unterscheiden sich stark durch ihr Alter, ihr privates und dienstliches Leben, ihre Karriere, den Dienstgrad oder ihre Einsätze. Aber allen ist gemeinsam, dass sie sich bisher von der Verwaltung und der Bundeswehrbürokratie um ihr Recht betrogen fühlen. Sie wurden im Stich gelassen, keiner hat Hilfe gefunden. Jeder hat sich irgendwie alleine durchgeschlagen. Eine Vernetzung der Betroffenen untereinander gibt es nicht. Jeder kämpft oder leidet für sich.

Viele haben sich über Jahre von einem Anwalt vertreten lassen, selten mit Erfolg. Einige haben Bittbriefe geschrieben, an Abgeordnete aller Parteien, an die verschiedenen Verteidigungsminister, aber mehr als höfliche kurze Antworten kamen nicht zurück. Meist hat ein untergeordneter Beamter ganz allgemein oder hinhaltend geantwortet: »Der Minister hat mich gebeten, Ihren Fall zu überprüfen, und lässt Ihnen ausrichten, dass ...«

Einer der ersten Leidensgenossen, die ich kennenlerne, ist Christian B., ehemaliger Soldat auf Zeit für acht Jahre, Stabsunteroffizier, 2003 in Kuwait eingesetzt. Er war einer der deutschen Soldaten der Verstärkungskräfte, die kurz vor der umstrittenen Invasion in den Irak (März bis Mai 2003) nach Kuwait geschickt wurden. Deutschland wollte sich offiziell nicht daran beteiligen. In der Operation *Enduring Freedom* (OEF) wurden aber trotzdem deutsche ABC-Spezialkräfte entsandt, um zu untersuchen, ob der Gegner atomare, biologische oder chemische Waffen einsetzen würde. Christian B. ist einer der Soldaten, die heute in der offiziel-

Gruppenbild in den neuen ABC-Schutzanzügen. Monatelang mussten die Soldaten die alten Zweiteiler aus Bundeswehrbeständen tragen: Hose mit Hosenträgern und Überziehjacke. Die neuen *Overgarments* wurden geliefert, als Bagdad bereits gefallen war.

len PTBS-Übersicht der Bundeswehr nicht mehr geführt werden – weil es den OEF-Einsatz in der Bundeswehr-Statistik nicht mehr gibt. Ein Truppenarzt, der damals mit ihm in Kuwait war und danach selbst an einer PTBS erkrankt ist, ist ebenso aus der Statistik »gelöscht«. Zwei »vergessene« Veteranen mit PTBS.

Am 21. März 2003, gleich nach seiner Landung in Kuwait, kommt Christian B. unter Beschuss. Er sitzt mit seinen Kameraden noch im Bus auf der Fahrt in das Feldlager Camp Doha, da gibt es den ersten Raketenalarm. Zu dieser Zeit weiß keiner, welche Wirkstoffe die gegnerischen SCUD-Raketen verschießen, also wird gleichzeitig mit dem Luftalarm auch ABC-Alarm ausgelöst. Der Irak war bereits gegen seine eigene Bevölkerung mit Giftgas vorgegangen, UNO-Waffeninspektoren hatten in den neunziger Jahren 66 000 Chemie-Bomben gefunden, 70 000 Senfgas-Granaten und 75 SCUD-

Gefechtsköpfe mit Giftgas.[2] Man muss also mit dem Schlimmsten rechnen, schließlich möchte der Irak einen möglichen Angriff der US-Truppen von Kuwait aus verhindern. Der Bus ist nicht gepanzert – Christian B. und seine Kameraden hätten bei einem direkten Raketentreffer nicht den Hauch einer Chance. Wenn die Rakete in der Nähe explodiert, hält der Bus vielleicht, aber jede SCUD-Rakete könnte Giftgas oder andere Kampfstoffe enthalten.

Eigentlich müssten die deutschen Soldaten beim Alarm sofort den Vollschutz anlegen – die ABC-Schutzmaske, einen Ganzkörper-Schutzanzug (*Overgarment*), Überziehschuhe und Handschuhe; kein Zentimeter Haut, kein Haar darf von außen erreichbar sein. Jeder Kontakt mit der Außenwelt kann den Tod bedeuten. Bei Giftgas genügt ein einziger Atemzug ohne den Filter, und man wird daran sterben. Aber die deutschen Soldaten sind nur unzureichend vorbereitet. Die Schutzanzüge liegen in einem Lkw, der als Gepäcktransporter hinter dem Bus herfährt. Die SCUD-Rakete rast heran, Christian B. und seine Kameraden können nur noch schnell die ABC-Masken überziehen und im stehenden Bus hinter zugezogenen Vorhängen abwarten – sie haben Glück. Kein direkter Treffer, kein Nervengas, kein Hautkampfstoff.

Als Soldat ist Christian B. mit dem Umgang der ABC-Ausrüstung vertraut, aber er ist kein ABC-Spezialist. Er ist Kraftfahrer. Den scharfen Beschuss mit SCUD-Raketen kann man ohnehin nicht in einem Training üben. Als Stabsunteroffizier, der erst wenige Stunden im Einsatz ist, weiß er nicht, warum die deutschen Soldaten in diesen ersten Raketenangriff so blind hineingefahren sind, mit einem ungeschützten Bus, er kennt die Auswertungen der Bedrohungslage nicht. Er hat keine Ahnung, wer befohlen hat, die Schutzanzüge auf den Lkw zu verladen, anstatt sie gleich anzuziehen. Er weiß nicht, wann die Amerikaner mit einem möglichen Einmarsch in den Irak beginnen werden, und er kennt keine Analyse der feindlichen Kräfte. Er weiß nur, dass er seinen ersten scharfen ABC-Alarm überlebt hat.

Allein in den nächsten zwei Tagen seines Einsatzes überstehen Christian B. und seine Kameraden mehr als zwanzig Raketenangriffe mit SCUD-Raketen, jedes Mal in der Angst vor einem Volltreffer. Im amerikanischen Lager Camp Doha ist für die mehr als 100 deutschen Soldaten anfänglich nur in einer ungeschützten Lagerhalle Platz – auch bei den Angriffen. Später werden sie jeweils zu sechst in einem nur wenige Quadratmeter engen Container auf Pritschen untergebracht, weil die Bunker noch im Bau sind. Selbst nach Fertigstellung bieten sie nicht genügend Platz für alle Soldaten des Camps. Nachts, wenn immer wieder die Sirenen heulen, im Dunkeln, auf engstem Raum und mit dem Dröhnen von Bombern, Marschflugkörpern und Kampfhubschraubern im Kopf, muss im Chaos Perfektion geleistet werden. Jeder Handgriff muss sitzen.

Christian B. ist durchtrainiert, körperlich fit. Schon vor seinem Dienst bei der Bundeswehr hat er mehrfach an Leichtathletik-Meisterschaften in seinem Bundesland teilgenommen und dort vordere Plätze belegt. Als Soldat ist er mehrfacher Regimentsmeister geworden. Aber der ständige Raketenbeschuss zehrt an seinen Kräften. An Schlaf ist kaum noch zu denken. Die meisten Raketen kommen nachts, als wolle der Gegner bewusst die Moral der gegnerischen Truppen durch Schlafentzug brechen. Dann im Laufschritt durch die nächtliche Hitze und bei 80 Prozent Luftfeuchtigkeit zu den Bunkern – brusthohe Betonbauten mit Sandsäcken darauf –, dort mit angewinkelten Beinen und Schulter an Schulter auf dem Boden hocken. Es sind Stunden der seelischen und körperlichen Tortur. Der *Overgarment* lässt keinen Toilettengang zu. Zum Trinken muss die Spezialwasserflasche mit einem Plastikröhrchen an die Schutzmaske gekoppelt werden. In der Maske kann nur durch den Mund geatmet werden, und Schweiß und Feuchte der Atemluft sammeln sich im Inneren. Der Flüssigkeitspegel steigt immer höher, unaufhörlich, bis zum Mund. In Christian B. steigt Panik auf: ersticken oder im eigenen Schweiß ertrinken? Oder die Maske herunterreißen und wegen biologischer oder chemischer Kampfstoffe sterben, die die Umgebungsluft vielleicht schon vergiftet haben? Irgendwann ebbt das Donnern der Abwehrraketen ab, über Camp Doha schallt die dreimalige Entwarnung »all clear«.

Christian B. überlebt. Er will ein guter Soldat sein, er will seinen Job erledigen. Andere Kameraden mussten schon ausgeflogen werden. Nie vergisst er den Kameraden, dem die Tränen über die Wangen liefen, als der seine Maske nicht schnell genug überziehen konnte, weil sich alles verhakt hatte, und die Raketen schon dröhnend ihr Ziel im Visier hatten. In diesem Kameraden sieht er seine eigene Angst gespiegelt – zum Beispiel, als er bei einem technischen Test seiner Maske erfährt, dass sie durch Überbeanspruchung gar nicht mehr dicht, also wirkungslos ist. Der passende Ersatz ist im Lager nicht vorhanden, er muss auf die nächste Materiallieferung aus Deutschland warten – mit dem Scheißgefühl, dass er bei ABC-Angriffen ungeschützt sein wird.

Im Camp arbeitet Christian B. oft im technischen Bereich des Feldlagers. Der nächste Bunker ist über einen Kilometer entfernt – zu weit. Einmal steht er mit amerikanischen Soldaten zusammen in der Duschanlage. Alarm! Er hat nur Sekunden für das Anlegen der Maske, aber so schnell kann er sich nicht abtrocknen und den ABC-Schutz anlegen. Wenn die Rakete trifft, ist er zwar frisch geduscht, aber tot. Er hat eigentlich keine Chance – er steht noch unter der Dusche, als die Rakete am Camp vorbeifliegt und irgendwo in der Wüste runtergeht. Christian B. erlebt jede dieser Situationen als unmittelbar todbringend. Er steht das alles durch, mit äußerster Willensstärke, und beendet seinen Einsatz in der regulären Zeit. Er funktioniert bis zum Schluss, bis Anfang Mai die Kapitulation Bagdads erzwungen war. Doch dieser Krieg ist für ihn noch lange nicht zu Ende, selbst als er schon zu Hause ist. Aber es dauert Monate, bis ihm das klar wird.

Anders als ich hat er nachts keinerlei Albträume. Er schläft tief und traumlos, aber mitten in der Nacht wacht er plötzlich auf, in Panik und davon überzeugt, dass Raketenbeschuss droht. Er stürzt zum Fenster und starrt stundenlang bewegungslos in den Nachthimmel über Deutschland. Während seiner eingebildeten Angriffe ist er nicht ansprechbar. Irgendwann legt er sich wieder hin. Solche Nächte machen ihn fertig. Er selbst weiß am nächsten Morgen nie, was er nachts erlebt hat, er muss es sich erzählen lassen.

Heute noch, Jahre nach seinem Einsatz in Kuwait, ist seine Angst groß, seine Schreckhaftigkeit so präsent wie im Irak-Krieg. In ihm ist eingebrannt, dass es jederzeit einen Angriff geben könnte. Jeder Hubschrauber, jedes Flugzeug, jede Sirene versetzt ihn plötzlich in die erlebte Bedrohung durch SCUD-Raketen. Er reagiert dabei soldatisch: sucht einen Schutzbunker, will sich verstecken, irrt stundenlang in seiner Wohnung herum, von Panik getrieben – bis ihm langsam dämmert, dass das kein Alarm, keine Sirene gewesen ist, sondern nur das Fiepsen eines defekten Heizkörpers.

Er zieht sich zurück, schaut Tage, Wochen, Monate aus dem Fenster, kontrolliert den Luftraum. Er telefoniert nicht, öffnet keine Post. Statt regelmäßig zu essen, beginnt er regelmäßig Alkohol zu trinken. Er verlässt seine Wohnung nur selten, sitzt vor dem Computer und sieht sich im Internet in endloser Schleife Filme von der Eroberung Bagdads an. Er kommt aus diesem Feldzug nicht mehr heraus, es ist »sein« Krieg. Die Mahnungen für seine Stromrechnung bekommt er nicht mit. Die Briefe liegen mit anderen unbezahlten Rechnungen in einer Schublade. Als der Strom abgestellt wird, reagiert er wieder als Soldat: Er lebt »in der Lage«. Er passt sich der neuen Situation an – wie im Einsatz. Der Kühlschrank arbeitet nicht mehr, also legt er die Wurst auf den Balkon. Kein Licht mehr – er zündet eine Kerze an. Das reicht zum Überleben. Dass der Strom abgestellt wurde und warum, das will oder kann er nicht nachvollziehen.

Seiner langjährigen Freundin, die nach seinem Einsatz immer zu ihm gestanden hat, eröffnet er unvermittelt: »Unsere Beziehung ist jetzt zu Ende.« Er steht vom Tisch auf und geht. Warum er das sagt und tut, weiß er nicht, aber er kann einfach keinen Menschen um sich ertragen. Er versucht es mit einer neuen Freundin. Beide nehmen ein gemeinschaftliches Bad und sitzen sich in der Wanne gegenüber – urplötzlich stürzt er in Panik aus dem Bad: Er

sieht sie mit einer ABC-Schutzmaske vor dem Gesicht. Eine Partnerschaft hat unter diesen Belastungen nicht lange Bestand.

Christian B. wird zum 31. Dezember 2004 aus der Bundeswehr
entlassen. Sein Zeitvertrag ist abgelaufen. Der Truppenarzt, der
ihn zum Abschluss untersucht, mustert ihn aus und diagnostiziert eine starke Depression. PTBS wird nicht festgestellt. Christian B. weiß noch zu wenig von dieser Seelenverletzung. Sein Arzt
ist anscheinend genauso ahnungslos. Christian B. weiß nur, dass
der Einsatz für ihn heftig war und die deutschen Soldaten weder
richtig vorbereitet noch richtig ausgerüstet waren. Sie hatten damals Glück gehabt, dass es nicht zu einer Katastrophe kam.

Es regt ihn maßlos auf, dass von Politik und Bundeswehrführung das Leben der insgesamt über 200 Soldaten fahrlässig aufs
Spiel gesetzt wurde. Und er kann nicht vergessen, dass mehr als
100 000 Zivilisten damals durch den Einmarsch der US-Truppen
ums Leben gekommen sind. Christian B. fühlt sich als deutscher
Soldat daran mitschuldig. Das macht ihn rasend. An eine PTBS, die
sich in ihm festgesetzt hat, denkt er nicht.

Nach seiner Entlassung kümmert sich Christian B. um seine
berufliche Ausbildung. Er will Rettungssanitäter werden, anschließend Rettungsassistent und dann zur Berufsfeuerwehr. Die
Ausbildung wird immer mühsamer für ihn. Anfänglich kann er
das noch verbergen. Doch immer häufiger bekommt er Herzrasen,
verhält sich wie fremdgesteuert, erlebt Raketenalarme, kriecht
durch die Wohnung, sucht den Bunker. Seine Ausbilder von den
Rettungssanitätern raten ihm, einen Therapeuten aufzusuchen.
Der vermutet sofort, dass Christian B. unter einer PTBS leidet. Er
schmeißt seine berufliche Ausbildung hin, lässt sich in eine Klinik
einweisen, wird therapiert und erhält Tabletten. Diagnose: PTBS.
Die Fachärzte empfehlen eine Fortsetzung der Behandlung durch
eine ambulante Therapie. Bei einem Therapeuten setzt Christian B. die Behandlung fort. Der Sozialarbeiter der Bundeswehr,
den Christian B. um Rat fragt, gibt ihm lediglich den Hinweis, er
solle jetzt einen WDB-Antrag stellen.

Christian B. beantragt im August 2005, fast ein Jahr nach Ausscheiden aus der Bundeswehr, die Anerkennung seiner Krankheit als einsatzbedingte Wehrdienstbeschädigung. Vier Monate später, Ende 2006, gibt die Bundeswehr hierzu eine erste Stellungnahme ab. Dieser Bescheid erinnert mich stark an meinen Fall: Sein Antrag wird abgelehnt, da seine psychischen Störungen nichts mit dem Einsatz in Kuwait zu tun hätten, sie hätten vielmehr Ursache in seinem bisherigen Leben. Christian B. habe ein »frühkindliches Trauma« erlitten, der frühe Verlust des Vaters und der Tod eines Freundes hätten ihn aus der Bahn geworfen.

Im März 2007, immerhin nach 19 Monaten der Prüfung, lehnt die Wehrbereichsverwaltung seinen Antrag endgültig ab. Er habe keine PTBS, sondern eine »Leistungsfunktionsstörung«. Ist es Zufall, dass unsere Ablehnungsbescheide fast deckungsgleich sind – bei allen gravierenden Unterschieden in privater und beruflicher Vorgeschichte? Sind wir zwei Einzelfälle? Mit der Zeit lerne ich immer mehr Kameraden kennen, die mit ganz ähnlichen Problemen kämpfen. Wir tauschen uns aus, beraten uns gegenseitig, jeder hat einen anderen Tipp, kennt Fachleute, die vielleicht helfen können, jeder von uns kennt wiederum andere Betroffene.

## Hilfe zur Selbsthilfe – die Gründung der Deutschen Kriegsopferfürsorge (DKOF)

Ich lerne einen Fachmann kennen, der sich im zivilen Entschädigungsrecht auskennt. Er ist kein Jurist, war aber einmal Soldat, und durch seinen eigenen Leidensweg hat er sich mit dem Thema intensiv beschäftigen müssen. Im zivilen Leben wurde auf ihn ein Mordanschlag verübt, und er musste danach um seine Rechte kämpfen, die Anerkennung seiner Schwerbehinderung gegen den Widerstand der Behörden durchsetzen. Ende 2009 gründen wir eine Selbsthilfegruppe. Die Deutsche Kriegsopferfürsorge (DKOF, www.dkof.de) entsteht.

Wir möchten für die Kameraden, die einen ähnlichen Weg

gehen müssen, Hilfe anbieten. Eine Beratung und Fürsorge, die der Dienstherr Bundeswehr nicht geben kann oder will und die andere Selbsthilfegruppen bisher nicht anbieten. Es wird Zeit, dass wir uns zusammenschließen, dass nicht jeder für sich alleine kämpft, leidet oder untergeht. Wir haben im Einsatz zusammengestanden, da dürfen wir uns danach nicht fallen lassen. Wir müssen uns gegenseitig beraten, unterstützen und gemeinsam all den anderen Kameraden eine Stimme geben, die bisher geschwiegen haben. Wir wissen noch nicht genau, wie unser Weg weitergehen wird, aber wir müssen etwas tun. Schnell finden sich die ersten, die unsere Idee unterstützen wollen, und immer mehr Soldaten und Ehemalige melden sich bei uns, jeder mit seiner erschütternden Geschichte von einem nicht enden wollenden Behördenmarathon.

Oft sind es einfache Fragen, die wir telefonisch klären können. Viele Soldaten rufen bei uns an, weil sie mit den Antworten der Bundeswehr nicht zufrieden sind oder keinen dort gefunden haben, der ihnen helfen konnte. »Wie kann ich mit einem Psychologen sprechen, ohne gleich krankgeschrieben zu werden? Erfährt mein Chef etwas davon? Hat das Auswirkungen auf meine Beurteilung? Kann ich mit einer PTBS noch Berufssoldat werden, vielleicht sogar irgendwann wieder in einen Einsatz gehen?« Den meisten Betroffenen können wir Ratschläge geben, wir vermitteln auch Gespräche mit Rechtsanwälten oder helfen dabei, einen Therapieplatz zu finden, den einen oder anderen können wir überzeugen, sich endlich auf PTBS untersuchen zu lassen. Auch aus dem familiären Umfeld der Soldaten häufen sich die Anfragen. Wir treffen Hinterbliebene, die sich wegen der Bestattungskosten verschulden mussten, denen aber keiner gesagt hat, dass ihnen ein Sterbegeld zusteht. Vieles ist irgendwo in irgendeinem Gesetz geregelt, die meisten Leistungen gibt es aber nur »auf Antrag«. Wer das nicht weiß, stellt keinen Antrag, bekommt eben nichts. Selbst eine Beinprothese erhält der verletzte Soldat nur auf Antrag.

Das Leid und den Schmerz der Betroffenen können wir nicht lindern. Wir können und dürfen weder therapieren noch formalen

Rechtsbeistand gewähren. Das wollen wir auch nicht. Wir wollen einfach da sein, und oft sagen uns die Soldaten oder deren Angehörige, dass sie bei uns das erste Mal das Gefühl hätten, dass ihnen jemand wirklich zuhört, nützliche Hinweise gibt und tatsächliche Hilfe anbietet. Vor allem Ehefrauen und Mütter von Einsatzsoldaten wollen von uns wissen, wie sie »ihren Soldaten« dazu bringen können, sich untersuchen und behandeln zu lassen. Sie berichten von der Aggression, der Anspannung zu Hause, auch von Gewalt gegen die eigene Frau und die Kinder. Wir können nicht überall helfen, verweisen auf zivile Familienberatungsstellen oder die Familienbetreuungszentren der Bundeswehr, je nach Problemlage auch auf die Vorgesetzten des Mannes oder die Polizei. Die meisten, die sich an uns wenden, sind seit Jahren mit ihrer Situation alleine gelassen worden.

Christian B. wird die erste große Herausforderung für die Deutsche Kriegsopferfürsorge. Er hat schon alles unternommen, hat Briefe geschrieben und Anträge gestellt, einen Anwalt eingeschaltet – aber das Verfahren zieht sich endlos in die Länge. Sein zuständiges Versorgungsamt kann ihm keine Versorgung gewähren, da die Bundeswehr eine Anerkennung der PTBS zunächst ablehnt. Folglich hat er kein Einkommen, keine Krankenversicherung, keine Zukunft. Er muss vor das Sozialgericht ziehen, weil auch eine Beschwerde gegen die Wehrbereichsverwaltung kein anderes Ergebnis brachte. Solange das Gericht aber nicht entscheidet, erhält er von keiner Stelle irgendwelche Leistungen. Christians ziviler Therapeut behandelt ihn in der Zwischenzeit unentgeltlich weiter. Er schreibt mit dessen Hilfe an den Wehrbeauftragten und an verschiedene Politiker. Endlich kommt Bewegung in seine Angelegenheit, es gibt eine Nachbegutachtung durch einen Bundeswehrfacharzt. Dieser stellt eindeutig eine PTBS fest und bestätigt »ohne jeden Zweifel den ursächlichen Zusammenhang zwischen dem Auslandseinsatz in Kuwait und der posttraumatischen Belastungsstörung«. Den Grad der Beschädigung gibt der Gutachter anfänglich mit 30 Prozent an, später werden 70 Prozent festgestellt. Christian B. ist damit schwerbeschädigt.

Im März 2009 gibt die Bundeswehr seinem Antrag statt, sechs Jahre nach seinem Einsatz in Kuwait und mehr als vier Jahre nach seiner Dienstzeit. Es dauert aber noch bis in das Jahr 2010, bis Christian B. durch die Bundeswehr für seine PTBS entschädigt wird. Mit dem zuständigen Versorgungsamt können wir vereinbaren, dass sich alle Beteiligten an einen Tisch setzen: Christian, B., sein Therapeut, die Deutsche Kriegsopferfürsorge, unser Fachanwalt, den wir für diesen Fall engagiert haben, und alle Bearbeiter des zivilen Versorgungsamtes, auch die Amtsärztin und der Behördenleiter sind zugegen. Insgesamt 14 Personen, die vier Stunden um Lösungen ringen: Christian B. wird durch das zuständige Versorgungsamt als dauerhaft schwerbeschädigt anerkannt, erhält jetzt eine Versorgung und medizinische Leistungen. Sollte er wieder stabilisiert sein, kann er versuchen, für einen neuen Beruf eine Ausbildung anzutreten. Ein guter Erfolg für Christian B. – und auch für unsere Organisation.*

Warum aber hat das Verfahren bei Christian B. so lange gedauert? Auch er ist in die Mühlen von Gutachtern und Gegengutachtern geraten, als er einen Antrag auf Anerkennung seiner PTBS stellte. Er erzählt mir von einer externen Gutachterin, die er nie zuvor gesehen und die die Anerkennung seiner PTBS mit abenteuerlichen Begründungen abgelehnt habe. Es ist dieselbe Frau Dr. med. S., die auch in meinem Fall ihr vernichtendes Urteil fällte!

Kann das Zufall sein? Wie bewertet sie den ständigen Beschuss durch die SCUD-Raketen? Ihrer Meinung nach gäbe es keine weiteren Belege über seinen Einsatz in Kuwait, die die »Angaben des Probanden objektivieren könnten«, das heißt, sie bezweifelt, dass Christian B. in Kuwait unter Beschuss von Raketen geraten war. Er habe in Kuwait »kein Ereignis oder Geschehen von außergewöhnlicher Bedrohung« erlebt. Und selbst wenn: »Unter Beschuss zu ste-

---

* Eine schematische Darstellung dieser Odyssee befindet sich auf der hinteren Umschlaginnenseite dieses Buches.

hen«, so die Gutachterin, »könne für einen Soldaten im Auslandseinsatz nicht als außergewöhnlich belastend angesehen werden.«
Das sei schließlich für einen Soldaten normal. Frau Dr. med. S. arbeitet offensichtlich in dem einen wie in dem anderen Fall nach
dem gleichen Muster: Die Ereignisse können nicht bewiesen werden, und falls doch, dann ist ein Beschuss oder ein Anschlag keine
besondere Belastung für einen Soldaten. Der Beschuss kann keine
PTBS auslösen, ist nichts Außergewöhnliches.

Im gesamten Deutschen Bundestag ist man über den Fall Christian B. entsetzt. Im Jahr 2009 hat sich der Abgeordnete Winfried
Nachtwei (Bündnis 90/Die Grünen) des Falls angenommen. In
seiner Rede vor dem Parlament zitiert er aus dem Gutachten von
Frau Dr. med. S., dass ein Beschuss für einen Soldaten nicht belastend sein könne. Nachtwei: »Ich glaube, das ist der Gipfel der Ignoranz.«[3] In seltener Einmütigkeit klatschen die Abgeordneten aller
Fraktionen dem grünen Abgeordneten Beifall. Aber ist dadurch die
Vorgehensweise des Sanitätsamtes und dieser externen Gutachte-
rin nun gestoppt? Sind es doch nur Einzelfälle, in denen sich die
Psychologen und Psychiater in ihren Gutachten widersprechen?
    Christian B. wohnt in einem anderen Bundesland als ich, dort
ist eine andere Wehrbereichsverwaltung zuständig, er hat seinen
WDB-Antrag zu einem anderen Zeitpunkt eingereicht als ich.
Anderer Soldat, anderer Einsatz, anderes individuelles Vorleben.
Beide Fälle sind völlig unterschiedlich, werden aber fast iden-
tisch entschieden mit der Begründung: »Funktionsstörung« und
»frühkindliches Trauma«. Es scheinen Standardformulierungen
zu sein, die als Textbausteine abrufbereit im Computer auf die bei
der Behörde eingehenden Anträge warten. Liegt einer vor, wird so
lange im Lebenslauf herumgestochert, bis man darin irgendeinen
Bruch in der Lebenslinie gefunden hat, bei der mit der Brechstange
gehebelt werden kann: frühe psychische Belastung, privates Umfeld, Funktionsstörung, das alles ließe sich in fast jeder Biografie
finden. Dazu bedarf es keiner PTBS. Der Trick dabei ist, dass man

einfach ein belastendes Erlebnis in der frühen Kindheit des PTBS-betroffenen Soldaten sucht und dieses für ursächlich erklärt. Ein Schuft, der hier Absicht unterstellt. Aber nun sind wir schon zwei Personen, die auf die (Hinter-)Gründe der Ablehnung aufmerksam geworden sind.

## Die Bundeswehr verweigert – das System der Aberkennung von Ansprüchen

Mit der Zeit melden sich aber immer mehr Soldaten bei uns, die Ähnliches erlebt haben. Egal, was ein Bundeswehrarzt zuvor in sein Gutachten über den Patienten geschrieben hat – entweder wird der Antrag auf Anerkennung seiner Beschädigung durch die Bundeswehr-Verwaltung komplett abgelehnt oder die Schadenshöhe erheblich vermindert; gerade bei den PTBS-Fällen, aber auch bei den körperlich Verletzten.

Elmar S. hat in Afghanistan einen schweren Autounfall erlitten. Er ist Oberstleutnant und 2006 als Reservist freiwillig im Afghanistaneinsatz. Hierbei führt ihn ein Auftrag von Masar-i-Scharif zu einem Dorf nahe der usbekischen Grenze. Es ist eine ruhige Fahrt auf einer der wenigen frisch geteerten Straßen im Norden Afghanistans, als plötzlich an einer unübersichtlichen Stelle mitten in der Straße ein riesiges Loch klafft. In diesem Augenblick kommt ein großer Lkw auf den gepanzerten Geländewagen von Elmar S. zu. Der Fahrer kann nur noch nach rechts in das Gelände ausweichen, muss aber das Steuer herumreißen, weil dort Minen liegen. Das Fahrzeug kommt ins Schleudern, überschlägt sich mehrfach und bleibt auf der gegenüberliegenden Straßenseite liegen. Elmar S. und seine beiden Kameraden werden schwer verletzt. Als er Tage später im Bundeswehrkrankenhaus in Koblenz aufwacht, steht die erste Diagnose fest: Acht Rippen sind gebrochen und stechen in die Lunge, schweres Schädel-Hirn-Trauma, Halswirbel, Brust- und Lendenwirbel teilweise gebrochen, Schlüsselbeinbruch, mehrere Nerven durchtrennt, unzählige Hämatome. Er wird zügig medizinisch versorgt, anschließend therapiert und später mit Ende der Wehrübung aus der Bundeswehr entlassen.

Während der nächsten Jahre verbessert sich sein körperlicher Gesundheitszustand leicht durch zahlreiche Rehamaßnahmen, aber sein psychischer Zustand verschlimmert sich. Seit 2006 ist Elmar S. arbeitsunfähig. Im April 2008 streicht das Versorgungsamt sechs der von der Bundeswehr festgestellten Schädigungen; die verbleibenden drei seien »alters- und schicksalsbedingt«. Das zivile Versorgungsamt verhängt trotzdem den sogenannten »Dauerzustand«, bestätigt also eine längerfristige Krankheit. Daraufhin werden alle Versorgungsleistungen eingestellt. Immer wieder werden Gutachten erstellt. Eine zivile Klinik bestätigt, dass seine Gesundheitsstörungen »allein schädigungsbedingt« seien und dass diese »mit den nachgewiesenen tätigen Tatbeständen ursächlich zusammenhängen«, dass also der Einsatz in Afghanistan den Kameraden Elmar S. kaputt gemacht hat. Ein Bundeswehrpsychiater bestätigt in einem Erstgutachten den »Verdacht auf posttraumatische Belastungsstörung«, ein weiteres Gutachten bestätigt eine PTBS mit »mindestens 30 Prozent«. Elmar S. selbst ist der Überzeugung, es habe sich um einen Anschlag gehandelt, die Bundeswehr spricht aber offiziell von einem Unfall. Doch dieser Streit ist für Elmar S. eher Nebensache, viel drängender ist für ihn, dass er arbeitsunfähig ist und unversorgt bleibt, weil trotz der vorliegenden Gutachten die Höhe seiner Wehrdienstbeschädigung strittig bleibt.

Ein Teil wird zwar als Beschädigung bewertet, aber »mit einem Grad der Schädigungsfolgen (GdS) mit unter 25 Prozent«. Der andere Teil (PTBS) wird komplett abgelehnt. Elmar S. zieht vor Gericht, die Verfahren sind vier Jahre nach seinem Einsatz noch anhängig. Im Juli 2010 kehrt er von seiner vierten Rehamaßnahme zurück, nach wie vor arbeitsunfähig und vor sich den steinigen und langen Weg des Rechtsstreites mit der Bundesrepublik Deutschland. Bundeswehr und Versorgungsamt legen die Hände in den Schoß und warten auf den Ausgang der Gerichtsverfahren. Wie Elmar S. und seine Familie in der Zwischenzeit überleben sollen, kann ihm keiner sagen, er weiß es jedenfalls nicht. Selbst um das Arbeitslosengeld muss er kämpfen und erstreitet sich hier nur mithilfe eines Rechtsanwaltes seinen rechtmäßigen Anspruch. Seine Bittbriefe an das Verteidigungsministerium werden zwar beantwortet, aber hierin wird nur um Verständnis gebeten, dass man nichts entscheiden könne. »Der Ausgang des Klageverfahrens vor dem Sozialgericht bleibt daher abzuwarten«, das ist die Standardantwort derer, die den längeren Atem haben.

Ende der 1980er wird Ralf D. freiwillig Soldat, verpflichtet sich später weiter, wechselt die Laufbahn vom Unteroffizier zum Offizier. Insgesamt 16 Monate verbringt er in Einsätzen auf dem Balkan und in Afghanistan. Seine Erlebnisse kann ich hier nicht schildern; er ist einer der Soldaten, die nicht über ihren Einsatz reden dürfen, auch nicht innerhalb der Bundeswehr. Die Last seiner Erfahrungen trägt er daher lange mit sich herum, bis gar nichts mehr bei ihm geht. Seine Albträume fressen Nächte und Tage auf, er schleppt sich von einer Krankmeldung zur nächsten. Die schlimmen Tage nennt er seine »Totphasen« – er weiß manchmal selbst nicht, wie er die übersteht. Erst spät sucht er Hilfe in einem Bundeswehrkrankenhaus. Insgesamt dreimal stellt er sich dort vor, wird untersucht, stationär aufgenommen, und jedes Mal ist die Diagnose eindeutig: »PTBS, dienst- und einsatzbedingt.«

Während der Bearbeitung seines Antrags auf Anerkennung seiner Beschädigung wird einmal mehr ein externes Gutachten in Auftrag gegeben: Das Sanitätsamt schickt die Akten zu Frau Dr. med. S. Diese entscheidet nun in gewohnter Weise auch über diesen Fall. Sie lehnt die Aussagen aller vorherigen Gutachten ab und behauptet das Gegenteil: Der Offizier Ralf D. wäre als Kind bereits ein »Einzelgänger« gewesen, hätte »Beziehungsprobleme« gehabt, wäre geprägt durch ein »Schwarz-Weiß-Denken und Stimmungsschwankungen«. Bemerkenswert, so die Gutachterin, sei »seine Scheidung«. Daher könne es keine PTBS sein. Aus der Untersuchung des Offiziers auf eine mögliche Dienstunfähigkeit, die ebenfalls in einem Bundeswehrkrankenhaus stattfand, schließt die Gutachterin, dass der Offizier »keinen Antrieb zur Gesundung« gehabt habe, also eine PTBS nur vortäuschen wolle, um aus der Bundeswehr entlassen zu werden. Dr. med. S. diagnostiziert daher lediglich eine »emotional-instabile Persönlichkeitsstörung«.

Ralf D. schaltet einen Rechtsanwalt ein, dieser erlangt durch die Akteneinsicht Kenntnis von diesem Gutachten. Er schickt es zur Bewertung in das Bundeswehrkrankenhaus, in dem Ralf D. schon drei Mal untersucht worden war, und bittet den dortigen Facharzt um Stellungnahme. Dieser kommt in seiner Antwort zu dem Schluss, dass es keinen Grund gäbe, die »erhobene Diagnose einer dienst- und einsatzbedingten Posttraumatischen Belastungsstörung zu revidieren«.

Ralf D. zieht vor Gericht und muss ebenso wie alle anderen warten, bis entschieden wird.

Wolfgang B. ist Ende der achtziger Jahre Soldat geworden. In der Laufbahn der Offiziere geht er mehrfach in den Einsatz nach Usbekistan und Afghanistan. Im Jahr 2005 begibt er sich in psychologische Betreuung. Zahlreiche Aufenthalte in verschiedenen Bundeswehrkrankenhäusern und zivilen Kliniken folgen. Zweimal wird hier PTBS diagnostiziert. Und wie könnte es anders sein: Wieder bestreitet die externe Gutachterin Frau Dr. med. S. im Auftrag des Sanitätsamtes das Vorliegen einer PTBS. Sie ist der Meinung, bei Wolfgang B. würde eine »generalisierte Angststörung« vorliegen, die nichts mit seinen Einsätzen zu tun habe.

Er legt Beschwerde bei der Wehrbereichsverwaltung ein, wird erneut untersucht, dieses Mal in einer zivilen Fachklinik. Der dortige Chefarzt Prof. Dr. med. M. kommt zu dem Ergebnis, es würde sich nicht um eine PTBS handeln. Er wirft Wolfgang B. sogar vor, er habe ein »neurotisch anmutendes Entschädigungsbegehren«, weil er darauf bestehe, einen Antrag auf Wehrdienstbeschädigung durchsetzen zu wollen.

Sollte die externe Gutachterin dieses Mal durch eine unabhängige Instanz bestätigt werden? Der Gutachter ist zwar der Chefarzt dieser zivilen Klinik und ein ausgewiesener Fachmann auf seinem Gebiet, er ist aber gleichzeitig als Oberstarzt der Reserve in der Bundeswehr aktiv und berät in allen Fragen der Wehrpsychiatrie seit über zwölf Jahren die höchste Führung im Sanitätswesen der Bundeswehr, nämlich den Inspekteur des Sanitätsdienstes. Als besonderen Dank erhielt er im Februar 2010 eine hohe Auszeichnung der Bundeswehr, das Ehrenkreuz in Silber. Sollen wir glauben, dass das Sanitätsamt Wolfgang B. rein zufällig gerade in diese »zivile« Klinik zur Begutachtung geschickt hat?

Ein weiterer »Einzelfall« wendet sich an uns. Es ist ein Pilot der Bundeswehr, Martin N., der weltweit in Einsätzen gedient hat und dabei zahlreiche »Flugzwischenfälle« erleben musste, bei denen er fast abgestürzt wäre. Bundeswehrfachärzte diagnostizierten bei ihm eine PTBS. Aber sein WDB-Antrag wurde aufgrund in Auftrag gegebener Gegengutachten abgelehnt. Jetzt befindet sich Martin N. im Rechtsstreit mit Deutschland.

Peter H. überlebt 2003 den Busanschlag in Kabul mit den vielen Toten und verletzten Kameraden. Nach diesem traumatischen Erlebnis geht es ihm immer schlechter, sodass er ein Bundeswehrkrankenhaus aufsucht. Das Untersuchungsergebnis der Fachärzte ist eindeutig, eine PTBS mit 50 Prozent Schädigungshöhe. Das Sanitätsamt erkennt aufgrund externer Gegengutachter nur noch zehn Prozent an. Sieben Jahre kämpft Peter H. gegen diese Entscheidung. In dieser Zeit ist er arbeitsunfähig, ohne Einkommen, ohne ausreichende Lebensmittel, die er sich gelegentlich stehlen muss. 2010 wird in seinem Fall endgültig entschieden: eine PTBS mit einer Schädigungshöhe von 80 Prozent.

Selbst ein Bundeswehrarzt meldet sich bei der Deutschen Kriegsopferfürsorge. Uli E., PTBS-Patient, der durch alle Instanzen gehen muss. Freiwillig ist er als Arzt in die Bundeswehr eingetreten. In zahlreichen Auslandseinsätzen muss er als Notarzt zivile und militärische Anschlagsopfer versorgen, die von Minen zerfetzt wurden. Er ist immer einer der Ersten vor Ort, watet im Blut schwerverletzter und toter Menschen. Er macht weiter, einen

Einsatz nach dem anderen. Irgendwann bricht er zusammen. Die erste Diagnose nach einer Untersuchung im Bundeswehrkrankenhaus lautet: PTBS, einsatzbedingt. Seine Akte geht zu Frau Dr. med. S. Ergebnis ihres Gegengutachtens: Da der Antragsteller Arzt sei und der Umgang mit Schwerverletzten zu dessen Beruf gehöre, könne hier keine PTBS vorliegen. Auch die »sich aufdrängenden Erinnerungen und Sinneseindrücke (Geruch von Blut)« können ihrer Meinung nach »nicht traumaspezifisch für einen Arzt« sein.

Im Rahmen seiner Beschwerde gegen den ablehnenden Bescheid wird Uli E. durch die Bundeswehr zu einer neuen Begutachtung in eine zivile Klinik einbestellt. Es ist wieder die Klinik von Prof. Dr. med. M., der das Gutachten der Frau Dr. med. S. auch im Fall Uli E. stützt. Zufall? Die Versorgung von Schwerstverletzten, so der Chefarzt, wäre schließlich eine normale Aufgabe für einen Arzt. Da er selbst nicht beschossen oder entführt wurde, könne keine PTBS vorliegen. Ablehnung seines Antrages.

Wir sind keine Mediziner, keine Psychologen und keine Gutachter. Wir maßen uns nicht an, die Arbeit dieser Fachleute zu bewerten oder zu kritisieren. Aber gesunder Menschenverstand sagt uns, dass hier etwas nicht stimmen kann. Immer mehr Veteranen bekommen nach dem gleichen Muster ihre Anträge abgelehnt: Der Soldat beantragt die Anerkennung einer PTBS als Beschädigung, geht zu seinem Truppenarzt, in ein Bundeswehrkrankenhaus, wird dort untersucht, diagnostiziert und behandelt. Die dortigen Fachärzte fertigen nach eingehender Untersuchung ein Gutachten an, ein Oberfeldarzt oder Oberstarzt der Bundeswehr bestätigt die Diagnose: PTBS. Via Sanitätsamt werden aber externe Gutachter mit einem Gegengutachten beauftragt, die nach Aktenlage entscheiden, gegebenenfalls mit Unterstützung einer zivilen Klinik, deren Chefarzt der Berater des höchsten Generals der Bundeswehr im Sanitätswesen ist.

Ein solches Standardverfahren lässt erkennen, dass es offensichtlich nicht auf die individuellen Unterschiede der antragstellenden Soldaten ankommt. Vielmehr gerät der Antragsteller zwischen zwei sich widersprechende Verfahren in der Bundeswehr: Auf der einen Seite die Bundeswehr-Fachärzte, die am Patienten eine PTBS feststellen, auf der anderen Seite das Sanitätsamt und deren externe Gegengutachter, die die festgestellte PTBS nach Aktenlage ablehnen und den Antragstellern unterstellen, sie würden simulieren oder wollten sich nur finanzielle Leistungen erschleichen.

Das Bundesministerium der Verteidigung vertritt die Auffassung, ich unterläge einem »Missverständnis«, wenn ich von einem Gutachterstreit ausginge, es handele sich um »erfahrene Versorgungsmediziner«, die sauber und korrekt arbeiten würden.

Schließlich informieren wir den Wehrbeauftragten des Deutschen Bundestages, Reinhold Robbe. Dieser ermittelt und bestätigt im April 2010 unsere Vermutungen: Von über 600 Anträgen auf Anerkennung einer WDB durch Einsatzsoldaten der letzten Jahre sind nur weniger als ein Drittel anerkannt worden. Robbe spricht Klartext: Man müsse fast unterstellen, »dass System dahinter steck[e], die Zahl der Anerkennungen künstlich niedrig zu halten«[4]. Auch der ehemalige Bundeswehrpsychiater, Oberfeldarzt a. D. Dr. Klaus Pellnitz bestätigt diesen Trend. In den letzten Jahren sei »immer häufiger [...] der Grad der Schädigung herabgesetzt«[5] worden, wenn ein Soldat eine Wehrdienstbeschädigung wegen einer PTBS anerkannt haben wollte. Diese Einschätzung deckt sich ebenfalls mit unseren Erfahrungen.

Steckt hinter diesen Lebens- und Leidenswegen tatsächlich System, wie Reinhold Robbe vorsichtig vermutet hat? Das Prinzip der Begutachtung durch externe Fremdgutachter ist nachweislich gewollt und hat System. Nach Auskunft des Bundesministeriums der Verteidigung sind für die Bearbeitung der WDB-Anträge im Sanitätsamt drei Bundeswehrmitarbeiter fest angestellt und weitere 22 als Außengutachter tätig.[6] Diese Gutachter sind offiziell unabhängig, werden aber von der Bundeswehr ausgesucht, beauftragt und bezahlt. Sie stellen häufig ähnliche Diagnosen und begründen ihre Ablehnung der PTBS mit zum Teil abenteuerlichen Argumenten. Die eigenen Fachärzte der Bundeswehr in den Bundeswehrkrankenhäusern werden als fachlich versierte Gutachter hingegen nicht akzeptiert. Es gibt keinen Gutachterausschuss, keinen Mehrheitsentscheid in einem Gremium.

An einer Universität beispielsweise wäre so ein Verfahren undenkbar: Angenommen, ein Student reicht am Ende seines Studiums seine Diplomarbeit ein. Der Erstkorrektor vergibt die Note sehr gut, der Zweitkorrektor bewertet sie aber mit ungenügend – keine Universität und auch kein Student würde ein solches Urteil akzeptieren. In jeder Institution gibt es für solche Fälle Regeln und klare Vorgaben, die Entscheidungen sind transparent und müssen begründet werden. Nur bei der Bundeswehr müssen die externen Gutachter gegenüber dem Antragsteller rein gar nichts begründen, auch nicht gegenüber dem Erstgutachter. Die Gegengutachter entscheiden selbstherrlich und in der Regel gegen das Erstgutachten, aber nur ihre Wertung zählt.

Wenn das Ministerium mir mitteilt, in meinem Verfahren wäre alles korrekt abgelaufen, dann gibt es keinen Grund daran zu zweifeln, dass auch das Ministerium diese Abläufe kennt und billigt. Das Durchsieben einer Biografie nach »Vorschäden« wird ebenso stillschweigend erlaubt, wie man lautstark auf die Beweislast des Antragstellers pocht. Das Bundesministerium der Verteidigung hätte innerhalb der Bundeswehr durchaus die Macht und Befugnis, diese Abläufe anders zu organisieren oder zu befehlen, sieht aber keinen Handlungsbedarf.

Die externen Gutachter arbeiten im Auftrag des Sanitätsamtes und werden von der Bundeswehr für ihre Gutachten bezahlt. Es ist also anzunehmen, dass diese Gutachter ihre Arbeit so verrichten, wie ihr Auftraggeber – die Bundeswehr – dies wünscht. Eine hohe Ablehnungsquote bei den WDB-Anträgen ist die logische Konsequenz.

### Kontrolle ist gut – Gerechtigkeit wäre besser

Sicherlich ist es berechtigt, medizinisch notwendig und juristisch erforderlich, eine gründliche Untersuchung einzuleiten, um zu überprüfen, ob eine Wehrdienstbeschädigung tatsächlich nachweisbar vorliegt. Immerhin geht es in solchen Verfahren nicht nur um die Anerkennung einer Verletzung oder Krankheit, sondern auch um garantierte Zahlungen, die aus der Gemeinschaftskasse des deutschen Sozialstaats über Jahre und Jahrzehnte geleistet werden müssen. Es ist daher unabdingbar, dass die Bundeswehr in solchen Fällen eingehend die Ansprüche prüfen muss. Zu groß wäre sonst die Gefahr, dass Einzelne sich Leistungen erschleichen könnten.

Solches ist den Soldaten nicht pauschal zu unterstellen, aber es soll ja auch bei Empfängern von Wohngeld, Hartz-IV-Leistungen, Kindergeld oder anderen sozialen Leistungen Menschen geben, die mit unehrlichen Angaben versuchen, Gelder zu erschleichen. Es hat auch schon Soldaten gegeben, die sich selbst körperlich beschädigt haben, um einen Unfall vorzutäuschen. Gegen eine gründliche Überprüfung der Angaben in einem WDB-Verfahren kann also niemand etwas einwenden, auch nicht die Betroffenen selbst.

Werden Soldaten in den Einsatz geschickt, sind sie vorher grundsätzlich gesund. Im Leben eines Soldaten gibt es eine Vielzahl von vorgeschriebenen Untersuchungen durch Bundeswehrärzte: die Tauglichkeitsuntersuchung noch vor dem Eintritt in die Bundeswehr, die Einstellungsuntersuchung zu Beginn der Dienstzeit als Soldat, medizinische Begutachtungen während der Dienstzeit bei der Übernahme zum Berufssoldaten oder vor bestimmten Lehrgängen, um nur einige zu nennen. Für viele Verwendungen sind zusätzliche Untersuchungen vorgesehen, wie bei einem Kraftfahrer, bei Kampfschwimmern oder bei Piloten. Speziell vor einem Einsatz werden alle Soldaten noch einmal gründlich medizinisch untersucht und erhalten eine Bestätigung ihres Gesundheitszustandes in Form der sogenannten »Auslandsdienstverwendungsfähigkeit«.

Kein Soldat geht also angeschlagen oder krank in den Einsatz. Kehrt er aber verwundet oder traumatisiert aus dem Einsatz zurück und stellt einen Antrag auf die Anerkennung seiner Schäden

als Dienstunfall, beginnt eine Odyssee für ihn. Es wird nach sogenannten »Vorschäden« gesucht, insbesondere bei den PTBS-An-
trägen. Hierzu wird aus dem bisherigen Lebenslauf des Soldaten
all das herausgesucht, was auch nur irgendwie eine private psychische Belastung darstellen könnte, um den dienstlichen Grund
für seine PTBS abstreiten zu können. Die Gegengutachten gehen
regelmäßig davon aus, dass der Soldat bereits vorher privat oder
zivil erkrankt sei und daher keine einsatzbedingte PTBS die Ursache seiner Erkrankung sein könne. Aber wie kann das sein, wenn
dieser Soldat doch zuvor als »gesund« in den Einsatz geschickt
wurde?

Ein Kamerad hatte sich nach der Bundeswehr eine Auszeit genommen und wanderte zu Fuß durch ganz Europa und halb Asien.
Als er später eine Beschädigung wegen eines Mordanschlages
geltend machte, wurden ihm 20 Prozent als »Vorschaden« abgezogen, weil er angeblich zu wenig soziale Kontakte hätte. Wer ein
Jahr lang zu Fuß unterwegs ist, der müsse eine »Anpassungsstö-
rung« haben, weil er nicht »normal« gelebt habe, er hätte sich zu
wenig mit seiner Außenwelt unterhalten. Wenn aber andererseits
angenommen wird, dass selbst ein scharfer feindlicher Beschuss
von einem Soldaten im Einsatz nicht als traumatische Bedrohung
empfunden werde und ein Arzt keine PTBS erleiden könne, weil
er schließlich Arzt sei, dann ist die Ablehnung der Anträge auf Beschädigung nur die logische Konsequenz dieses unmenschlichen
Zynismus'.

Es ist fast so, als würde man den Fall eines Dachdeckers untersuchen, der von einem Gerüst stürzt und sich die Beine bricht. Sollte
dieser Dachdecker versuchen, diese Verletzung als Berufsunfall
durchzusetzen, ist nachvollziehbar, dass Behörden oder Versicherungen den Unfallhergang ermitteln müssen. Liegt ein Unfall vor
oder ein Verbrechen? War der Dachdecker richtig abgesichert, und
von welcher Höhe ist er abgestürzt? Falls er »nur« aus der Höhe
der ersten Etage abgestürzt wäre, wäre sicherlich auch die Frage
berechtigt, ob er beim Aufprall auf eine Wiese oder auf Beton ge-

stürzt ist. Der Tathergang ist wichtig für die Beurteilung der Beschädigung. Bei einem Sturz aus dem dritten Stock könnte aber
diese Frage schon lächerlich klingen. Wir Einsatzsoldaten – um im
Bild zu bleiben – stürzen aus der Höhe der zehnten Etage ab, verlieren dadurch beide Beine und werden dann danach gefragt, ob wir
denn in der Kindheit Senk- oder Plattfüße hatten. In beiden Fällen
wird uns ein »Vorschaden« abgezogen und die Beschädigung wird
in der Anerkennungshöhe entsprechend reduziert oder abgelehnt.
Oder aber man ist noch dreister und sagt uns, wir dürften gar keinen Antrag stellen, weil der Absturz von einem Gerüst für einen
Dachdecker nichts Besonderes sei.

### Fatale Folgen für die Betroffenen

Die Folgen für die betroffenen Soldaten sind verheerend: Der gesundheitliche, soziale und finanzielle Ruin setzt sich nun umso
schneller fort und ist nicht mehr aufzuhalten.

Mit einer PTBS nach einem Auslandseinsatz lebt es sich schwer
genug. Hat man den Mut gefunden, trotz drohender psychologischer Untersuchungen einen Antrag auf Anerkennung zu stellen,
und wird dieser dann abgelehnt, verlieren viele jeden Halt. Ihr
Glaube an Gerechtigkeit ist zerstört, jede Motivation für ein neues
Leben dahin. Arbeitsunfähig und ohne Einkommen, oft ohne
Krankenversicherung hat der meist noch junge Veteran keine Perspektive mehr. Lebenspartner und Familie haben sich bereits ab-
gewandt oder er selbst hat diese Kontakte abgebrochen. Freunde,
Vereine, Kameraden – nur wenige Menschen haben noch Kontakt mit einem PTBS-Veteran, der von Amts wegen gar keine PTBS
haben soll.

Fast immer ist Flucht die Folge. Jeder Betroffene flieht anders.
Der eine zieht sich in einen Keller zurück, verharrt dort Stunden
vor dem Bildschirm, spielt Tag und Nacht Computerspiele oder
zieht sich einen Film nach dem anderen rein. Der andere flieht in
die Betäubung durch Alkohol oder sonstige Drogen. Manche flie-

hen aus dem teuren Deutschland ins Ausland – nach Osteuropa oder in Länder, in denen das Leben noch billiger ist. Dort stellen die Menschen auch nicht so viele Fragen. Monate und Jahre können so vergehen, mit und ohne Gelegenheitsjob, Kleinkriminalität, Obdachlosigkeit. Wenn man die Augen dafür öffnet, kann man den einen oder anderen Kameraden in der Nähe der Bahnhöfe von Prag, Bukarest oder Budapest wieder finden. Andere verlassen Deutschland auf der Suche nach einem Neuanfang in Kanada, Neuseeland oder Australien.

Aber sehr oft ist diese Flucht vor sich selbst, die Hoffnung auf eine neue Perspektive bald zu Ende. Sie scheitert an formalen Bedingungen, der Arbeitsunfähigkeit durch PTBS oder den mangelnden finanziellen Mitteln.

Ein Teil der Betroffenen flieht zurück in den Kampf. Sie bewerben sich bei zivilen Sicherheitsfirmen, vorzugsweise bei denen, die ihren Mitarbeitern sehr viel Geld dafür bezahlen, in den weltweiten Kriegs- und Krisengebieten im Bereich Logistik, Personen-, Objekt- und Konvoischutz ihren Job zu machen, wie bei der berüchtigten US-Firma Blackwater, die sich jetzt Xe Services nennt, oder der deutschen Sicherheitsfirma ASGAARD. Dort werden die Veteranen als Spezialisten anerkannt, können das tun, wofür sie ausgebildet sind. Da sie ja offiziell keine PTBS haben, sehen sie ihr Heil, ihre Heilung hier in neu gefundener Kameradschaft. Sie gehen zurück in den Krieg und haben nichts mehr zu verlieren, nur noch ihr Leben. Doch was ist das noch wert?

### Die eingebildeten Kranken?
### Das Misstrauen der Bundeswehrführung

Was könnte die Bundeswehr dazu veranlassen, so vehement gegen die Antragsteller vorzugehen, gegen ihre Soldaten, die ihre Gesundheit im Einsatz hingegeben haben? Ein Grund ist sicherlich der Mangel an Fachwissen in der Bundeswehr über das Thema PTBS. Beginnend bei Ärzten, Vertragsärzten und Vorgesetzten bis hin zu den Mitarbeitern in Behörden und Abteilungen des Ministeriums gibt es immer noch zu viele, die eine nähere Beschäftigung mit dem Thema PTBS ablehnen, ob aus Faulheit oder falsch verstandenem Wertebewusstsein. Zu oft fehlt die fachliche Kompetenz und damit der Wille, inhaltlich nachzubessern.

Gerade leitende Mediziner in ihrem Fachbereich, ausgestattet mit Selbstbewusstsein und Karrierestreben, lassen sich nicht gerne von anderen Kolleginnen und Kollegen in die Arbeit schauen. Es scheint einen Kompetenzstreit zwischen Versorgungsmedizinern, Psychologen und Psychiatern zu geben, zum Beispiel wenn es darum geht, wer den Grad der Schwere einer PTBS endgültig festlegen kann und darf.

Hinzu kommt, dass keiner der an dem entscheidenden Vorgang beteiligten Beamten oder Ärzte den betroffenen Soldaten persönlich kennt. Der Bundeswehrfacharzt, der den Soldaten in einem Krankenhaus untersucht hat, war der Letzte, der den Antragsteller noch selbst betreut hat. Aber diese Erstgutachten sind ja wertlos. Danach entscheidet die Verwaltung. Sie ist jedoch nicht sonderlich involviert, denn sie kann sich bei Kritik wiederum hinter dem Sanitätsamt verstecken: eben nur ein Vorgang, ein Aktendeckel und dazwischen viel Papier. Das Sanitätsamt, das heißt die drei Gutachter, die hinter verschlossenen Türen ihre Entscheidung treffen, können sich wiederum auf das externe Gutachten berufen, das nach Aktenlage angefertigt wurde. Keiner dieser Experten wird gegenüber dem Soldaten seine Entscheidung erklären müssen.

Falls der Antragsteller noch Soldat ist, hat er »seine« Vorgesetzten und Ansprechpartner vor Ort (Zugführer, Chef, Spieß, Kommandeur). Doch diese sind in das WDB-Verfahren nicht eingebunden, sie haben weder Mitsprache noch Akteneinsicht, sie können dem Soldaten nichts erklären. Das Sanitätsamt will von den Gegengutachtern etwas wissen, aber nichts von den behandelnden Fachärzten, es gibt keine Transparenz. Und falls der Antragsteller schon entlassen ist, dann ist für ihn der Abstand zur Bundeswehr noch größer, er hat dann gar keinen Ansprechpartner in seinem WDB-Verfahren.

Bei WDB-Anträgen besteht eine grundsätzliche Befürchtung: Zu viele Soldaten könnten nach einem Einsatz in ein Krankenhaus gehen, dort behaupten, sie würden nachts nicht mehr so gut schlafen und hätten Albträume, und dann eine PTBS vortäuschen mit dem Ziel, möglichst schnell und bequem aus der Bundeswehr entlassen zu werden, mit einer ordentlichen Abfindung oder höheren Rente. Mehrere Juristen teilten mir ihre Auffassung mit, dass gerade bei Anträgen von höheren Dienstgraden in der Bundeswehr wohl sehr genau und meist doppelt und dreifach geprüft werde, ob tatsächlich Gründe für eine PTBS vorlägen. Stabsoffizieren, älteren Fachdienstoffizieren und Bundeswehrärzten wird wohl mehrheitlich unterstellt, sie seien gar nicht krank, sondern berufsmüde und frustriert und versuchten, über den Weg einer PTBS ihrem Dienstherrn den Rücken zuzukehren. Offenbar vertraut man hier den eigenen Mitarbeitern nicht, vielleicht auch nicht den heutigen Verfahren in der Erkennung und Diagnostik einer PTBS, wenn man befürchten muss, dass Antragsteller mit simulierten Angaben und etwas Schauspielkunst eine Krankheit vortäuschen können.

### Warum die Politik die Wahrheit nicht hören will

Neben all diesen Gründen für das System der stetigen Ablehnungen gegenüber PTBS-Soldaten gibt es auch noch einige übergeordnete Faktoren. Die Verantwortung dieses Begutachtungssystems reicht bis in die politische und militärische Führung der Bundeswehr.

In den letzten zwanzig Jahren hat die Bundeswehr sehr viel Wert darauf gelegt darzustellen, bei der Betreuung und Fürsorge für die Soldaten im Auslandseinsatz keine Fehler gemacht zu haben. Prävention, Vorbereitung auf den Einsatz, psychologische Betreuung während des Einsatzes, die Nachsorge – alles sei stets perfekt und zeitgemäß an die neue Lage angepasst, so das Ministerium. Die Konzepte seien vorhanden, die Betreuungsmaßnahmen flächendeckend installiert, die Soldaten optimal versorgt. Daher sei man im internationalen Durchschnitt besser als alle anderen Nationen. Damit war – wichtig auch für die Öffentlichkeit – der Beweis erbracht, dass alles gut funktioniert. Militärisch und für die eigene Karriere ist das durchaus nachvollziehbar. Jeder Soldat mit hoher Verantwortung und hohem Dienstgrad in diesem Bereich konnte so seinem höchsten Vorgesetzten melden, es sei alles in Ordnung. Das hat der eigenen Karriere im Sanitätsdienst wohl ebenso wenig geschadet wie dem Weiterkommen eines hohen Offiziers im Ministerium. Jeder, der einen Erfolg »nach oben« melden kann, behauptet damit gleichzeitig, dass in seinem Fachgebiet herausragend gearbeitet wird. Wieso sollte man dieses System also aufgeben?

In der politischen Führung im Verteidigungsministerium stieß dies ebenso auf wohlwollendes Verständnis. Aus Eigennutz. Über zwanzig Jahre lang war es schwierig genug, der Bevölkerung erklären zu müssen, warum Soldaten durch das Parlament in Auslandseinsätze geschickt werden. Anfangs war man stets bemüht, den friedlichen und humanitären Charakter der Missionen und Operationen in den Vordergrund zu stellen. Die Politik suggerierte eine beschützende Helferarmee in Uniform, die nur dort eingesetzt werde, wo der Krieg bereits vorbei ist, um den notleidenden Menschen zu helfen, indem man kaputte Brücken repariert, Brunnen bohrt und warme Decken verteilt.

Daher kam es sehr gelegen, dass die Meldungen der militärischen Seite über Opfer, Kranke, Beschädigte und Traumatisierte im internationalen Vergleich so niedrig ausfielen. Selbst wenn im Bundestag kritische Politiker aus den Parteien der jeweiligen Opposition heraus Fragen stellten, wusste man diese stets mit Erfolgsmeldungen auszubügeln. Zahlreiche Staatssekretäre und Verteidigungsminister der letzten zwei Jahrzehnte haben es offensichtlich genossen, Erfolgsmeldungen zu verkünden.

Die Anzahl der PTBS-Fälle wurde lange Zeit belächelt – es waren ja nur Einzelfälle. Schließlich konnte man einen steten Anstieg nicht mehr verheimlichen, doch immer noch verkündete das Ministerium: die niedrigsten Zahlen weltweit! Es war eine Bestätigung des eigenen Erfolges und des politisch gewollten friedlichen Einsatzes. Noch bis vor kurzer Zeit wurde selbst der Afghanistaneinsatz als »Stabilisierungseinsatz« definiert. Die offiziellen PTBS-Zahlen passten eindrucksvoll in die Argumentation: Wo kein Krieg ist, da gibt es auch kein Trauma. Die Dunkelziffer der »Fälle« blieb dunkel, eine wissenschaftliche Untersuchung darüber gab man viel zu spät in Auftrag, und die Zahlen in der Bundeswehr-Statistik waren zwar falsch, aber immerhin niedrig.

Der Verdacht, dass dieses System der »Aberkennung« bewusst gesteuert ist, erhärtet sich anhand neuester Zahlen. Trotz der gestiegenen Sensibilität im Umgang mit PTBS-Soldaten, die nach außen demonstriert wird, sind die Anerkennungen in den WDB-Verfahren weiterhin auffällig niedrig.

Von 1999 bis einschließlich 2009 reichten 698 Soldaten nach ihrem Auslandseinsatz einen Antrag auf Anerkennung der PTBS als WDB ein, aber nur in 212 Fällen wurde diese anerkannt, also bei weniger als einem Drittel.[7] Umso erschreckender ist diese niedrige Anerkennungsquote, wenn man berücksichtigt, dass selbst nach den offiziellen Zahlen der Bundeswehr im gleichen Zeitraum mehr als 1 400 Veteranen in Krankenhäusern wegen PTBS behandelt wurden.

Warum hat wohl die Hälfte von ihnen nie einen Antrag auf Anerkennung ihrer Beschädigung gestellt? Mag sein, dass es viele Kameraden gibt, die nach einer kurzen Behandlung in einem Krankenhaus dauerhaft gesunden und danach kein Interesse an einem komplizierten formalen Verfahren haben. Bei anderen, »normalen« Verletzungen würde ein Soldat sicher anders handeln: Sollte bei einer Explosion im Einsatz das Trommelfell reißen, wird ein WDB-Antrag gestellt, selbst wenn durch eine Behandlung und ein künstliches Trommelfell die Hörfähigkeit wieder einigermaßen hergestellt wird.

Die mangelnde Erfolgsaussicht schreckt offensichtlich ebenso ab wie das erniedrigende, langwierige und undurchschaubare Verfahren oder auch – nicht zu Unrecht – befürchtete Laufbahnnachteile. Anscheinend wird den betroffenen Soldaten auch durch ihre Truppenärzte nicht zu einem WDB-Antrag geraten. Aus Unkenntnis, aus Trägheit?

Wenn von 1400 PTBS-Patienten der Krankenhäuser nur knapp 15 Prozent eine WDB anerkannt bekommen, hat das System Bundeswehr im Umgang mit PTBS-Veteranen offensichtlich die eigenen Ziele erreicht: Nach außen wird so getan, als würde man das Bestmögliche für alle Betroffenen tun und es würden weder Probleme noch Nachbesserungsbedarf existieren, aber intern wird ein unwürdiges System umgesetzt, um die Anträge in den meisten Fällen abzulehnen.

### Leid soll messbar sein – das Feilschen um Entschädigungssätze

Die wenigen Soldaten, die ihre WDB oft nach jahrelangen Klageverfahren durchgesetzt haben, werden in der Höhe der Beschädigung möglichst niedrig gehalten. Es ist nahezu in jedem einzelnen Fall das gleiche Muster: Wenn überhaupt etwas anerkannt wird, dann mit teilweise gravierenden Abzügen in der Schädigungshöhe. Warum auch hier diese Verweigerungshaltung der Bundeswehr? Es geht ums Geld. Je mehr Soldaten eine WDB durchsetzen, desto mehr Leistungen müssen erbracht werden. Je höher der Beschädigungsgrad, desto größer die Summe, die dem Soldaten oder seinen Angehörigen zusteht, und das viele Jahre und Jahrzehnte lang.

Die GdS-Staffel darf nicht darüber hinwegtäuschen, dass im Geldbeutel des betroffenen Soldaten so lange der Notstand herrscht, bis ein rechtskräftiger Bescheid seine Verletzung anerkennt. Der ehemalige Arbeitgeber Bundeswehr und der Sozialstaat Deutschland springen vorher nicht ein. Da nützt es dem Betroffenen wenig, dass in den Hochglanzbroschüren der Bun-

Fast alle Gesetze in Deutschland, die für einen Einsatzsoldaten die Versorgung »im Fall der Fälle« regeln, beruhen
auf einem Dienstunfall, der als Wehrdienstbeschädigung
anerkannt sein muss. Liegt keine WDB vor, dann gibt es keine
Leistungen. Sollte diese WDB mit einem Grad der Schädigung
(GdS) zwischen 0 und unter 30 Prozent anerkannt werden,
erhält der Betroffene ebenfalls nichts. Bei einer WDB von
30 Prozent und mehr beträgt die monatliche Grundrente:

GdS von 30 %:    123 Euro,
GdS von 40 %:    168 Euro,
GdS von 50 %:    226 Euro,
GdS von 60 %:    286 Euro,
GdS von 70 %:    396 Euro,
GdS von 80 %:    479 Euro,
GdS von 90 %:    576 Euro,
GdS von 100 %:   646 Euro.*

Diese Leistungen garantiert der deutsche Sozialstaat allen
Beschädigten und Schwerbeschädigten, somit auch den
Soldaten. Doch solange die WDB nicht anerkannt ist, leisten
weder die Bundeswehr noch das zuständige Versorgungsamt
noch andere Behörden (Sozialamt). Ohne eine Entscheidung,
wenn nötig des Sozialgerichts, passiert amtlich gar nichts ...

---

* *Bundesversorgungsgesetz, § 31*, in der Fassung der Bekanntmachung vom 22. Januar 1982 (BGBl. I S. 21), das zuletzt durch Artikel
5 des Gesetzes vom 30. Juli 2009 (BGBl. I S. 2495) geändert worden
ist, Stand: Neugefasst durch Bek. v. 22.01.1982 I 21; zuletzt geändert
durch Art. 5 G v. 30.07.2009 I 2495. Die Abbildung ist hier vereinfacht und verzichtet auf Darstellungen der Unterschiede zwischen
Ost und West oder nach dem 65. Lebensjahr.

deswehr auch alle übrigen Leistungen für den »Fall der Fälle« aufgelistet sind: Einmalentschädigung oder Übernahme der Krankheitskosten, erhöhtes Unfallruhegehalt für Berufssoldaten oder eine Ausgleichszahlung für Soldaten auf Zeit. Alle diese Leistungen können erst fließen, wenn eine WDB anerkannt ist.

Darüber hinaus sind die meisten Leistungen für die Soldaten daran gebunden, dass der Grad der Beschädigung mindestens 50 Prozent beträgt. Daher ist nachvollziehbar, dass in jedem einzelnen Fall, der nur irgendwie unter diese 50 Prozent gedrückt werden kann, durch die Gegengutachten ein möglichst niedriges Ergebnis erreicht werden soll. Nur bei Einsatzsoldaten, die besonders schwer körperlich getroffen wurden, kann die Verwaltung nicht anders, als den Grad der Schädigung anzuerkennen.

Durch die Gliedertaxe ist der Verlust eines Auges oder eines Beines genau definiert und muss in der Schädigungshöhe anerkannt werden. Der Verlust einer Großzehe ist mit 10 Prozent definiert, der Verlust eines Beines im Unterschenkel mit 60 Prozent, bei Verlust eines Beines und Armes sind 100 Prozent zu gewähren[8]. Es ist zwar nur ein kleiner Trost für diese Kameraden, aber immerhin etwas.

Fälle von Verletzten und Verwundeten, bei denen die Ärzte eine »Genesung« feststellen können, bieten sich dafür an, jahrelang gegen die eigenen Patienten zu begutachten, den Rechtsstreit auszusitzen und Leistungen zu verweigern. Der Knochenbruch ist wieder verheilt, das Gehör wiederhergestellt, die Narben sind verheilt, also gibt es keine Entschädigung. Ein »Schmerzensgeld« gibt es nicht. Es wird nicht alles für die Patienten getan, sondern mit allem vermieden, Zahlungen zu leisten. Selbst wenn das Gesetz – wohlwollend im Sinne des verletzten Soldaten – besagt, es würde bereits die »Wahrscheinlichkeit des ursächlichen Zusammenhangs«[9] zur Anerkennung der Gesundheitsstörung genügen, arbeitet das System Bundeswehr gegen die Antragsteller.

## Ein Schutzschirm mit Löchern –
## das Einsatz-Weiterverwendungsgesetz

Auch das »Einsatz-Weiterverwendungsgesetz«[10] ist ein treffendes Beispiel für den Gegensatz zwischen Anspruch und Wirklichkeit in der Versorgung von Soldaten. Was sich hinter diesem holprigen Namen eines noch jungen Gesetzes und seiner zahlreichen Paragrafen verbirgt, ist eigentlich gut gemeint: Sollte ein Soldat im Einsatz einen Schaden davontragen, und könnte die Bundeswehr ihn nach »normalen« Regeln nicht weiter beschäftigen, so wird er durch dieses Gesetz geschützt und kann weiterhin in der Truppe seinen Dienst verrichten, unter gewissen Umständen sogar bis zu einem regulären Ausscheiden im Rentenalter.

Der Ansatz dieses Schutzgesetztes deutet auf einen verständnisvollen Arbeitgeber Bundeswehr hin, auch auf einen humanen und wohlwollenden Gesetzgeber. Sollte ein Soldat im Dienst für Deutschland in einem Einsatz beide Beine durch einen Anschlag verlieren, so müsste er eigentlich entlassen werden, weil er die herkömmlichen Anforderungen an einen Soldaten nicht mehr erfüllen kann. Warum sollte er nicht seine Erfahrung und seinen Sachverstand auch im Rollstuhl sitzend einbringen können, auch in Uniform als Soldat, vielleicht in einem Büro? Warum sollte er sich nicht darauf verlassen können, dass die Bundeswehr weiterhin für ihn da ist, ihre Fürsorge auch nach einem solch schweren Schicksalsschlag erfüllen wird?

Im Dezember 2007 wird das Gesetz erlassen, immerhin nach 15 Jahren Auslandseinsatz. Es gilt sogar rückwirkend für alle Soldaten ab dem 1. Dezember 2002. Auch an die PTBS-Fälle hat man gedacht: Sollte bei Zeitsoldaten eine Krankheit erst nach deren Dienstzeitende erkannt werden – bei einer PTBS durchaus der Regelfall –, könnte auch dann der Soldat in die Schutzfunktion gelangen, selbst wenn er bereits entlassen worden wäre. Die Politiker aller Parteien feierten dieses Gesetz ebenso als Erfolg wie die großen Interessenvertretungen der Soldaten – der Deutsche Bundeswehrverband und der Reservistenverband –, die sich zuvor für eine solche Regelung eingesetzt und daran mitgewirkt hatten. Es war, gemessen an der Situation zuvor, tatsächlich ein großer Fortschritt. Doch auch hierbei ist für viele Leistungen des Gesetzes eine Hürde vorgesehen: eine anerkannte WDB, Schädigungshöhe mindestens 50 Prozent.

Zahlreiche betroffene Soldaten machten sich nach Einführung dieses Gesetzes Hoffnungen. Aber sie wurden bitter enttäuscht. Wieder einmal war die Hürde so hoch gelegt, dass sie als Antragsteller nicht in die Schutzfunktion des Gesetzes gelangten. Sofern die Beschädigungshöhe noch vor Gericht erstritten werden musste, berief sich das Bundesministerium der Verteidigung auf das noch nicht abgeschlossene Verfahren, und die Soldaten standen wie üblich »im Regen« und nicht unter dem »Schutzschirm« des Gesetzes. Viele Soldaten wandten sich hilfesuchend an die Deutsche Kriegsopferfürsorge.

So wie Christian B., der einen Antrag nach diesem Gesetz gestellt hatte. Aber er wurde abgelehnt, auch hier stand dem Soldaten nur der Klageweg offen. Er musste vor das Verwaltungsgericht ziehen, um seinen Anspruch zu erstreiten. Zwischenzeitlich teilte ihm das Ministerium mit, dass er sich nicht darauf verlassen könne, als Soldat weiterarbeiten zu können, selbst wenn er den Prozess gegen die Bundeswehr gewinnen würde. Dann müsse zunächst seine Arbeitsfähigkeit geprüft werden, er müsse erst eine Probezeit bestehen. Außerdem teilte ihm der zuständige Staatssekretär auf Anfrage mit, falls er nur wegen des Vorliegens »einer Einsatzschädigung« in den Genuss der Wiedereinstellung kommen sollte, käme dies einer »sachlich nicht vertretbaren Privilegierung« gegenüber anderen ehemaligen Soldaten gleich. Somit solle er sich überlegen, ob er die Klage aufrechterhalten wolle. Er zog enttäuscht zurück und verzichtete.

Zwei andere Soldaten baten mich ebenfalls um Hilfe, weil sie von diesem Gesetz nicht geschützt würden. Robert S. und Daniel L. waren im Jahr 2002 in ihrem Einsatz in Afghanistan durch eine

Explosion schwer verletzt worden. Deutsche und dänische Kameraden sind damals getötet worden. Die beiden haben knapp überlebt. Aber leider hat sich im Jahr 2002 die explodierende Rakete nicht an den rückwirkenden Stichtag des Deutschen Bundestages gehalten. Sie war einige Monate vor Dezember 2002 explodiert. Die beiden Soldaten fielen somit nicht unter die Schutzfunktion wie alle anderen auch, die zu Beginn des Afghanistaneinsatzes verletzt wurden oder in den früheren Einsätzen weltweit. Wie kann man ruhigen Gewissens ein solches Gesetz als Erfolg feiern, wenn dadurch Soldaten auf der Strecke bleiben?

Ich fuhr mit einem der beiden betroffenen Kameraden zum Bundestag. Eine Abgeordnete aus seinem Wahlkreis hatte sich für ihn stark gemacht; wir hatten einen Termin beim zuständigen Staatssekretär. Wir wollten das Problem erörtern, nach Lösungen suchen. Der Soldat stand kurz vor seiner Entlassung aus der Bundeswehr, von einer PTBS gezeichnet, und fiel aus dem Schutzgesetz einfach heraus – wegen eines willkürlich gewählten Stichtages.

Aber die Politiker erschienen nicht – kurzfristige Terminprobleme. Wir erfuhren das erst, als wir bereits in Berlin im Besprechungsraum saßen. Das Gespräch mit den Büroleitern verlief freundlich, sie waren menschlich betroffen, aber schickten uns wieder fort mit der Auskunft, man könne für uns nichts tun, das Gesetz sei nun einmal so.

Der andere Soldat ging selbstständig vor das Verwaltungsgericht und versuchte, gerichtlich eine Lösung herbeizuführen, doch er verlor. Der Stichtag sei eindeutig so gewollt, so das Gericht. Das Gericht wies im Übrigen auf einen weiteren Punkt hin: Da in diesem Fall die PTBS noch während der Dienstzeit erkannt worden wäre, würde die nachträgliche Schutzfunktion des Gesetzes ohnehin nicht greifen. So seltsam es erscheinen mag: In diesem Fall war die PTBS zu früh diagnostiziert worden.[11]

Es bedurfte noch zahlreicher Gespräche und Initiativen, bis die Politik reagierte. Im Juli 2010 wurde endlich ein neuer Vorstoß gewagt, die Versorgung von Einsatzsoldaten tatsächlich zu verbes-

sern: Ein gemeinsamer Antrag der CDU/CSU und FDP zur Verbesserung der Einsatzversorgung von Soldaten wurde noch kurz vor
der Sommerpause in die Ausschüsse verwiesen.[12] In dem Antrag,
zu dem auch die Deutsche Kriegsopferfürsorge ihren Beitrag geleistet hat, sind außerdem die Aufhebung des willkürlich gesetzten
Stichtages und zahlreiche andere Verbesserungen enthalten. Damit
hat der Deutsche Bundestag 2010 endlich die Chance, bestehende
Mängel abzustellen und wesentliche Verbesserungen zu erreichen.

Sollte dieser Antrag 2010 als Beschluss verabschiedet werden
und zu verbesserten gesetzlichen Regelungen führen, bleibt abzuwarten, ob in der Umsetzung wieder das System der Verweigerungshaltung der Bundeswehr greift oder tatsächlich im Sinne
der Betroffenen gehandelt wird. Nach den bisherigen Erfahrungen
sind Zweifel berechtigt. In den letzten beiden Jahrzehnten hat die
Bundeswehr im Umgang mit verletzen, verwundeten, gefallenen
und traumatisierten Soldaten sowie deren Angehörigen überwiegend gegen die Betroffenen gearbeitet.

Auch im Bundestag wurde der Vorwurf gegenüber der Bundeswehr erhoben, sie würde bei der Versorgung von Soldaten sogar
die Beschlüsse des Parlaments und der Regierung hintertreiben
und umgehen.[13] Dabei geht es in diesem Fall nicht um die Einsatzsoldaten, die jetzt im Auslandseinsatz sind, sondern um die
vergessenen Kameraden, die ihren Einsatz im Inland bereits geleistet haben und dabei gesundheitlich geschädigt wurden, bis hin
zur Todesfolge. Um diesen Sachverhalt zu verstehen, der bis heute
heftig diskutiert wird, muss man einen Zeitsprung machen und
zurückschauen zu den Anfängen der Bundeswehr.

## »Die Bundeswehr sitzt uns aus« –
## Radarstrahlenopfer kämpfen um ihr Recht

Ab 1957 waren in der Bundeswehr zum Aufspüren feindlicher
Angriffe aus der Luft Radargeräte im Einsatz, die starke Rönt-
genstörstrahlung, radioaktive Strahlung und gepulste elektro-

magnetische Hochfrequenzstrahlung aussandten. Die Soldaten und Zivilangestellten, die an diesen Geräten arbeiteten, wussten davon nichts und hatten keinerlei Schutz. Bereits 1958 brachten Messungen schlimme Strahlungswerte zutage. Die Bundeswehr erließ daraufhin in ihrer Zentralen Dienstvorschrift ZDv 44/20 Strahlenschutzmaßnahmen in Form von zwei Millimetern Blei. Dieser einfache und wirksame Schutz wurde erst nach rund zwanzig Jahren umgesetzt.

Im Jahr 1976 erzwangen zwei Todesfälle durch erhöhte Röntgenstrahlung an Waffensystemen bei der Marine eine Notfalluntersuchung. Nun sah sich die Bundeswehr gezwungen, für die Radar-Wartungstechniker von Fregatten, Starfightern und Raketenstellungen Belehrungen durchzuführen und schrittweise Schutz- und Versorgungsmaßnahmen einzuleiten. Dies kam 18 Jahre zu spät: Tausende waren bereits an bösartigen Tumoren, Grauem Star, Nieren- und Leberkrebs, Hoden- und Prostatakrebs, Immunschwäche und Leukämie erkrankt oder waren zeugungsunfähig geworden und in nicht geringer Zahl bereits verstorben – mehr ahnend als wissend, was ihre Krankheiten ausgelöst hatte. Sie erkrankten, litten und starben einsam. Kaum einer wusste vom anderen; in der Berufsgruppe der Soldaten vermeidet man, über Schmerzen und Verfall zu sprechen.

Der Dienstherr unternahm noch immer nicht viel – sprach weder die schon erkrankten noch die potenziell gefährdeten Soldaten an, klärte nicht auf und verweigerte jegliche gesundheitliche Betreuung. Es wurde geschwiegen, vertuscht, verdrängt. Im Strahlenarbeitsschutz blieb es bei ein paar naiv-gefährlichen Beamtenanordnungen, statt schützender Blei- nur unwirksame Blech- oder Glasplatten zwischen die Radargeräte und die Techniker zu platzieren. Der Dienstherr trägt große Schuld an diesen für die Verstrahlten folgenschweren Material- und Kosteneinsparaktionen.

Durch erste Medienberichte im Jahr 2001 aufgeschreckt, bildete sich schließlich 2003 eine »Radarkommission« mit 17 Wissenschaftlern unter dem Vorsitz des Präsidenten des Bundesamtes für Strahlenschutz. Die Kommission stellte im Wesentlichen ein Verschulden der Bundeswehr fest und empfahl »vereinfachte Kriterien« für die Anerkennung entsprechender Versorgungsanträge.[14] Das ließ die Strahlenopfer hoffen. Der damalige Verteidigungsminister Scharping versprach eine »möglichst streitfreie und möglichst großherzige Regelung«[15] der Wehrdienstbeschädigungsverfahren. Das Verteidigungsministerium sagte eine Umsetzung »eins zu eins« zu.[16]

Der Bericht der Radarkommission stellt bis heute die einzige anerkannte Grundlage für Behörden und Gerichte bei der Bearbeitung und Entscheidung der Fälle dar. Tatsächlich sollte im Einzelfall von Beginn bis 1976 nicht mehr nachgewiesen werden müssen, dass die jeweiligen Erkrankungen auf die konkrete Tätigkeit an Radargeräten zurückzuführen seien. Eine gute Regelung. Der Pferdefuß in dem 170 Seiten starken Papier verbarg sich zunächst.

Nach Übergabe des »Radarberichts« löste sich die Kommission auf. Auch nachträglich fanden keinerlei neue wissenschaftliche Erkenntnisse Eingang in dieses Grundlagenpapier. Deshalb werden in den Verfahren – bei den Verhandlungen um Zusatzrenten, Schadenersatzforderungen, Schmerzensgeld und Hinterbliebenenentschädigungen – nur diejenigen Antragsteller finanziell abgefunden, die mindestens eine der beiden Krankheiten nachweisen können: bösartige Krebserkrankungen oder Grauen Star.

Heute, im Jahr 2010, sind von den etwa 3500 Anträgen auf Entschädigungszahlungen fast alle bearbeitet. Allerdings wurden 2800 abgelehnt, also rund 80 Prozent. Der Grund: Die »Radarkommission« hatte aus Zeitgründen und auch aufgrund fehlender Daten (die von der Bundeswehr nicht freigegeben worden waren) vorrangig nur die Kausalitäten zwischen Radarstrahlungen und den Erkrankungen untersucht und thematisiert. Die vielen anderen wissenschaftlich als strahleninduziert nachgewiesenen nicht-karzinomen Erkrankungen wurden und werden bis heute nicht berücksichtigt.

Heinz D., mittlerweile 74 Jahre alt, war Soldat der ersten Stunde an den Radargeräten, seit Mitte 1958. Sein früher Verdacht, schon Anfang der sechziger Jahre, dass sein körperlich eklatanter Leistungsabfall und sein Haarausfall mit seiner Arbeit als Flugmelderadarmechaniker zu tun haben müssten, bestritten die Bundeswehrärzte. Sie schickten ihn zu einem Psychiater. Seine Symptome häuften sich: hohe Nervosität, abnormales Schwitzen, Zeugungsunfähigkeit. Diagnose: »vegetative Dystonie« – keine Ursache feststellbar. Aber er machte immer weiter, obgleich medizinisch nicht versorgt, (nur eine Kur wegen Erschöpfung wurde genehmigt) und unterrichtete dann noch zehn Jahre die Meisterlehrgänge der Radartechniker.

Nach 33 Dienstjahren bei der Bundeswehr und an den Radargeräten ging Heinz D. als Hauptmann in Pension – schwer erkrankt und desillusioniert von seinem Dienstherrn. Fünfmal hatte er während seiner Dienstzeit ab 1966 eine Wehrdienstbeschädigung beantragt – und ebenso oft war sein Antrag abgelehnt worden. Begründung: kein Zusammenhang zwischen Krankheit und Tätigkeit. 1989, nach seiner Entlassung, ging er das erste Mal vor das Sozialgericht mit einer Klage auf Heilkosten: Sie wurde abgelehnt, weil seine gesamte, 1958 begonnene Krankenakte mit allen Krankheitsbildern bei der Bundeswehr angeblich verschwunden war. Sie ist bis heute nicht wieder aufgetaucht. Heinz D. solle sich erst wieder melden, wenn etwas Neues zu beklagen wäre.

Als sich der »Bund der Unterstützung Radargeschädigter« 2001 gründete, trat er ein – durch die vielen Leidensgenossen neu ermutigt, um rechtliche Anerkennung für alle zu erstreiten. 2004 ging er in ein Widerspruchsverfahren, das wieder abgelehnt wurde. In der Zwischenzeit hatten sich seine Krankheiten verschärft. Nun litt er auch an Hautkrebs im Gesicht und musste sich sieben Operationen unterziehen. Ein Fernsehsender nahm sich seines Falles an – und siehe da, Heinz D. bekam umgehend eine Anerkennung von 50 Prozent Wehrdienstbeschädigung zugesprochen. Grundlage der Berechnung seiner Grundrente von 240 Euro pro Monat ist ausschließlich seine Krebserkrankung. Alle fünf Jahre wird eine »Heilbewährung«, eine Neubegutachtung gefordert. Würde er unter 30 Prozent rutschen, bekäme er gar nichts mehr. Im Jahr 2009 strengt Heinz D. wieder ein Schmerzensgeldverfahren an. Die Richter schlagen einen Vergleich von 100 000 Euro vor – abgelehnt von der Bundeswehr, man wolle keinen Präzedenzfall schaffen und auch die ehemaligen Bediensteten des Bundesministeriums der Verteidigung schützen.

Die Politik nahm sich ab 2000 der Radarstrahlenfälle an. Am 2. Juli 2009 zeichneten die Sprecher des Verteidigungsausschusses ein vernichtendes Bild der Behandlung des Strahlenproblems durch die Bundeswehrführung. Die »großherzige Lösung« sei bis heute nicht eingelöst worden. Die Opfer müssten weiterhin Gerichte anrufen und mit Gutachten ihre Gesundheitsschäden als strahleninduziert nachweisen. Mittlerweile hat der Krebs weiter von Heinz D.s Körper Besitz ergriffen. Ende 2009 klagte er beim Bundesgerichtshof – die Klage wird 2010 »wegen zu geringer Bedeutung« des Falls abgelehnt. Auch das Bemühen um eine Stiftung zur Versorgung der Soldaten und Hinterbliebenen wird im Mai 2010 abgelehnt – Begründung: es gebe schon zu viele Stiftungsanträge. Bis heute verweigert die Bundeswehr eine lückenlose Aufklärung der Geschehnisse und die angemessenen Entschädigungen. Im Juli 2010 sicherte der Wehrbeauftragte Hellmut Königshaus allerdings endlich zu, dass jetzt nicht die Bundeswehr, sondern das Innenministerium eine neutrale Schlichterstelle einrichten werde.

Etwa 3 500 Geschädigte warten immer noch auf eine Lösung. Nur 20 Prozent von ihnen sind anerkannt, von denen allerdings etwa die Hälfte bis heute keinerlei Leistungen erhält, weil sie nach Einstufung der Bundeswehr die »falschen« Krankheiten haben oder unter 30 Prozent gedrückt werden. Der strahlengeschädigte Flugmelderadartechniker und stellvertretende Vorsitzende des »Bundes der Unterstützung Radargeschädigter« Heinz D. sagt bitter: »Wir sterben alle weg. Die Bundeswehr sitzt uns aus. Die Zahl meiner verstrahlten Kameraden schrumpft monatlich. Bald wird keiner mehr da sein, der die Bundeswehrführung anklagt, die uns wissentlich den Radarstrahlen ausgesetzt, uns verletzt und getötet hat.«

## Kameradschaft und Fürsorge sind am Ende – Einzelfälle zählen nicht

Die Radarstrahlenopfer sind heute nicht mehr allein, sie sind in der guten Gesellschaft der verletzten und traumatisierten Veteranen der Auslandseinsätze, die ebenfalls mit der Verweigerungshaltung des Dienstherrn kämpfen. Sicherlich gibt es zahlreiche Unterschiede in jedem Einzelfall, doch die Vorgehensweise in beiden betroffenen Personengruppen ist auffällig ähnlich. Selbst wenn nicht alle antragstellenden Soldaten ihren subjektiv empfundenen Anspruch durchsetzen könnten, so ist doch die hohe Anzahl der Ablehnungen ein deutliches Zeichen für die generelle Verweigerungshaltung der Bundeswehr.

Dabei handelt es sich aber um Menschen, um verdiente Soldaten, die sich freiwillig für diesen Staat durch ihre Berufswahl ausgesprochen haben. Die meisten von ihnen stehen nach wie vor zu ihrer Berufsentscheidung und beklagen sich nicht, weil sie Soldat wurden. Unabhängig vom Dienstgrad oder dem Lebensalter beantragen die betroffenen Soldaten keine Gehaltserhöhung oder eine Bonuszahlung, sondern lediglich die Entschädigungen, die ohnehin in den Gesetzen vorgesehen sind. Und weder bei den Radarstrahlenopfern noch bei den Veteranen handelt es sich um Einzelfälle – ihre Anzahl hat bereits erschreckende Ausmaße angenommen.

Würde eine solche Häufung von »Einzelfällen« akzeptiert werden, wenn es sich nicht um beschädigte Soldaten, sondern um genauso viele rechtsradikale Übergriffe in der Bundeswehr handeln würde? Was würde geschehen, wenn in der Bundeswehr tausendfach Folter und Vergewaltigungen an der Tagesordnung wären? Bei diesen unmenschlichen Übergriffen, die höchst selten in der Bundeswehr vorkommen, ist die Empörung groß, und bei jedem Einzelfall wird zu Recht und aufgebracht gefordert, er sei nicht zu akzeptieren und müsse sofort abgestellt werden. Das ist auch gut so. Aber in Bezug auf die »Einzelfälle«, die unversorgt durch alle sozialen Netze unsere Staates fallen, nur weil sie für ihr Vaterland ihr Leben riskiert haben und nun beschädigt sind, ist in Politik und Gesellschaft, Medien und Bundeswehr das große Schweigen angesagt.

Diese Verweigerungshaltung macht selbst vor Menschenleben nicht halt. Bei den Radarstrahlenopfern hat das Sterben schon lange begonnen. Das wird nicht ungern gesehen. Dadurch verringern sich die Akten in den Behörden, die Hinterbliebenen geben aus Sorge um Rentenkürzungen resigniert den Entschädigungskampf auf oder können einfach nicht mehr. Und die wenigen, die weitermachen wollen, werden im Prozess mit Fragen gequält, an welcher Art Radargerät der verstorbene Gatte vor drei Jahrzehnten wohl gearbeitet habe. Das »Prinzip Ablehnung« ist erfolgreich. Zumindest für den Staat. Deutschlands Strahlenopfer und die neuen Veteranen bekommen das täglich zu spüren.

Wir wissen nicht, wie viele der bereits entlassenen, aber schwer traumatisierten Soldaten mit ihrem Leben nicht mehr zurechtkamen und dieses vorzeitig beendet haben. Die Bundeswehr gibt zwar zu, dass eine PTBS zum Selbstmord führen kann, begnügt sich jedoch damit, dass »dieses Phänomen [...] in und nach Auslandseinsätzen aber selten«[17] sei. Und was ist mit den Tausenden bereits entlassener Soldaten? Bisher hat das niemand untersucht. Ihre Zahl verschwindet in der Dunkelziffer der PTBS-Fälle und fließt ein in die Statistik der Gesamtzahl der Selbstmorde in Deutschland. Trauriges Fazit: Die Betroffenen sind keine Soldaten mehr, der Suizid von Veteranen ist wissenschaftlich nicht untermauert, also besteht kein Handlungsbedarf.

Die offiziellen Zahlen von PTBS- und Suizid-Fällen von Soldaten der Bundeswehr sind natürlich niedrig, niedriger als im gesellschaftlichen Durchschnitt. Und trotzdem haben seit 1957 über 3400 Soldaten Selbstmord begangen.[18] Sebastian H. wird in dieser Statistik nicht geführt. Er war als Zeitsoldat bei der Bundeswehr zuletzt in Stuttgart stationiert. Sein Einsatz in Afghanistan lag bereits längere Zeit zurück, als er aus dem Dienst ausschied. Er versuchte wieder in einer Druckerei zu arbeiten. Seine Freunde berichteten, er sei mit dem normalen Leben aber nicht mehr klargekommen. Im August 2007 wird Sebastian H. durch die Berliner Polizei erschossen, als sie sich von ihm mit einer Waffe angegriffen fühlten.[19] Er hatte zuvor einen bewaffneten Raubüberfall durchgeführt. Nach seinem Tod stellt man fest, dass es sich bei der Tatwaffe nur um eine Schreckschusspistole gehandelt hat. Seine Freunde berichten, er habe mehrfach versucht, sich die Pulsadern aufzuschneiden, und habe absichtlich den Tod durch die Polizeikugeln gesucht. Ob das wirklich seine Absicht war, werden wir Sebastian H. nicht mehr fragen können, ebenso wenig wie nach seinen Erlebnissen in Afghanistan. Er habe »Schreckliches erlebt«, sagen seine Freunde. Er hinterließ keinen Abschiedsbrief.

Ein anderer Kamerad schrieb seiner Frau und seinen Kindern noch einen Brief, bevor er sich das Leben nahm. Er war angesehener Arzt bei der Bundeswehr, war mehrfach im Auslandseinsatz. Als er erfuhr, er solle noch einmal nach Afghanistan, nahm er sich das Leben. Nun ist die hinterbliebene Ehefrau an die Deutsche Kriegsopferfürsorge herangetreten, weil sie sich mit der Bundeswehr darum streiten muss, inwieweit diese Einsätze für den Suizid ihres Mannes verantwortlich waren.

Die Bundeswehr möchte keine Untersuchung über diese Problematik. Andere Nationen sind schon weiter. Bereits 2008 stellten US-Militärärzte fest, dass jeden Monat 1000 Veteranen versuchen würden, sich das Leben zu nehmen. Im Jahr 2009 starben mehr US-Soldaten durch Suizid (334) als auf dem Schlachtfeld im Irak (149).[20]

## Unbequeme Wahrheiten

Deutschland, die saubere Nation, gefällt sich in dem Ansehen, dass in anderen Ländern und bei anderen Streitkräften alles schlechter sei. Oder aber die Zustände seien nicht vergleichbar. Deutschland und seine Bundeswehr stehen noch gut da, nach außen zumindest. Den Veteranen allerdings steht das Wasser schon bis zum Hals. Diesen Hals hatten sie riskiert, in Einsätzen, die sie das Leben oder ihre körperliche oder geistige Gesundheit kosteten. Nun sind sie kaputt und benötigen das, was ihnen versprochen und als selbstverständlich zugesichert war – die Fürsorge des Staates. Der Staat ist in der Bringschuld – auch wenn er den Antragstellern bislang nur das Gefühl gibt, dass sie lästig, zu teuer und höchst überflüssig sind.

280 000 Soldaten der Bundeswehr waren bereits im Auslandseinsatz, Tausende von ihnen sind traumatisiert und wurden nie untersucht oder behandelt. Sie leben mitten unter uns, in zerbrochenen Familien, am Rande der Gesellschaft, oder sie leben schon nicht mehr, weil sie ihrem Leiden ein Ende bereitet haben. Die Bundeswehr und wir alle lassen dies zu. Wenn heute irgendwo an einem Bahnhof oder in Osteuropa ein Penner im Suff stirbt, dann erschrickt Deutschland nicht, weil es kein Torhüter der Nationalmannschaft war oder kein bekannter Schlagersänger, es war nur ein unbekannter Veteran.

Wir hechten weiter zum nächsten Fußballspiel, regen uns über die Benzinpreise auf, den Stau auf der Brennerautobahn und diskutieren über die Brustvergrößerung einer amerikanischen Schauspielerin. Kein Verein der Bundesliga, kein Stadionsprecher wird die Zuschauer jemals auffordern, sich vor den Toten der Bundeswehr und den Hinterbliebenen zu verneigen, den noch Lebenden Respekt zu zollen, für ihren Dienst im Ausland, für ihren Einsatz für Deutschland.

Eigentlich können wir das in Deutschland besser, wir haben dies mehrfach bewiesen. Wir können stolz und friedlich unsere

Fahnen schwenken, wenn die deutsche Fußballnation eine landesweite Party veranstaltet, können stolz sein auf »unsere Jungs« im deutschen Trikot. Für die Soldaten können wir dies offenbar nicht.

Deutschland kann Schicksalsschläge aushalten, ob bei Naturkatastrophen, Amokläufen in einer Schule oder einer tragisch endenden Loveparade. Hier wird Trauer geteilt, das Leiden der Betroffenen angenommen, der Toten gemeinsam gedacht und den Helfern, Augenzeugen, Ärzten und Familien zugestanden, dass sie vielleicht ein schweres Trauma erlitten haben. Für Veteranen scheinen andere Regeln zu gelten.

Die Betroffenen aber sind kaputt und schwach, sie rufen nicht die anonyme Hotline im Ministerium an. Sie haben keine Kraft mehr, sie gehen noch nicht einmal auf die Straße, um zu demonstrieren, noch nicht. Sie leiden ruhig, sie sterben leise und zurückgezogen. In Berlin gibt es keine Massendemonstration von kriegsversehrten Veteranen und den Witwen der gefallenen Soldaten. Die unverheirateten Lebenspartnerinnen gefallener Soldaten, die nun alleine die gemeinsamen Kinder großziehen, die nie ihren Vater kennen lernen werden, begehren nicht auf, dass sie schlechter gestellt sind als »normale« Ehepartner.

Deutschland hat sich eingerichtet mit den schweigenden und leidenden Veteranen und deren Familien. Wir akzeptieren Zustände, wie sie nach dem Zweiten Weltkrieg in Deutschland üblich waren, in denen die Ablehnung der Versorgung Standard war. Es wäre nicht zu verantworten, wenn wir alle erst den Amoklauf eines PTBS-Veteranen abwarten müssten, um endlich aufzuwachen.

Es wäre mehr als notwendig, endlich der Wahrheit im Umgang mit verletzten, verwundeten und traumatisierten Soldaten in Deutschland ein Stück näher zu kommen und eine ehrliche Analyse der Zustände zu erlauben, anstatt sich hinter geschönten Zahlen, inhaltsleeren Konzepten und Erfolgsmeldungen zu verstecken. Der Respekt vor den Soldaten im Einsatz wird zu Recht gefordert, er beginnt aber bei der Bundeswehr selbst, mit dem Respekt vor den eigenen Soldaten und ihren Verletzungen. Die

Verweigerungshaltung ist aufzugeben, das Schönreden muss ein Ende haben, denn die schlimmsten Befürchtungen sind bereits jetzt Wirklichkeit: Wir versorgen kranke und arbeitsunfähige Soldaten nicht, wir kümmern uns nicht um unsere Veteranen, wir verlieren Kameraden unnötig, weil sie sterben.

# Widmung

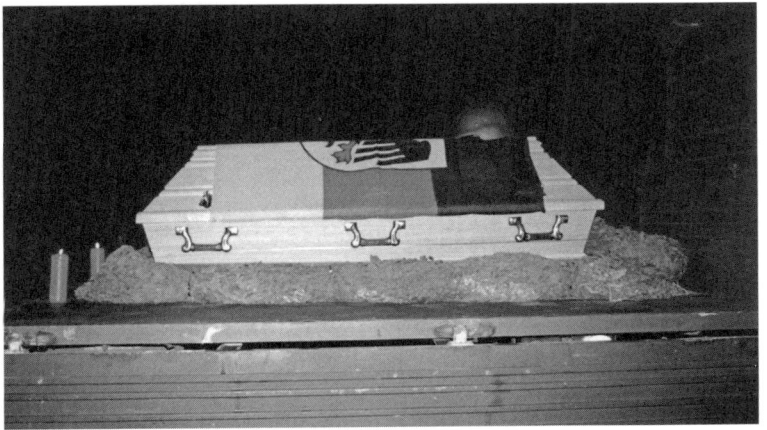

*Gewidmet allen Soldaten, die für Deutschland gefallen sind.
Allen Kameraden, die im Einsatz oder Krieg verunfallt sind,
verletzt, verwundet und traumatisiert wurden oder sich selbst
das Leben genommen haben – und für alle ihre Angehörigen
und Freunde.*

# Dank

Dass aus einer Lebensgeschichte und den ersten irrlichternden Ideen dann wirklich ein Buch entstanden ist, haben wir vielen Menschen zu verdanken. Hier in der Reihenfolge ihres Erscheinens: Friedrich Küppersbusch, der die Initialzündung gab und uns die Türe öffnete zu Barbara Wenner, unserer feinsinnigen, motivationsstarken Agentin, die uns alsbald den roten Teppich ausrollte Richtung Frankfurt, wo wir auf ein (wage-)mutiges Verlagsteam trafen, und wo, allen voran, unsere Lektorin Sabine Niemeier in rücksichtsvoller Distanz und mit voller Präsenz uns vor dem Verzagen bewahrte und sich mit Tatkraft und Esprit unserer Texte annahm. Mit dem Wachsen und Werden des Buchprojektes lernten wir durch die Deutsche Kriegsopferfürsorge viele Soldaten kennen, die eigentlich selbst dringend der Hilfe bedurften, dann aber auch zu Helfern wurden – für ihre Kameraden und Veteranen. Sie öffneten sich uns und erzählten über ihr Trauma – oft genug unter Missachtung der eigenen Schmerzgrenzen. Andere werden im Buch nicht erwähnt, haben aber ebenfalls wertvollen Anteil: die unzähligen Kameraden, die den Autor in all den Jahren begleitet haben, die ungenannten Helfer und Unterstützer des Buchprojektes – auch bei ihnen bedanken wir uns von Herzen.

*Andreas Timmermann-Levanas mit Andrea Richter*

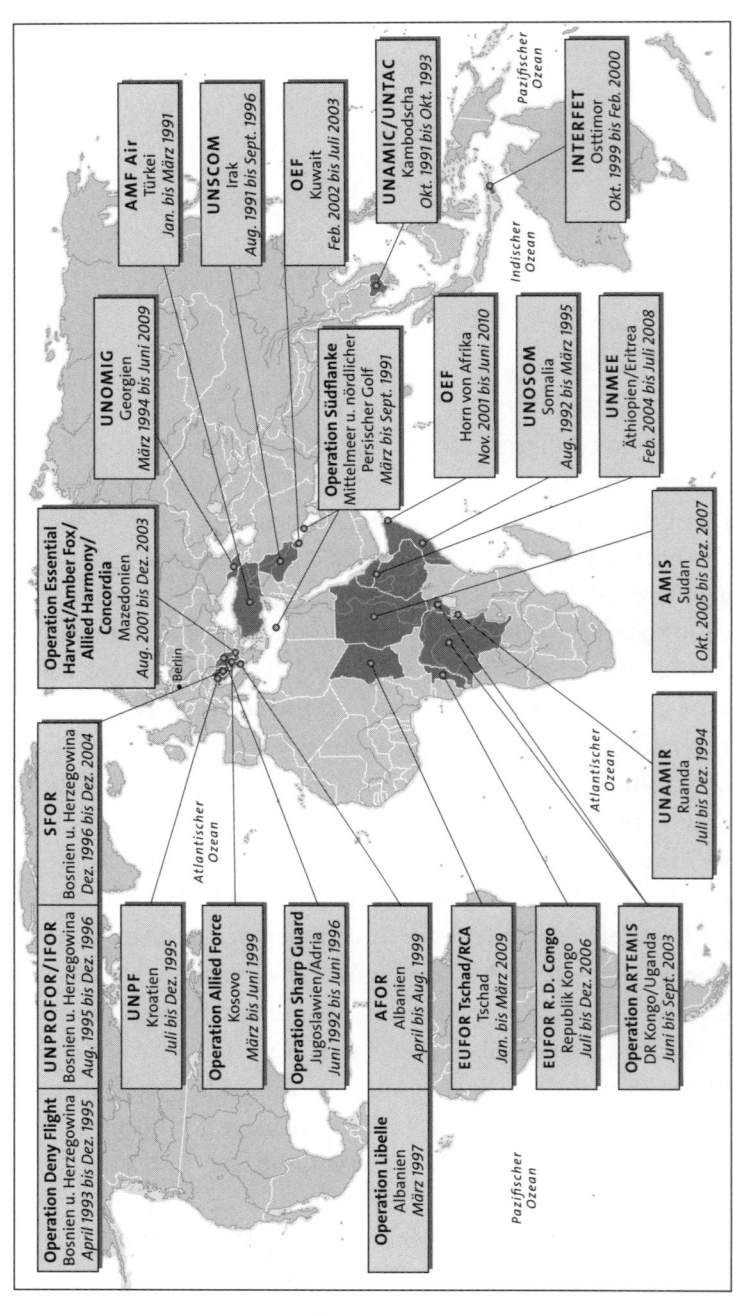

**Operation Deny Flight**
Bosnien u. Herzegowina
April 1993 bis Dez. 1995

**UNPROFOR/IFOR**
Bosnien u. Herzegowina
Aug. 1995 bis Dez. 1996

**SFOR**
Bosnien u. Herzegowina
Dez. 1996 bis Dez. 2004

**UNPF**
Kroatien
Juli bis Dez. 1995

**Operation Allied Force**
Kosovo
März bis Juni 1999

**Operation Sharp Guard**
Jugoslawien/Adria
Juni 1992 bis Juni 1996

**Operation Libelle**
Albanien
März 1997

**AFOR**
Albanien
April bis Aug. 1999

**EUFOR Tschad/RCA**
Tschad
Jan. bis März 2009

**EUFOR R.D. Congo**
Republik Kongo
Juli bis Dez. 2006

**Operation ARTEMIS**
DR Kongo/Uganda
Juni bis Sept. 2003

**UNAMIR**
Ruanda
Juli bis Dez. 1994

**AMIS**
Sudan
Okt. 2005 bis Dez. 2007

**UNMEE**
Äthiopien/Eritrea
Feb. 2004 bis Juli 2008

**UNOSOM**
Somalia
Aug. 1992 bis März 1995

**OEF**
Horn von Afrika
Nov. 2001 bis Juni 2010

**UNOMIG**
Georgien
März 1994 bis Juni 2009

**Operation Essential Harvest/Amber Fox/Allied Harmony/Concordia**
Mazedonien
Aug. 2001 bis Dez. 2003

**Operation Südflanke**
Mittelmeer u. nördlicher Persischer Golf
März bis Sept. 1991

**AMF Air**
Türkei
Jan. bis März 1991

**UNSCOM**
Irak
Aug. 1991 bis Sept. 1996

**OEF**
Kuwait
Feb. 2002 bis Juli 2003

**UNAMIC/UNTAC**
Kambodscha
Okt. 1991 bis Okt. 1993

**INTERFET**
Osttimor
Okt. 1999 bis Feb. 2000

Berlin

Atlantischer Ozean

Atlantischer Ozean

Pazifischer Ozean

Pazifischer Ozean

Indischer Ozean

Abgeschlossene Auslandseinsätze der Bundeswehr

*Quelle:* Eigene Bearbeitung nach www.bundeswehr.de und Hrsg. Militärgeschichtliches Forschungsamt, *Auslandseinsätze der Bundeswehr,* Paderborn, München, Wien, Zürich, 2010

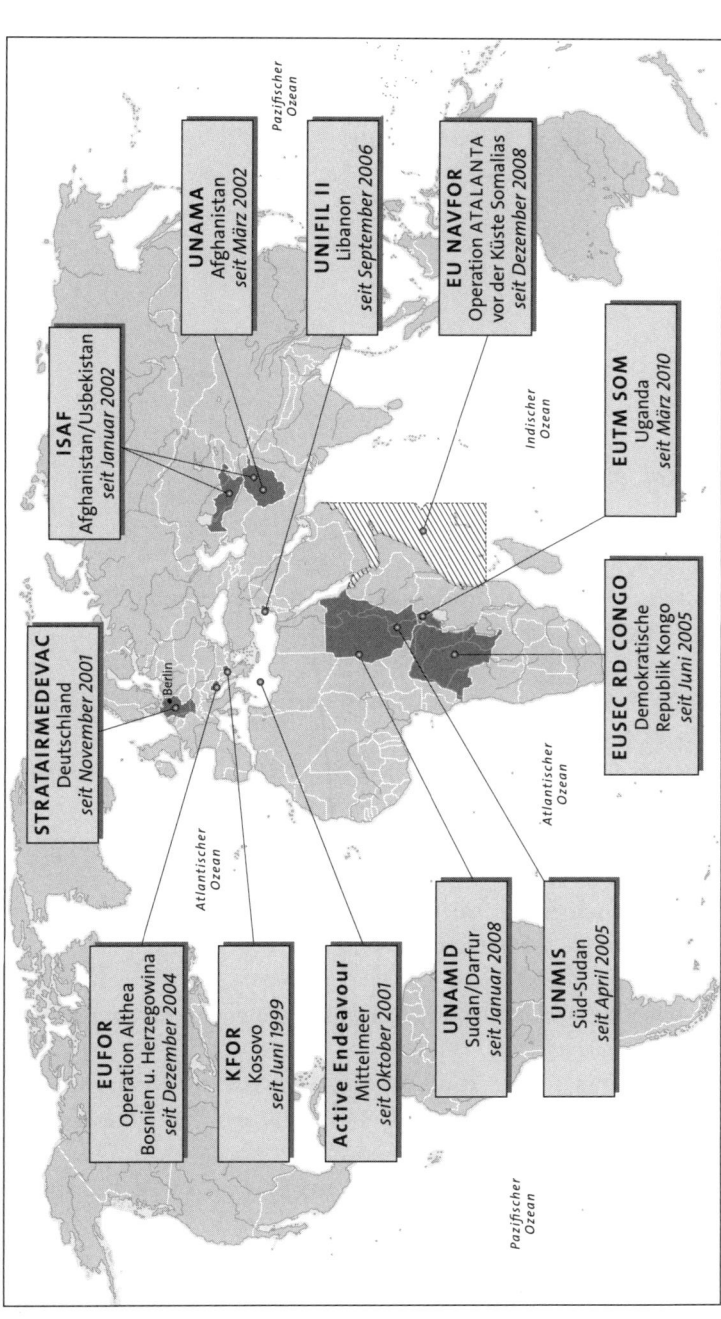

Aktuelle Auslandseinsätze der Bundeswehr

EUFOR
Operation Althea
Bosnien u. Herzegowina
seit Dezember 2004

KFOR
Kosovo
seit Juni 1999

Active Endeavour
Mittelmeer
seit Oktober 2001

UNAMID
Sudan/Darfur
seit Januar 2008

UNMIS
Süd-Sudan
seit April 2005

STRATAIRMEDEVAC
Deutschland
seit November 2001

ISAF
Afghanistan/Usbekistan
seit Januar 2002

UNAMA
Afghanistan
seit März 2002

UNIFIL II
Libanon
seit September 2006

EU NAVFOR
Operation ATALANTA
vor der Küste Somalias
seit Dezember 2008

EUTM SOM
Uganda
seit März 2010

EUSEC RD CONGO
Demokratische
Republik Kongo
seit Juni 2005

Berlin

Pazifischer Ozean

Indischer Ozean

Atlantischer Ozean

Atlantischer Ozean

Pazifischer Ozean

*Quelle:* Eigene Bearbeitung nach www.bundeswehr.de und Hrsg. Militärgeschichtliches Forschungsamt, *Auslandseinsätze der Bundeswehr*, Paderborn, München, Wien, Zürich, 2010

# Anmerkungen

## 1. Als Soldat im Einsatz für Deutschland

1 www.deutschesheer.de/portal/a/heer, *Radfahrzeuge Heer*, Stand 12.3.2008.
2 Deutscher Bundestag, Drucksache 14/500, *Unterrichtung durch die Wehrbeauftragte*, Jahresbericht 1998, S. 16.
3 Ebd.
4 Thomas Drechsler u. a., »Das Geheimnis der Unterhosen von Bagdad«, in: *Focus*, 9/1993, S. 23.
5 Deutscher Bundestag, Drucksache 12/6950, *Unterrichtung durch den Wehrbeauftragten*, Jahresbericht 1993, S. 8.
6 Axel Hofmann, »Verteidigungsplanung. Im Gleichschrott Marsch«, in: *Focus*, 18/1994, S. 86.
7 Deutscher Bundestag, Drucksache 14/500, *Unterrichtung durch die Wehrbeauftragte*, Jahresbericht 1998, S. 8 und 15.
8 Ebd., S. 40.
9 Deutscher Bundestag, Plenarprotokoll 14/82, Stenografischer Bericht, S. 7599.
10 CDU/CSU-Bundestagsfraktion, Breuer, *Militärische Führung macht mobil – Scharpings Beschwichtigungspolitik am Ende*, Pressestelle CDU/CSU-Bundestagsfraktion, 5.3.2001.
11 Klaus Naumann, »Was in Afghanistan zu tun ist«, *Die Welt*, 23.6.2006, S. 6.
12 Susanne Peyronnet, »Die Angst fährt bei den Soldaten immer mit«, in: *Lübecker Nachrichten*, 20./21.8.2006, S. 4.

13 Peter Blechschmidt, »Überfall kurz nach Mitternacht. Bericht eines Augenzeugen über die Attacke bei Kundus«, in: *Süddeutsche Zeitung*, 29.6.2006, S. 8.

14 Bundespräsidialamt, *Maßstäbe der Führungsauslese*, Rede von Bundespräsident Horst Köhler beim Festakt aus Anlass des fünfzigjährigen Bestehens der Führungsakademie der Bundeswehr, 14.9.2007, S. 4.

15 www.sueddeutsche.de, »Falsches Equipment bei 40 Grad«, 4.7.2006.

16 Deutscher Bundestag, Drucksache 16/4700, *Unterrichtung durch den Wehrbeauftragten*, Jahresbericht 2006, S. 15.

17 Ebd., S. 17.

18 www.sueddeutsche.de, »Miese Stimmung in der Bundeswehr«, 26.4.2007.

19 *Frankfurter Rundschau*, »Jung sieht Bundeswehr für Kongo gut gerüstet«, 26.6.2006, S. 6.

20 www.sueddeutsche.de, »Miese Stimmung in der Bundeswehr«, 26.4.2007.

21 Presse- und Informationsstab, Bundesministerium der Verteidigung, *Generalinspekteur General Wolfgang Schneiderhahn spricht beim Jahresempfang des Wehrbeauftragten*, Berlin, 15.6.2009.

22 Deutscher Bundestag, Drucksache 16/7094, *Antwort der Bundesregierung auf die Kleine Anfrage der Abgeordneten Elke Hoff u.a. der Fraktion der FDP*, S. 1.

23 Deutscher Bundestag, Drucksache 16/4700, *Unterrichtung durch den Wehrbeauftragten*, Jahresbericht 2006, S. 17.

24 Deutscher Bundestag, Drucksache 16/3931, *Antwort der Bundesregierung auf die Kleine Anfrage der Abgeordneten Elke Hoff u.a. der Fraktion der FDP*, S.6.

25 Ebd., S. 2.

26 *Frankfurter Allgemeine Zeitung*, »Jung verschärft Sicherheitsmaßnahmen«, 30.6.2006, S. 5.

27 Deutscher Bundestag, Drucksache 16/3931, *Antwort der Bundesregierung auf die Kleine Anfrage der Abgeordneten Elke Hoff u.a. der Fraktion der FDP*, S.1.

28 Deutscher Bundestag, Drucksache 16/3931, *Antwort der Bundesregierung auf die Kleine Anfrage der Abgeordneten Elke Hoff u.a. der Fraktion der FDP*, S. 1.

29 Das *Schwarze Barrett*, Nr. 43, Juli 2010, S. 30.

## 2. Krieg im Kopf

1  *Süddeutsche Zeitung*, »Vom Karrieretraum zum Trauma«, 10.8.2000.
   Roméo Dallaire hat 2003 das Buch *Shake Hands with the Devil* ge-
   schrieben, das 2005 auf Deutsch unter dem Titel *Handschlag mit dem
   Teufel* erschien.

2  Das *debriefing* ist unter Fachleuten umstritten. Es handelt sich um die
   Nachbesprechung eines traumatischen Ereignisses einige Tage später,
   in der die subjektiven Eindrücke der Teilnehmer thematisiert werden
   können. Es wird meist bei traumatischen Ereignissen angewandt, die
   mehrere Personen betreffen (psychologische Gruppenkriseninter-
   vention – englisch: *Critical Incident Stress Debriefing* – CISD).

3  Dieter Forte, *Schweigen oder Sprechen*, Frankfurt am Main, 2002, S. 49.

4  Wir beschränken uns bei unserer Betrachtung auf die psychischen
   Kriegsverletzungen deutscher Soldaten durch Auslandseinsätze. Es
   steht außer Frage, dass in der Geschichte der Kriege zu jeder Zeit und
   in jedem Land nie ausschließlich nur Soldaten, sondern mindestens
   ebenso viele Zivilisten – Männer, Frauen, Kinder – durch kriegerische
   Ereignisse traumatisiert worden sind.

5  Anton J. Gail, *Erasmus von Rotterdam*, Reinbek bei Hamburg, 8. Aufl.,
   1999, S. 60 ff.

6  Erasmus von Rotterdam, Brigitte Hannemann, *Die Klage des Friedens*,
   Zürich, 1998.

7  Barbara Sträuli-Eisenbeiss, *Geschichte der Traumaforschung*, www.
   lebensgeschichten.org/trauma/trauma06.php, o. J.

8  Peter Riedesser, Axel Verderber, *»Maschinengewehre hinter der Front«* –
   *Zur Geschichte der deutschen Militärpsychiatrie*, Frankfurt am Main,
   2. Aufl., 2004, S. 23 f.

9  Die im englischen Sprachraum gebräuchlichen Bezeichnungen *shell
   shock* (Granatenschock) und *bomb shell disease* entsprachen der Vorstellung, dass die Druckwellen der explodierenden Granaten die Ge-
   hirne an die Schädelwand quetschen und beschädigen würden.

10 Siehe oben, Riedesser, Verderber, S. 34.

11 Gottfried Fischer, Peter Riedesser, *Lehrbuch der Psychotraumatologie*,
   München 1998, zit. nach Elisabeth Wehrmann, »Die Abrüstung der
   Seelen. Warum Kriege nie zu Ende sind. Die Traumaforschung stellt
   sich vor«, in: *Die Zeit*, 1.7.1999.

12  Ebd.
13  Siehe oben, Riedesser, Verderber, S. 75.
14  Ebd. S. 77.
15  Ebd., S. 117.
16  Im Ersten Weltkrieg bedienten sich Neuropsychiater noch des faradischen Stroms (niederfrequente Reizströme). Die »galvanische Rolle«, bei der die galvanischen Stromreize (frequenzloser Gleichstrom) mittels einer Rolle auf große Hautpartien übertragen wurden, galt bei einer Erstbehandlung als »schonender«. Ebd., S. 149.
17  Siehe oben, Riedesser, Verderber, S. 174.
18  Ebd., S. 173.
19  Ebd., S. 168.
20  Ebd., S. 199.
21  Svenja Goltermann, *Die Gesellschaft der Überlebenden: Deutsche Kriegsheimkehrer und ihre Gewalterfahrungen im Zweiten Weltkrieg*, München, 2. Aufl., 2009.
22  Ebd., S. 279 f.
23  Ausführlich zur Problematik kriegsbedingter Persönlichkeitsveränderungen von NS-Verfolgten und Kriegsheimkehrern in der Auseinandersetzung von Juristen, Psychiatern und Entschädigungsbehörden: siehe Goltermann, Teil III, Kapitel 3, *Die moralische Herausforderung 1956–1970*, S. 273–341.
24  Kurt Eisler in: Psyche, Jg. 17, H5 (1963), S. 241–291. Nachdruck in: Hans-Martin Lohmann (Hg.): Psychoanalyse und Nationalsozialismus, Frankfurt, 1984.
25  DSM-III (*Diagnostic and Statistical Manual of Mental Disorders*) Fischer, Riedesser, *Lehrbuch der Psychotraumatologie*, 2003, S. 45 f.
26  ICD (*International Classicfication of Diseases,*); vgl. Hans Morschitzky, *Angststörungen. Diagnostik, Konzepte, Therapie, Selbsthilfe*, Wien, 2004.
27  Wissenschaftlicher Dienst, Deutscher Bundestag, *Posttraumatische Belastungsstörung (PTBS)*, Nr. 17/09, 4.3.2009.
28  Martina Feichter, »Trauma-Therapie – Heilsames Ecstasy«, in: *Stern-online*, 30.12.2005.
29  »›Kriegszitterer-Krankheit‹ möglicherweise heilbar«, in: *Welt-online*, 18.7.2007.
30  Joachim Müller-Jung, »Epigenetik – Fremde Mächte im Gehirn und Genom«, in: *FAZ.NET*, 23.6.2010.

31  CHARLY steht für »Präventive einsatzvorbereitende psychosoziale Notfallversorgung« und ist ein multimediales Lernprogramm, das im Auftrag des Bundesministeriums der Verteidigung von der Firma ESG (Elektroniksystem- und Logistik-GmbH) und Partnern entwickelt und am Zentrum für Kampfmittelbeseitigung erstmalig getestet wurde. *Quelle:* Bundeswehr, www.streitkraeftebasis.de, und: *ESG entwickelt CHARLY zur Serienreife,* Pressemitteilung der Firma ESG, 21.5.2010.

32  Dr. Karl-Theodor Freiherr zu Guttenberg in einer Rede zur neu geschaffenen Einrichtung des Trauma-Zentrums im Bundeswehrkrankenhaus in Berlin, www.bmvg.de, 26.5.2010.

33  www.einsatz.bundeswehr.de/portal, *Abgeschlossene Einsätze,* Stand: 24.7.2007.

34  Dieter Blumenwitz, in: *Politik – Geschichte, Recht und Sicherheit.* Würzburg, 1995, S. 311–323.

35  Mehr zu diesen Auslandseinsätzen siehe Glossar.

36  »Du bist normal, die Situation ist es nicht«, Interview mit Dipl. Psych. Klaus Barre und Dr. med. Karl-Heinz Biesold, Bundeswehrkrankenhaus Hamburg, Informationsdienst Psychologie 4/2002, www.bdp-verband.org.

37  *Vor dem Einsatz – Vorbereitung auf einsatzbedingten Streß. Im Einsatz – Einsatzbedingter Streß – Der Umgang damit. Nach dem Einsatz – Vorbereitung für den Streß, der während und nach der Rückkehr vom Einsatz auftritt.* Hrsg.: Bundesministerium der Verteidigung, Führungsstab Streitkräfte, Bonn, Juni 1998.

38  Bundesministerium der Verteidigung, Parlamentarischer Staatssekretär Thomas Kossendey, *Bericht über getroffene Maßnahmen zur Betreuung und Behandlung von PTBS erkrankten Bundeswehrsoldatin- nen- und soldaten,* Az-1780002–V36- vom 4.5.2010 (internes Schreiben an die Vorsitzende des Verteidigungsausschusses des Deutschen Bundestages, Frau Dr. h.c. Susanne Kastner, MdB).

39  Bundeswehr: www.ptbs-hilfe.de, Thorsten Burger, Stand 25.7.2010.

40  Deutscher Bundestag, Drucksache 14/5400, *Unterrichtung durch den Wehrbeauftragten,* Jahresbericht 2000, S. 21.

41  Bundesministerium der Verteidigung, *Stellungnahme des Bundesministeriums der Verteidigung zum Jahresbericht 2000 des Wehrbeauftragten des Deutschen Bundestages,* Berlin, 18.5.2001, S. 104.

42  Bundesministerium der Verteidigung, Staatssekretär Thomas Kossendey, *Stellungnahme des Bundesministeriums der Verteidigung zum*

*Jahresbericht 2008 des Wehrbeauftragten des Deutschen Bundestages*, Berlin, 10.12.2009, S. 100.

43  Ebd., S. 100.

44  Deutscher Bundestag, Plenarprotokoll 16/205, 12.2.2009, S. 22164.

45  Bundesministerium der Verteidigung, *Medizinisch-Psychologisches Stresskonzept der Bundeswehr*, FüSan I 1 – Az 42–13–40/PSZ III Az 6–66–01–10, Bonn, 20.12.2004, S. 10 ff.

46  Deutscher Bundestag, Drucksache 16/3970, *Antwort der Bundesregierung auf die Kleine Anfrage der Abgeordneten Katrin Kunert u. a., Fraktion DIE LINKE.* Drucksache 16/3731, *Posttraumatische Belastungsstörungen von Soldatinnen und Soldaten* (Nachfrage zu Bundestagsdrucksache 16/2587), Drucksache 16/3731, 27.12.2006, *Antwort zu Frage Nr. 4*.

47  Bundeswehr, www.ptbs-hilfe.de, *Leitlinien der AGPSU für die Zusammenarbeit im »Psychosozialen Netzwerk«*, Teil A.1. Stand: 25.6.2010.

48  Standorte des Psychosozialen Netzwerks der Bundeswehr: Hamburg 1, Schleswig-Holstein 10, Mecklenburg-Vorpommern 8, Niedersachsen 22, Bremen 1, Sachsen-Anhalt 2, Berlin 1, Brandenburg 4, Nordrhein-Westfalen 4, Thüringen 1, Sachsen 2, Hessen 0, Rheinland-Pfalz 3, Saarland 0, Bayern 13, Baden-Württemberg 9, http://www.militaerseelsorge.bundeswehr.de/portal/a/kmba/seelsorg/psychoso?yw_contentURL=/01DB090300000001/W26KZJF9521INFODE/content.jsp, Stand: 5.5.2010

49  Deutscher Bundestag, Drucksache 16/12200, *Unterrichtung durch den Wehrbeauftragten, Jahresbericht 2008*, S. 43.

50  Bundesministerium der Verteidigung, *Stellungnahme des Bundesministeriums der Verteidigung zum Jahresbericht 2008 des Wehrbeauftragten des Deutschen Bundestages*, Berlin, 10.12.2009, S. 60.

51  Deutscher Bundestag, Drucksache 17/900, *Unterrichtung durch den Wehrbeauftragten, Jahresbericht 2009*, 16.3.2010, S. 52.

52  Deutscher Bundestag, Drucksache 16/3962, *Antwort der Bundesregierung auf die Kleine Anfrage der Abgeordneten Elke Hoff u. a., Fraktion der FDP*, Drucksache 16/3741, *Gefährdung des Dienstbetriebes im Zentralen Sanitätsdienst der Bundeswehr*, S. 4.

53  Deutscher Bundestag, Drucksache 17/900, *Unterrichtung durch den Wehrbeauftragten, Jahresbericht 2009*, S. 53.

54  Deutscher Bundestag, Plenarprotokoll 16/205, 12.2.2009, S. 22164.

55  Bundesministerium der Verteidigung, *Medizinisch-Psychologisches*

*Stresskonzept der Bundeswehr*, FüSan I 1 – Az 42–13–40/PSZ III Az 6–66–01–10, Bonn, 20.12.2004, S. 7.

56  Rede des Bundesministers der Verteidigung, Dr. Franz Josef Jung, anlässlich des Festaktes zur 16. Bundesversammlung des Bundeswehr-Sozialwerks e.V. am 26.10. 2006 in Bad Honnef, gehalten in Vertretung durch den Parlamentarischen Staatssekretär beim Bundesminister der Verteidigung, Herrn Christian Schmidt. Zit. nach: bundeswehr.de, www.bmvg.de/portal.

57  Deutscher Bundestag, Drucksache 16/3386, *Schriftliche Fragen mit den in der Woche vom 6. November 2006 eingegangenen Antworten des Bundesregierung*, Antwort des Parlamentarischen Staatssekretär Thomas Kossendey, Antwort Nr. 39.

58  Deutscher Bundestag, Drucksache 17/2060, *Antwort des Parlamentarischen Staatssekretärs Thomas Kossendey vom 4.6.2010*, S. 45..

59  Deutschlandfunk, Europa heute, *Rückkehr ins zivile Leben*, 13.2.2009.

60  Deutschlandfunk, Europa heute, *Von Afghanistan nach Holland*, 12.11.2009.

61  Deutscher Bundestag, Drucksache 16/3970, *Antwort der Bundesregierung auf die Kleine Anfrage der Abgeordneten Katrin Kunert u. a., Fraktion DIE LINKE*. Drucksache 16/3731, *Posttraumatische Belastungsstörungen von Soldatinnen und Soldaten* (Nachfrage zu Bundestagsdrucksache 16/2587), Drucksache 16/3731, 27.12.2006, Antwort zu Frage Nr. 12 bis 14.

62  Bundesministerium der Verteidigung, Staatssekretär Thomas Kossendey, *Stellungnahme des BMVg zum Jahresbericht 2006 des Wehrbeauftragten des Deutschen Bundestages*, Berlin, 15.6.2007, S. 95.

63  Deutscher Bundestag, Drucksache 16/6574, *Antwort der Bundesregierung auf die Kleine Anfrage der Abgeordneten Elke Hoff u. a., Fraktion der FDP*, Drucksache 16/6470, *Behandlung von Posttraumatischen Belastungsstörungen betroffener Soldatinnen und Soldaten der Bundeswehr in zivilen Spezial-Kliniken*, Antwort Nr. 22 und 23, 5.10.2007.

64  Deutscher Bundestag, Drucksache 16/8200, *Unterrichtung durch den Wehrbeauftragten, Jahresbericht 2007*, S. 6.

65  Deutscher Bundestag, Drucksache 16/11882, Antrag der Abgeordneten der Fraktionen der CDU/CSU, SPD, FDP, BÜNDNIS 90/DIE GRÜNEN, *Betreuung bei posttraumatischen Belastungsstörungen stärken und weiterentwickeln*, 11.2.2009.

66  Deutscher Bundestag, Plenarprotokoll 16/205, Stenografischer Bericht. S. 22164.

67  Ebd., S. 22168.

68  Deutscher Bundestag, Drucksache 17/900, 16.3.2010, S. 56.

69  www.bundeswehr.de/portal, *Die ganze Seele im Blick*, 9.10.2009.

70  Bundesministerium der Verteidigung, www.bmvg.de/portal, *Trauma-Zentrum: Baustein im Kampf gegen PTBS*, 26.5.2010.

71  Wissenschaftsrat, Hintergrundinformation, *Stellungnahme zum Institut für den Medizinischen Arbeits- und Umweltschutz der Bundeswehr, Berlin*, Saarbrücken, 29.5.2009, S. 9.

72  Ebd., S. 12.

73  Bundesministerium der Verteidigung, Staatssekretär Thomas Kossendey, *Stellungnahme des BMVg zum Jahresbericht 2006 des Wehrbeauftragten des Deutschen Bundestages*, Berlin, 15.6.2007, S. 95.

74  Ebd.

75  www.bundeswehr.de/portal/a/bwde, *Bundeswehr und posttraumatische Belastungsstörung*, Häufig gestellte Fragen zum Thema Bundeswehr und posttraumatische Belastungsstörung, Stand 11.7.2010.

76  Ebd.

77  Sanitätsdienst der Bundeswehr: www.sanitaetsdienst-bundeswehr.de/portal, *PTBS-Fälle bei der Bundeswehr*, Stand 6.2.2009.

78  Bundesministerium der Verteidigung, Parlamentarischer Staatssekretär Thomas Kossendey, interner *Bericht über getroffene Maßnahmen zur Betreuung und Behandlung von PTBS erkrankten Bundeswehrsoldatinnen und -soldaten*, Az-1780002–V36- vom 4.5.2010, S. 3.

79  Das Parlament, *Vor die Wand gefahren*, 12/2010, 22.3.2010.

80  Deutscher Bundestag, Drucksache 16/3962, *Antwort der Bundesregierung auf die Kleine Anfrage der Abgeordneten Elke Hoff u. a., Fraktion der FDP*, Drucksache 16/3741, *Gefährdung des Dienstbetriebes im Zentralen Sanitätsdienst der Bundeswehr*, 21.12.2006, S. 6.

81  Henning Sußebach, »Hätte ich doch nur einen Arm verloren«, *Die Zeit*, 5.11.2009.

82  Deutscher Bundestag, Drucksache 16/8200, *Unterrichtung durch den Wehrbeauftragten, Jahresbericht 2007*, S. 37.

83  Deutscher Bundestag, Drucksache 17/900, *Unterrichtung durch den Wehrbeauftragten, Jahresbericht 2009*, S. 55.

84 Hessische Stiftung Friedens- und Konfliktforschung (HSFK), *Innere Führung und Auslandseinsätze: Was wird aus dem Markenzeichen der Bundeswehr?*, Februar 2009, S. 22.

85 Der Neurologe & Psychiater, *Afghanistan und die Folgen: Was auf unsere Gesellschaft zukommen wird*, Februar 2010, S. 22–25.

86 Henning Sußebach, »Hätte ich doch nur einen Arm verloren«, *Die Zeit*, 5.11.2009.

87 Bundesministerium der Verteidigung, www.bmvg.de/portal, *Trauma-Zentrum-Baustein im Kampf gegen PTBS*, Berlin, 26.5.2010.

## 3. Versorgung der Veteranen

1 Karl-Friedrich Ernst und Baldur Ernst, *Ratgeber zum Behindertenrecht und sozialen Entschädigungsrecht -KB-Helfer-*, 2008/2009, Oktober 2008.

2 *Focus*, »Das Geheimnis der Unterhosen von Bagdad«, Nr. 9, 1993.

3 Deutscher Bundestag, Plenarprotokoll 16/205, Stenografischer Bericht, S. 22168.

4 Reinhold Robbe in der Sendung *Panorama*, ARD, 15.4.2010. Manuskript der Sendung unter: www.daserste.ndr.de/panorama/pdfbundeswehr100.pdf

5 Ebd.

6 Ebd.

7 Deutscher Bundestag, Drucksache 17/2060, *Antwort des Parlamentarischen Staatssekretärs Thomas Kossendey* vom 4.6.2010, S. 48.

8 Bundesministerium für Arbeit und Soziales, *Anhaltspunkte für die ärztliche Gutachtertätigkeit im sozialen Entschädigungsrecht und nach dem Schwerbehindertenrecht (Teil 2 SGB IX)*, Stand 2008.

9 § 81 Abs. 4 (6) Soldatenversorgungsgesetz

10 *Gesetz zur Regelung der Weiterverwendung nach Einsatzunfällen* (Einsatz-Weiterverwendungsgesetz – EinsatzWVG) vom 12.12.2007, Bundesgesetzblatt Jahrgang 2007 Teil I Nr. 63, ausgegeben zu Bonn am 17.12.2007.

11 Schleswig-Holsteinisches Oberverwaltungsgericht, AZ 3 LB 12/09 und 12 A 140/08 vom 15.4.2010.

12 Deutscher Bundestag, Drucksache 17/2433, *Verbesserung der Regelungen zur Einsatzversorgung*, 7.7.2010.

13  Hedi Wegener (SPD), Stellungnahmen der Berichterstatter des Verteidigungsausschusses zum Tagesordnungspunkt 23: *Beratung der*
    *Beschlussempfehlung und des Berichts des Verteidigungsausschusses*
    (12. Ausschuss) zu dem Antrag der Abgeordneten Dr. Gregor Gysi u. a.,
    Plenarprotokoll 16/230 des Deutschen Bundestages, 2.7.2009.

14  Bundesamt für Strahlenschutz, *Bericht der Expertenkommission zur*
    *Frage der Gefährdung durch Strahlung in früheren Radareinrichtungen*
    *der Bundeswehr und der NVA (Radarkommission)*, Berlin, 2.7.2003.

15  Zit. aus: *Abschlussbericht zu den Versorgungsverfahren wegen mögli*
    *cher Gesundheitsschäden durch Radarstrahlung*, Anlage zu Parlamentarischer Staatssekretär beim Bundesminister der Verteidigung Kolbow, 1500220–V31 vom 27.7.2005.

16  »Am 24. September 2003 billigte der Verteidigungsausschuss die Stellungnahme des BMVg zum Abschlussbericht der Radarkommission,
    in dem das BMVg explizit zusagte, die Empfehlungen unter Ausschöpfung aller rechtlichen Möglichkeiten und Ermessensspielräume im
    Prinzip eins zu eins umzusetzen, um damit dem drängenden Anliegen der betroffenen Antragsteller bestmöglich Rechnung zu tragen.«
    Zit. nach: Bund zur Unterstützung Radargeschädigter, *Die Radarstrah*
    *lenkatastrophe der Bundeswehr 1956–2010*, unveröffentl. Manuskript,
    Isernhagen, Mai 2010.

17  *taz.de*, *»Selbstmord-Fälle gibt es«*, Interview mit Oberfeldarzt Peter
    Zimmermann, 22.6.2009.

18  Bundeswehr, *Selbsttötungen in der Bundeswehr*, www.bundeswehr.de/
    portal, 28.4.2010.

19  *Der Tagesspiegel*, *»Berliner Polizei erschoss Afghanistan-Soldat«*,
    10.8.2007.

20  *Der Spiegel*, *»Dämonen im Kopf«*, 12/2001, S. 129.

# Literatur

## Quellen

Auswärtiges Amt u. a., *Das Afghanistan-Konzept der Bundesregierung*, Gz.: 312–321.00, Berlin, 12.9.2006

Bund zur Unterstützung Radargeschädigter, *Die Radarstrahlenkatastrophe der Bundeswehr 1956–2010*, unveröffentl. Manuskript, Isernhagen, Mai 2010

Bundesamt für Strahlenschutz, *Bericht der Expertenkommission zur Frage der Gefährdung durch Strahlung in früheren Radareinrichtungen der Bundeswehr und der NVA (Radarkommission)*, Berlin, 2.7.2003

Bundesministerium der Justiz, *Gesetz über die Versorgung für die ehemaligen Soldaten der Bundeswehr und ihre Hinterbliebenen* (Soldatenversorgungsgesetz), in der Fassung der Bekanntmachung vom 16. September 2009

Bundesministerium der Verteidigung, *Abschlussbericht zu den Versorgungsverfahren wegen möglicher Gesundheitsschäden durch Radarstrahlung*, Anlage zu Parlamentarischer Staatssekretär beim Bundesminister der Verteidigung Kolbow, 1500220–V31 vom 27.7.2005

Bundesministerium der Verteidigung, *Medizinisch-Psychologisches Stresskonzept der Bundeswehr*, FüSan I 1 – Az 42–13–40/PSZ III Az 6–66–01–10, Bonn, 20.12.2004

Bundesministerium der Verteidigung, Parlamentarischer Staatssekretär Thomas Kossendey, *Interner Bericht über getroffene Maßnahmen zur Betreuung und Behandlung von PTBS erkrankten Bundeswehrsoldatinnen- und soldaten*, Az-1780002–V36- vom 4.5.2010

Bundesministerium der Verteidigung, Staatssekretär (Unterschrift unleserlich), *Stellungnahme des Bundesministeriums der Verteidigung zum Jahresbericht 2000 des Wehrbeauftragten des Deutschen Bundestages*, Berlin, 18.5.2001

Bundesministerium der Verteidigung, Führungsstab der Streitkräfte (Hg.), *Vor dem Einsatz – Vorbereitung auf einsatzbedingten Streß. Im Einsatz – Einsatzbedingter Streß – Der Umgang damit. Nach dem Einsatz – Vorbereitung für den Streß, der während und nach der Rückkehr vom Einsatz auftritt* (dreiteilige Broschüre), Bonn, Juni 1998

Bundesministerium der Verteidigung, Staatssekretär Thomas Kossendey, *Bericht über getroffene Maßnahmen zur Betreuung und Behandlung von PTBS erkrankten Bundeswehrsoldatinnen- und soldaten*, Az-1780002–V36- vom 4.5.2010 (internes Schreiben an die Vorsitzende des Verteidigungsausschusses des Deutschen Bundestages, Frau Dr. h.c. Susanne Kastner, MdB)

Bundesministerium der Verteidigung, Staatssekretär Thomas Kossendey, *Stellungnahme des Bundesministeriums der Verteidigung zum Jahresbericht 2006 des Wehrbeauftragten des Deutschen Bundestages*, Berlin, 15.6.2007

Bundesministerium der Verteidigung, Staatssekretär Thomas Kossendey, *Stellungnahme des Bundesministeriums der Verteidigung zum Jahresbericht 2008 des Wehrbeauftragten des Deutschen Bundestages*, Berlin, 10.12.2009

Bundesministerium der Verteidigung/Presse- und Informationsstab, *Generalinspekteur General Wolfgang Schneiderhan spricht beim Jahresempfang des Wehrbeauftragten*, Berlin, 15.6.2009

Bundesministerium für Arbeit und Soziales, *Anhaltspunkte für die ärztliche Gutachtertätigkeit im sozialen Entschädigungsrecht und nach dem Schwerbehindertenrecht (Teil 2 SGB IX)*, Stand: 2008

Bundespräsidialamt (Hg.), *Maßstäbe der Führungsauslese*, Rede von Bundespräsident Horst Köhler beim Festakt aus Anlass des fünfzigjährigen Bestehens der Führungsakademie der Bundeswehr, 14.9.2007

CDU/CSU-Bundestagsfraktion, Breuer, *Militärische Führung macht mobil – Scharpings Beschwichtigungspolitik am Ende*, Pressestelle CDU/CSU Bundestagsfraktion, 5.3.2001

Deutscher Bundestag, Drucksache 16/11882, *Antrag der Abgeordneten der Fraktionen der CDU/CSU, SPD, FDP, BÜNDNIS 90/DIE GRÜNEN, Betreu-*

*ung bei posttraumatischen Belastungsstörungen stärken und weiter-entwickeln*, Berlin, 11.2.2009

Deutscher Bundestag, Drucksache 16/3731, *Kleine Anfrage der Abgeord-neten Katrin Kunert u. a., Fraktion DIE LINKE – Posttraumatische Belas-tungsstörungen von Soldatinnen und Soldaten (Nachfrage zu Bundes-tagsdrucksache 16/2587)*, Berlin, 27.12.2006

Deutscher Bundestag, Drucksache 16/3970, *Antwort der Bundesregierung auf die Kleine Anfrage der Abgeordneten Katrin Kunert u. a., Fraktion DIE LINKE, Drucksache 16/3731 – Posttraumatische Belastungsstörungen von Soldatinnen und Soldaten (Nachfrage zu Bundestagsdrucksache 16/2587)*, Berlin, 27.12.2006

Deutscher Bundestag, Drucksache 16/3962, *Antwort der Bundesregierung auf die Kleine Anfrage der Abgeordneten Elke Hoff u. a., Fraktion der FDP, Drucksache 16/3741, Gefährdung des Dienstbetriebes im Zentralen Sanitätsdienst der Bundeswehr*, 21.12.2006

Deutscher Bundestag, Drucksache 17/2060, *Antwort des Parlamentari-schen Staatssekretärs Thomas Kossendey vom 4.6.2010*, Berlin, 11.6.2010

Deutscher Bundestag, *Gesetz zur Regelung der Weiterverwendung nach Einsatzunfällen* (Einsatz-Weiterverwendungsgesetz – EinsatzWVG) vom 12.12.2007, Bundesgesetzblatt Jahrgang 2007 Teil I Nr. 63, ausgege-ben zu Bonn am 17.12.2007

Deutscher Bundestag, *Plenarprotokoll* 14/82, Stenografischer Bericht, 82. Sitzung, Berlin, 21.1.2000

Deutscher Bundestag, *Plenarprotokoll* 15/108, Stenografischer Bericht, 108. Sitzung, Berlin, 6.5.2004

Deutscher Bundestag, *Plenarprotokoll* 16/205, Stenografischer Bericht, 205. Sitzung, Berlin, 12.2.2009

Deutscher Bundestag, *Plenarprotokoll* 16/230, Stenografischer Bericht, 230. Sitzung, Berlin, 2.7.2009

Deutscher Bundestag, Drucksache 16/3386, *Schriftliche Fragen mit den in der Woche vom 6. November 2006 eingegangenen Antworten der Bun-desregierung, Antwort des Parlamentarischen Staatssekretär Thomas Kossendey, Antwort Nr. 39*, Berlin, 10.11.2006

Deutscher Bundestag, Drucksache 12/6950, *Unterrichtung durch den Wehrbeauftragten*, Jahresbericht 1993 (35. Jahresbericht), 8.3.1994

Deutscher Bundestag, Drucksache 14/500, *Unterrichtung durch die Wehr-beauftragte*, Jahresbericht 1998 (40. Jahresbericht), 16.3.1999

Deutscher Bundestag, Drucksache 14/5400, *Unterrichtung durch den Wehrbeauftragten*, Jahresbericht 2000 (42. Jahresbericht), 13.3.2001

Deutscher Bundestag, Drucksache 16/4700, *Unterrichtung durch den Wehrbeauftragten*, Jahresbericht 2006 (48. Jahresbericht), 20.3.2007

Deutscher Bundestag, Drucksache 16/8200, *Unterrichtung durch den Wehrbeauftragten*, Jahresbericht 2007 (49. Jahresbericht), Berlin, 4.3.2008

Deutscher Bundestag, Drucksache 16/12200, *Unterrichtung durch den Wehrbeauftragten*, Jahresbericht 2008 (50. Jahresbericht), 26.3.2009

Deutscher Bundestag, Drucksache 17/900, *Unterrichtung durch den Wehrbeauftragten*, Jahresbericht 2009 (51. Jahresbericht), Berlin, 16.3.2010

Deutscher Bundestag, Drucksache 17/2433, *Verbesserung der Regelungen zur Einsatzversorgung*, Berlin, 7.7.2010

Deutscher Bundestag/Wissenschaftlicher Dienst, *Posttraumatische Belastungsstörung* (PTBS), Nr. 17/09, 4.3.2009

Wissenschaftsrat, *Hintergrundinformation, Stellungnahme zum Institut für den Medizinischen Arbeits- und Umweltschutz der Bundeswehr*, Berlin, Saarbrücken, 29.5.2009

## Sonstige Quellen

Bundesminister der Verteidigung, *Rede des Bundesministers der Verteidigung, Dr. Franz Josef Jung, anlässlich des Festaktes zur 16. Bundesversammlung des Bundeswehr-Sozialwerks e.V.* am 26.10.2006 in Bad Honnef, gehalten in Vertretung durch den Parlamentarischen Staatssekretär beim Bundesminister der Verteidigung, Herrn Christian Schmidt, online verfügbar unter http://www.bmvg.de/portal/a/ bmvg/kcxml/04_Sj9SPykssyoxPLMnMzovMoY_QjzKLd4k3cTcHSU-GYxvqR6GJu5gixoJRUfW99X4_83FT9AP2C3NCIckdHRQBKxVXm/ delta/base64xml/L2dJQSEvUUt3QS8oSVVFLzZFF8zRjdF?yw_contentURL=/C1256F1200608B1B/W26V3LN8606INFODE/content.jsp.html (28.7.2010)

Bundesministerium der Verteidigung, *Trauma-Zentrum: Baustein im Kampf gegen PTBS*, online verfügbar unter http://www.bmvg.de/portal/a/ bmvg/kcxml/04_Sj9SPykssyoxPLMnMzovMoY_QjzKLd4k3cTcHSU-GYxvqR6GJu5gixoJRUfW99X4_83FT9AP2C3NCIckdHRQBKxVXm/delta/

254     Anhang

C1256F1200608B1B/W285SH8C349INFODE/content.jsp.html,   26.5.2010
(28.7.2010)

Bundeswehr (Hg.), *Die ganze Seele im Blick*, online verfügbar unter
http://www.bundeswehr.de/portal/a/bwde/streitkraefte/sanitaets-
dienst?yw_contentURL=/C1256EF4002AED30/W27WKKZB457INFODE/
content.jsp, 9.10.2009 (28.7.2010)

Bundeswehr (Hg.), *Radfahrzeuge Heer*, online verfügbar unter *http://www.
deutschesheer.de/portal/a/heer/technik/rad*, Stand 12.3.2008 (3.8.2010)

Bundeswehr, *Leitlinien der AGPSU für die Zusammenarbeit im »Psychosozialen Netzwerk«*, online verfügbar unter http://www.ptbs-hilfe.de/
fileadmin/user_upload/downloads/Leitlinien_Psychosoziales_Netz-
werk.pdf (28.7.2010)

Bundeswehr (Hg.), *Selbsttötungen in der Bundeswehr*, online verfügbar
unter http://www.bundeswehr.de/portal/a/bwde/streitkraefte/grund-
lagen?yw_contentURL=/C1256EF4002AED30/W27Q3EEY948INFODE/
content.jsp, 28.4.2010 (28.10.2010)

Elektroniksystem- und Logistik-GmbH, »ESG entwickelt CHARLY zur Serienreife«, Pressemitteilung, online verfügbar unter http://www.esg.de/
presse/pressemeldungen/pressemeldung/esg-entwickelt-charly-zur-
serienreife, 21.5.2010 (28.7.2010)

Jakob, Christian, »Selbstmord-Fälle gibt es«, Interview mit Oberfeldarzt
Peter Zimmermann, online verfügbar unter http://www.taz.de/1/
politik/deutschland/artikel/1/%5Cselbstmord-faelle-gibt-es%5C/,
22.6.2009 (28.7.2010)

Mayr, S. u. a., »Verletzte Soldaten: Bundeswehr verweigert angemessene
Entschädigung«, in: *Panorama*, Nr. 724, Ausstrahlung am 15.4.2010,
ARD. Manuskript der Sendung online verfügbar unter: http://daserste.
ndr.de/panorama/pdfbundeswehr100.pdf

Müller-Jung, Joachim, »Epigenetik – Fremde Mächte im Gehirn und
Genom«, online verfügbar unter http://www.faz.net/s/Rub268AB6480
1534CF288DF93BB89F2D797/Doc~E892280A9A1A3434CAEF20DB947DC
6631~ATpl~Ecommon~Scontent.html, 23.6.2010 (28.7.2010)

pte/oc, »›Kriegszitterer-Krankheit‹ möglicherweise heilbar«, online verfügbar unter http://www.welt.de/wissenschaft/article1036471/Kriegs-
zitterer_Krankheit_moeglicherweise_heilbar.html, 18.7.2007 (28.7.2010)

Schweighöfer, Kerstin, »Von Afghanistan nach Holland«, in: *Europa heute*,

Deutschlandfunk, 13.2.2009, online verfügbar unter http://www.dradio.de/dlf/sendungen/europaheute/1068441/ 8.8.2010)

Sträuli-Eisenbeiss, Barbara, »Geschichte der Traumaforschung«, online verfügbar unter www.lebensgeschichten.org/trauma/trauma06.php (28.7.2010)

Wagner, Marc Christoph, »Rückkehr ins zivile Leben«, in: *Europa heute*, Deutschlandfunk, 13.2.2009, online verfügbar unter http://www.dradio.de/dlf/sendungen/europaheute/919301/ (8.8.2010)

### Verwendete Literatur

Blumenwitz, Dieter, »Das Parlamentsheer nach dem Urteil des Bundesverfassungsgerichts vom 12. Juli 1994«, in: Ferenc Majoros et al. (Hg.), *Politik – Geschichte, Recht und Sicherheit*, Würzburg, 1995, S. 311–323

Dallaire, Roméo, *Shake Hands with the Devil. The Failure of Humanity in Rwanda*, New York, 2003 (deutsch: *Handschlag mit dem Teufel. Die Mitschuld der Weltgemeinschaft am Völkermord in Ruanda*, Springe, 2005)

Ernst, Karl-Friedrich/Morr, Baldur, *Ratgeber zum Behindertenrecht und sozialen Entschädigungsrecht (KB-Helfer)*, 2008/2009, Stuttgart 2008

Fischer, Gottfried/Riedesser, Peter, *Lehrbuch der Psychotraumatologie*, München, 1998

Forte, Dieter, *Schweigen oder Sprechen*, Frankfurt am Main, 2002

Gail, Anton J., *Erasmus von Rotterdam*, Reinbek bei Hamburg, 1999

Goltermann, Svenja, *Die Gesellschaft der Überlebenden: Deutsche Kriegsheimkehrer und ihre Gewalterfahrungen im Zweiten Weltkrieg*, München, 2009

Kornelius, Stefan, *Der unerklärte Krieg. Deutschlands Selbstbetrug in Afghanistan*, Hamburg, 2009

Lohmann, Hans-Martin (Hg.): *Psychoanalyse und Nationalsozialismus*, Frankfurt, 1984

Morschitzky, Hans, *Angststörungen. Diagnostik, Konzepte, Therapie, Selbsthilfe*, Wien, 2004

Riedesser, Peter/Verderber, Axel, »*Maschinengewehre hinter der Front.« Zur Geschichte der deutschen Militärpsychiatrie*, Frankfurt am Main, 2004

## Zeitungen, Zeitschriften

AFP, »Miese Stimmung in der Bundeswehr. Umfrage unter 45 000 Soldaten«, in: *Süddeutsche Zeitung*, 26.4.2007, online verfügbar unter http://www.sueddeutsche.de/politik/umfrage-unter-soldaten-miese-stimmung-in-der-bundeswehr-1.786280 (7.8.2010)

Blechschmidt, Peter, »Überfall kurz nach Mitternacht«, in: *Süddeutsche Zeitung*, 29.6.2006, S. 8

Calonego, Bernadette, »Vom Karrieretraum zum Trauma. Sechs Jahre nach dem Massaker in Ruanda«, in: *Süddeutsche Zeitung*, 10.8.2000, o. S.

Das Gupta, Oliver, »Bundeswehr im Kongo: Falsches Equipment bei 40 Grad«, *Süddeutsche Zeitung*, 4.7.2006, online verfügbar unter http://www.sueddeutsche.de/politik/bundeswehr-im-kongo-falsches-equipment-bei-grad-1.783981 (7.8.2010)

Drechsler, Thomas u.a., »Das Geheimnis der Unterhosen von Bagdad«, *Focus*, 1.3.1993, online verfügbar unter http://www.focus.de/politik/deutschland/bundeswehr-das-geheimnis-der-unterhosen-von-bagdad_aid_141196.html (7.8.2010)

Eggen, Frank, »Afghanistan und die Folgen: Was auf unsere Gesellschaft zukommen wird«, in: *Der Neurologe & Psychiater*, 2/2010, S. 22–25

Feichter, Martina, »Trauma-Therapie – Heilsames Ecstasy«, online verfügbar unter http://www.stern.de/gesundheit/gesundheitsnews/trauma-therapie-heilsames-ecstasy-552261.html, 30.12.2005 (28.7.2010)

Hofmann, Axel, »Verteidigungsplanung. Im Gleichschrott Marsch«, *Focus*, 2.5.1994, online verfügbar unter http://www.focus.de/politik/deutschland/verteidigungsplanung-im-gleichschrott-marsch_aid_148124.html (7.8.2010)

imo/svo/Tsp/ddp, »Berliner Polizei erschoss Afghanistan-Soldat«, *Tagesspiegel*, 10.8.2007, online verfügbar unter: http://www.tagesspiegel.de/berlin/polizei-justiz/berliner-polizei-erschoss-afghanistan-soldat/1010442.html (7.8.2010)

Meyer, Berthold, »Innere Führung und Auslandseinsätze: Was wird aus dem Markenzeichen der Bundeswehr?«, HSFK-Report, 2/2009, online verfügbar unter http://www.hsfk.de/fileadmin/downloads/report0209.pdf, (7.8.2010)

Meyer, Cordula, »Dämonen im Kopf«, in: *Der Spiegel*, 12/2010, S. 129

Naumann, Klaus, »Was in Afghanistan zu tun ist«, in: *Die Welt*, 23.6.2006, S. 6

N. N., »Jung sieht Bundeswehr für Kongo gut gerüstet«, in: *Frankfurter Rundschau*, 26.6.2006, S. 6

N. N., »Jung verschärft Sicherheitsmaßnahmen«, in: *Frankfurter Allgemeine Zeitung*, 30.6.2006, S. 5

Peyronnet, Susanne, »Die Angst fährt bei den Soldaten immer mit«, in: *Lübecker Nachrichten*, 20./21.8.2006, S. 4

Schaffmann, Christa, »Du bist normal, die Situation ist es nicht«, Interview mit Dipl.-Psych. Klaus Barre und Dr. med. Karl-Heinz Biesold, Bundeswehrkrankenhaus Hamburg, in: *Informationsdienst Psychologie*, 4/2002, online verfügbar unter http://www.bdp-verband.org/bdp/idp/2002-4/05.shtml (7.8.2010)

Wehrmann, Elisabeth, «Die Abrüstung der Seelen. Warum Kriege nie zu Ende sind. Die Traumaforschung stellt sich vor«, in: *Die ZEIT*, 27/1999, online verfügbar unter http://www.zeit.de/1999/27/Die_Abruestung_der_Seelen (7.8.2010)

Weinlein, Alexander, »Vor die Wand gefahren«, in: *Das Parlament*, 12/2010, online verfügbar unter http://www.bundestag.de/dasparlament/2010/12/Innenpolitik/29088672.html (7.8.2010)

# Abkürzungsverzeichnis und Glossar

| | |
|---|---|
| **ABC-Alarm** | Alarm vor atomaren, biologischen und chemischen Waffen |
| **Operation Active Endeavour** | NATO-Operation (»Aktives Bemühen«), militärische Präsenz und See-Überwachung im Mittelmeerraum zur Bekämpfung des internationalen Terrorismus |
| **AFG** | Afghanistan |
| **AK 47, AK 74** | (Russ.) *Awtomat Kalaschnikowa, obraza 47*, Kalaschnikow, robustes, russisches Schnellfeuergewehr seit 1947 im Einsatz, Weiterentwicklung AK 74 |
| **all clear** | Entwarnungssignal nach Angriffen |
| **Allied Force** | Siehe OAF |
| **AMF Air** | *Allied Command Europe Mobile Force*, multinationale NATO-Einsatztruppe für den Kommandobereich Europa |
| **AMIS** | *African Union Mission in Sudan*, Mission der Afrikanischen Union in Sudan, eine von der Afrikanischen Union (AU) gestellte und geführte Friedensmission in Darfur/Sudan |
| **ANA** | *Afghan National Army*, Afghanische Nationalarmee |
| **ANP** | *Afghan National Police*, Afghanische Nationalpolizei |
| **ANSF** | *Afghan National Security Force*, afghanische Sicherheitskräfte, zusammengesetzt aus Nationalarmee (ANA) und Nationalpolizei (ANP) |

| | |
|---|---|
| Asgaard German Security Group | Deutsches privates Sicherheits- und Militärunternehmen |
| BFD | Berufsförderungsdienst der Bundeswehr |
| Blackwater | US-amerikanisches privates Sicherheits- und Militärunternehmen, heute Xe Services |
| BMVg | Bundesministerium der Verteidigung |
| BWK | Bundeswehrkrankenhaus |
| Cdk5 | (Chem.) Enzym, das wichtige Funktionen im Nervensystem reguliert und Lern- und Gedächtnisprozesse steuert |
| CH-53 | Militärische Bezeichnung für *Sikorsky S-65*, mittlerer Transporthubschrauber (MTH) der Bundeswehr, US-amerikanische Entwicklung der Sikorsky Aircraft Corporation ab Anfang der sechziger Jahre |
| CHARLY | Präventive einsatzvorbereitende psychosoziale Notfallversorgung; multimediales Lernprogramm, im Auftrag des Bundesministeriums der Verteidigung von der Firma ESG (Elektroniksystem- und Logistik-GmbH) und Partnern entwickelt |
| CIMIC | *Civil Military Cooperation*, zivil-militärische Zusammenarbeit |
| DBwV | Deutscher Bundeswehrverband |
| DFGFA | Deutsch-französisches *Groupement Franco-Allemand* |
| Dingo 1 + 2 | Allschutz-Transport-Fahrzeug (ATF), gepanzertes, leicht bewaffnetes Radfahrzeug; Dingo 1 von der Bundeswehr ab 2000 im Kosovo, die verbesserte Variante Dingo 2 ab 2003 auch in Afghanistan eingesetzt |
| DKOF | Deutsche Kriegsopferfürsorge |
| Dragunow | Russisches halbautomatisches Scharfschützengewehr (auf Basis der Kalaschnikow), seit 1963 Einführung in der Sowjetarmee |
| Drohne | Unbemanntes, unbewaffnetes oder bewaffnetes, wiederverwendbares Fluggerät für Überwachung, Erkundung, Aufklärung und Kampfeinsatz |

| | |
|---|---|
| DSM-III | *Diagnostic and statistical manual of mental disorders*, Klassifikationssystem für psychische Störungen, Version ab 1980 |
| DSM-IV | *Diagnostic and statistical manual of mental disorders*, Klassifikationssystem für psychische Störungen, Version ab 1996 |
| DU | Dienstunfähigkeit |
| EinsatzWVG | Einsatzweiterverwendungsgesetz |
| EinsFüKdoBw | Einsatzführungskommando Bundeswehr |
| EMDR | *Eye Movement Desensitization and Reprocessing*, psychotraumatologische Behandlungsmethode mit angeleiteten Augenbewegungen, um Traumata zu verarbeiten |
| Epigenom | (Biol.) Programmiercode in der Erbmasse außerhalb der DNA; im Epigenom sind die prägenden Erinnerungen fixiert |
| EU NAVFOR - Operation Atalanta | *European Union Naval Forces*, Seestreitkräfte der Europäischen Union, multinationaler Marineverband der EU vor der Küste Somalias für freie Seefahrt und zur Bekämpfung der Piraterie |
| EUFOR - Operation Althea | *European Union Force*, multinationale Militärverbände der Europäischen Union, Bosnien und Herzegowina, militärische Absicherung des Friedensvertrages von Dayton, Einhaltung der Rüstungskontrollabkommen |
| EUFOR R.D. Congo | *European Union Force Republic Democratique Congo*, Mission zur Sicherung freier Wahlen im Kongo |
| EUFOR Tschad/RCA | *European Union Force Republique Central Africaine Tchad*, Mission zur Verbesserung der Sicherheitslage und humanitäre Hilfe |
| EUSEC RD Congo | *European Union Security Sector Reform Mission in the Democratic Republic of the Congo*, Beratungs- und Unterstützungmission zur Förderung der Reformen des kongolesischen Sicherheitssektors |
| EUTM SOM | *European Training Mission Somalia*, Europäische Trainingsmission Somalia |

| | |
|---|---|
| Fennek | 4-Rad-Spähwagen, gepanzert. Bewaffnung zur Selbstverteidigung |
| FSA | Fahrzeugschutzausstattung |
| Fuchs | 6-Rad-Transportpanzer, Bewaffnung zur Selbstverteidigung |
| FüSan | Führungsstab Sanitätsdienst, höchste Führungsebene der Sanität im BMVg |
| GdS | Grad der Schädigungsfolgen |
| Generalinspekteur der Bundeswehr (GenInspBw) | Ranghöchster General oder Admiral der Bundeswehr, militärischer Berater des Bundesverteidigungsministers und der Bundesregierung |
| HUMMVEE | *High Mobility Multipurpose Wheeled Vehicle*, amerikanisches allradgetriebenes Mehrzwecktransportfahrzeug; auch mit Zusatzpanzerung konstruktionsbedingte Nachteile bei Sprengkörpern und Minen; umgangssprachl. Humvee |
| ICD, ICD 10 | *International Classicfication of Diseases*, Klassifikationssystem der Weltgesundheitsorganisation |
| ID-Card | Ausweis zur Identifikation einer Person |
| IED | *Improvised Explosive Device*, unkonventionelle Spreng- und Brandvorrichtung, auch: Sprengfalle |
| IFOR | *Peace Implementation Force*, multilaterale Friedenstruppe (Nachfolger von UNPROFOR) unter dem Kommando der NATO in Bosnien-Herzegowina |
| Innere Führung | Führungskonzeption der Bundeswehr, verbunden dem Leitbild des »Staatsbürgers in Uniform«; Grundrecht des Soldaten auf freie Meinungsäußerung durch Prinzip von Befehl und Gehorsam eingeschränkt; Innere Führung für Integration der Bundeswehr in die Gesellschaft |
| INTERFET | *International Force East Timor*, Internationale Streitkräfte Osttimor, multinationale Schutztruppe der Vereinten Nationen für Stabilisierung der Sicherheitslage und humanitären Einsatz |
| ISAF | *International Security Assistance Force*, Internationale Sicherheitsunterstützungstruppe in |

|  | Afghanistan, friedenserzwingender Einsatz für Sicherheit und Aufbau unter NATO-Führung |
|---|---|
| Kalaschnikow | Russisches Sturmgewehr (siehe oben AK 47, 74) |
| KFOR | *Kosovo Force*, multinationale Schutztruppe unter Führung der NATO, Überwachung des Abzugs jugoslawischer Truppen und Entmilitarisierung des Kosovo |
| KSK | Kommando Spezialkräfte, militärische Spezialeinheit der Bundeswehr für Aufklärung, Terrorismusbekämpfung, Rettung, Evakuierung und Bergung, Kommandokriegführung und Militärberatung |
| Leben in der Lage | (Milit.) Situation, auf die sich ein Soldat einstellt und darauf angemessen reagiert |
| MdB | Mitglied des Deutschen Bundestages |
| MdE | Minderung der Erwerbsfähigkeit |
| MDMA | (Chem.) Amphetamin, Inhaltsstoff der Droge Ecstasy |
| Medizinisch-Psychologisches Stresskonzept | Fachkonzept der Bundeswehr zur psychophysischen Stressbewältigung von Soldaten bei Extrembelastungen |
| MIG 29 | *Mikojan-Gurewitsch MIG-29*, russisches Jagdflugzeug, ab 1977 in der UdSSR hergestellt |
| MNDSE | *Multi National Division South East*, multinationale Division Südost, Teil der SFOR in Bosnien-Herzegowina |
| MSA | Modulare Schutzausstattung, siehe Wolf |
| MSS | Modularer Splitterschutz, siehe Wolf |
| MULTI | Mechanisierte Umschlag-Lagerung-Transport Integration, Wechselladerfahrzeug |
| Mungo | *ESK Mungo*, unbewaffnetes, gepanzertes 4-Rad-Mehrzweckfahrzeug (mit Defiziten im Afghanistaneinsatz) |
| NATO | *North Atlantic Treaty Organization*, Organisation des Nordatlantikvertrags |
| Nebeltopf | Auch: Rauchgranate, für starke Rauch- oder Nebelentwicklung, ermöglicht das Einhebeln, um vom Gegner nicht mehr gesehen zu werden |

| | |
|---|---|
| Neurotikerbataillon | Bezeichnung aus dem Zweiten Weltkrieg für eine Wehreinheit, zusammengestellt ausschließlich aus psychisch erkrankten Soldaten |
| OAF | *Operation Allied Force,* (»Operation alliierte Streitkräfte«), Operation der NATO gegen die damalige Bundesrepublik Jugoslawien ohne ausdrückliches UN-Mandat |
| OEF | *Operation Enduring Freedom* (»Operation andauernde Freiheit«), internationale Anti-Terror-Operation unter US-Führung in vier Regionen (Afghanistan, Horn von Afrika, Philippinen, Sahara) |
| OMF | *Opposing Militant Forces,* gegnerische militante Kräfte |
| Operation Artemis | Militärmission der Europäischen Union zur Unterstützung der UN-Mission in der Demokratischen Republik Kongo |
| Operation Deny Flight | (»Operation Flugverhinderung«) militärische Operation der NATO während und nach dem Bosnienkrieg für eine Durchsetzung der Flugverbotszone über Bosnien-Herzegowina und den Schutz der Friedenstruppen der Vereinten Nationen |
| Operation Essential Harvest/ Amber Fox/Allied Harmony/ Concordia/ | NATO-geführte Operationen in Mazedonien zur Friedenserhaltung und Gewährleistung der Sicherheit |
| Operation Libelle | Deutsche Operation in Albanien mit Einsatz von Marine und Luftwaffe zur Evakuierung von ausländischen Staatsbürgern |
| Operation Südflanke | Deutsche Marine-Operation im Mittelmeer und Persischen Golf während des Zweiten Golfkriegs zur Demonstration von Bündnisfähigkeit und der Beseitigung von Seeminen |
| OpZ | Operationszentrale |
| *Overgarment* | Schutzanzug gegen atomare, biologische oder chemische Kampfstoffe |
| Parlamentsarmee | Kontrollrecht des Parlaments über die Streitkräfte; Bundestag muss über den »Einsatz bewaffneter Streitkräfte« entscheiden |

| | |
|---|---|
| PersABw | Personalamt der Bundeswehr |
| Petersberger Abkommen | 1. Afghanistan-Konferenz auf dem Petersberg/ Königswinter, 27. Nov. bis 5. Dez. 2001, Verabschiedung des Petersberger Abkommens zur stufenweisen Machtübergabe an eine demokratisch legitimierte Regierung nach der Entmachtung der Taliban in Afghanistan. Folge des Abkommens: durch den Sicherheitsrat der Vereinten Nationen Erteilung des Mandats für eine Sicherheitsunterstützungstruppe für Afghanistan (ISAF) |
| Primat der Politik | Vorrang der Politik vor dem Militär |
| PRT | *Provincial Reconstruction Team,* Regionales Wiederaufbauteam in Afghanistan, soll den zivilen Aufbau und die militärische Sicherheit gewährleisten oder wieder herstellen |
| Psychosoziales Netzwerk (PSN) | Organisation verschiedener Fachkräfte der Bundeswehr mit Standorten in Deutschland in regionaler Struktur, zum Erhalt, zur Stabilisierung und zur Wiederherstellung der psychischen Gesundheit von Einsatzsoldaten |
| PSZ | Abteilung für Personal-, Sozial- und Zentralangelegenheiten, eine der zivilen Abteilungen des BMVg |
| PTBS | Posttraumatische Belastungsstörung |
| PTSD | *Post-Traumatic Stress Disorder,* englische Bezeichnung für PTBS |
| QRF | *Quick Reaction Force,* schnelle Eingreiftruppe, die taktische Reserve des Kommandeurs einer regionalen Verantwortungszone der ISAF in Afghanistan |
| RAC | *Regional Area Command,* Regionale Verantwortungszone |
| Recreation-Center (RecC) | Kurzerholungsstätte für Soldaten in einem einsatznahen Raum als Schutz vor einer drohenden posttraumatischen Belastungsstörung |
| RPG 7 | *Rocket Propelled Granate* (»raketenangetriebene Granate«), sowjet-russische Panzerabwehrwaffe, von Hand bedienbar, seit 1961 im Einsatz, auch: Panzerfaust |

| | |
|---|---|
| SanAmtBw | Sanitätsamt der Bundeswehr, Fachamt des Zentralen Sanitätsdienstes der Bundeswehr |
| SanFüKdo | Sanitätsführungskommando des Zentralen Sanitätsdienstes der Bundeswehr, höhere Kommandobehörde |
| Scud | NATO-Bezeichnung für die sowjetische bzw. russische ballistische Boden-Boden-Rakete, in den Golfkriegen durch den Irak auf Israel, Saudi-Arabien und Kuwait eingesetzt |
| SFOR | *Stabilisation Force*, NATO-Schutztruppe für Bosnien und Herzegowina zur Verhinderung von Feindseligkeiten, Stabilisierung des Friedens und der Normalisierung der Verhältnisse nach dem Krieg |
| SKA | Streitkräfteamt, höhere Kommandobehörde der Bundeswehr |
| SozAmt | Sozialamt |
| SozDstBw | Sozialdienst der Bundeswehr |
| SozGericht | Sozialgericht |
| Sozialverband VdK Deutschland | Sozialverband, ursprünglich Verband der Kriegsbeschädigten, der heute die Interessen von Menschen mit Behinderungen, chronisch Kranken, Senioren, Patienten gegenüber der Politik und an den Sozialgerichten vertritt |
| STRATAIRMEDEVAC | *Strategic Air Medical Evacuation*, medizinische Evakuierung verletzter oder erkrankter Soldaten bei Übungen oder aus dem Einsatz aus allen Auslandseinsatzgebieten |
| SSA | Sonderschutzaussattung, siehe Wolf |
| SVG | Soldatenversorgungsgesetz |
| Task Force | Schnelle Eingreiftruppe |
| Transall C-160 | »Transporter Allianz«, militärisches Transportflugzeug, Antrieb: zwei Turbopropeller, seit 1968 im Einsatz der Bundeswehr |
| Trp-Arzt | Truppenarzt |
| UNAMA | *United Nations Assistance Mission in Afghanistan*, Unterstützungsmission der Vereinten Nationen für Förderung rechtsstaatlicher Strukturen |

| | |
|---|---|
| **UNAMIC/UNTAC** | *United Nations Advance Mission in Cambodia/ United Nations Transitional Authority in Cambodia,* (»Übergangsverwaltung«), UN und Friedensmission für Wiederherstellung von Ordnung und Vorbereitung freier Wahlen |
| **UNAMID** | *United Nations African Mission in Darfur,* Friedenstruppe der Vereinten Nationen und der Afrikanischen Union für die sudanesische Region Darfur als Beratung und Unterstützung |
| **UNAMIR** | *United Nations Assistance Mission for Rwanda,* friedenserhaltende Unterstützungsmission der Vereinten Nationen für Ruanda |
| **UNIFIL II** | *United Nations Interim Force in Lebanon,* Interimsgruppe der Vereinten Nationen in Libanon, Beobachtermission der UNO |
| **UNMEE** | *United Nations Mission in Ethiopia and Eritrea,* Mission der Vereinten Nationen in Äthiopien und Eritrea |
| **UNMIS** | *United Nations Mission in Sudan,* Mission der Vereinten Nationen zur Friedenssicherung im Sudan |
| **UNOMIG** | *United Nations Observer Mission in Georgia,* Beobachtermission der Vereinten Nationen in Georgien, für die Durchsetzung des Waffenstillstandsabkommens zwischen Georgien und der abchasischen Regierung |
| **UNOSOM I + II** | *United Nations Operation in Somalia,* UN-Friedensmission zur Überwachung von Waffenruhe und humanitärer Hilfe |
| **UNPF** | *United Nations Protection Force,* Schutztruppe der UNO, Überwachung der Sicherheit für Kroatien |
| **UNPROFOR** | *United Nations Protection Force,* Schutztruppe der Vereinten Nationen, Bosnien-Herzegowina, Überwachung der Einhaltung von Waffenstillstandsabkommen, Schutz und Versorgung der Zivilbevölkerung in UN-Schutzzonen |
| **UNSCOM** | *United Nations Special Commission,* Sonderkommission der Vereinten Nationen, nach dem |

| | |
|---|---|
| | zweiten Golfkrieg Überwachung der Zerstörung aller chemischen und biologischen Waffen des Irak |
| VersAmt | Versorgungsamt |
| VerwGericht | Verwaltungsgericht |
| Wehrbeauftragter des Deutschen Bundestages | Kontrollorgan des Bundestages (nicht von Bundeswehr oder Bundesregierung), Untersuchung möglicher Verletzungen der Grundrechte der Soldaten und Verstöße gegen die Grundsätze der Inneren Führung, Petitionsinstanz für alle Soldaten; mindestens einmal jährlich Bericht des Wehrbeauftragten an den Bundestag über seine Tätigkeit; Antwort des BMVg in einer Stellungnahme |
| Wehrdisziplinarordnung (WDO) | Regelt die Würdigung besonderer Leistungen und die Ahndung von Dienstvergehen von Soldaten der Bundeswehr; Eintrag beider Arten von Disziplinarmaßnahmen in die Personalakte |
| WBV | Wehrbereichsverwaltung |
| WDB | Wehrdienstbeschädigung |
| Wolf | Robuster, militärischer Geländewagen (Basis: G-Modell von Mercedes-Benz), in unterschiedlichen Rüstsätzen und mehreren (Sicherheits-) ausstattungen: ungeschützte Grundvariante, mit modularer Schutzausstattung (MSA), mit modularem Splitterschutz (MSS) und mit Sonderschutzausstattung (SSA) gegen Handwaffen und eingeschränkt gegen Minen |
| Xe Services | US-amerikanisches privates Sicherheits- und Militärunternehmen, ehemals Blackwater |
| ZDv | Zentrale Dienstvorschrift der Bundeswehr |
| ZSanDBw | Zentrale Sanitätsdienststellen der Bundeswehr |

# Bildnachweis

**Deutsche Kriegsopferfürsorge (DKOF) gUG (Herausgeber):**

# IN ANDEREM LICHT

## Fotos deutscher Soldaten aus Kundus und Kabul

Mit Bildern von Andreas Timmermann-Levanas, Tino Kässner, Lars Seemann und Martin Jäger.

Die Fotos, von den Soldaten während ihrer Einsätze aufgenommen, bezeugen ihre Sensibilität und Aufmerksamkeit für die Sensation des Lebens, die Sensationen des Alltags in Afghanistan. Es sind nicht die gleichen Motive, die uns Boulevard-presse und Kriegsberichterstatter vermitteln wollen.

2010. Originalausgabe. 98 Seiten.
Querformat 23,3 x 15,8 cm.
Durchgehend in Farbe. Broschur.
12,80 E (D/A) / 18,– SFr. (CH)
ISBN 978-3-88178-383-5

BÜCHSE DER PANDORA VERLAGS-GmbH
POSTFACH 2820 · D-35538 WETZLAR
E-Mail: digitalakrobaten@gmail.com

Linda Polman
**Die Mitleidsindustrie**
Hinter den Kulissen internationaler
Hilfsorganisationen

2010. 288 Seiten, Klappenbroschur
ISBN 978-3-593-39233-2

**E-Book:**
ISBN 978-3-593-40939-9

# Im Hilfesupermarkt

Humanitäre Katastrophen durch Bürgerkriege oder Naturkatastrophen wie zuletzt auf Haiti erschüttern die Menschen weltweit und lösen eine Welle von Spenden und Hilfsaktionen aus. Doch wie sieht der Alltag vor Ort wirklich aus? Linda Polman kennt ihn aus eigener Erfahrung und weiß, dass Entwicklungsnothilfe voller Widersprüche steckt: Wie können Helfer in einem vom Bürgerkrieg zersplitterten Staat überhaupt neutral bleiben? Was, wenn die versprochenen Summen nicht fließen?
Engagiert, kritisch und fundiert zeigt Polman, dass die Hilfsarbeit besser werden muss. Es ist nicht nur unser Recht, sondern auch unsere Pflicht als Spender kritisch zu überprüfen, was mit unseren Geldern geschieht.

**Mehr Informationen unter**
**www.campus.de**

Frankfurt · New York

Thomas Schuler
**Bertelsmannrepublik
Deutschland**
Eine Stiftung macht Politik

2010. 280 Seiten, gebunden
ISBN 978-3-593-39097-0

# Das Schattenkabinett in Gütersloh

Die Bertelsmann Stiftung ist einflussreich und mächtig. Allseits beliebt und anerkannt ist die größte operative Stiftung in Deutschland eng verzahnt mit Politik, Wirtschaft und Gesellschaft. Ganz gleich wer in Berlin oder Brüssel regiert, die Bertelsmann Stiftung regiert immer mit. Die Experten aus Gütersloh sind immer dabei in der öffentlichen Verwaltung, in der Bildungs-, Arbeitsmarkt-, Gesundheits- oder Außenpolitik. Doch dient die Arbeit der Stiftung wirklich dem Allgemeinwohl? Oder wird das Vertrauen durch verdeckten Lobbyismus und Vetternwirtschaft leichtfertig verspielt? Thomas Schuler zeigt, wie Bertelsmann sein Personal im politischen Betrieb platziert, wo die Gemeinnützigkeit untergraben und Politik im Sinne eigener Interessen gesteuert wird. Dies wirft wichtige Fragen auf über die Stiftungslandschaft insgesamt.

**Mehr Informationen unter
www.campus.de**

Frankfurt · New York